LOUIS XI

ET

LES ÉTATS PONTIFICAUX DE FRANCE

AU XVe SIÈCLE

D'APRÈS DES DOCUMENTS INÉDITS

PAR

M. R. REY

Agrégé d'histoire

Inspecteur d'Académie à Grenoble

GRENOBLE

IMPRIMERIE ALLIER FRÈRES

26, COURS SAINT-ANDRÉ, 26

1899

LOUIS XI

ET LES ÉTATS PONTIFICAUX DE FRANCE

AU XVᵉ SIÈCLE

D'APRÈS DES DOCUMENTS INÉDITS

PRÉFACE

Il est peu de villes de l'ancien domaine royal, peu de provinces françaises qui, au point de vue de l'histoire nationale, présentent autant d'intérêt que la cité d'Avignon et « La Conté de Venaissin », anciens fiefs temporels du Saint-Siège, mais vivant d'une vie propre, jouissant de toutes les libertés que donne l'autonomie communale la plus large, jusqu'à leur incorporation définitive à la République française (14 septembre 1791). Il faut ajouter, à vrai dire, qu'il n'est pas d'histoire plus mal connue.

Placés sur les confins du Languedoc et de la Provence dont le Rhône et la Durance constituaient les limites fréquemment contestées, les États pontificaux de France commandaient la grande route du Nord, vers la Méditerranée, par la vallée du Rhône ; sous les remparts d'Avignon transitaient toutes les marchandises importées du Levant, d'Alexandrie, des Indes, et se dirigeant vers les pays du Nord de la France. Tous les souverains, princes du sang, grands personnages, capitaines illustres prenaient gîte dans l'ancienne résidence des papes, et, suivant l'expression de Mlle de Montpensier, les rois de France se considéraient à Avignon comme chez eux, et, pendant leur séjour dans la ville, ils en faisaient garder les portes par leurs propres gardes.

Anciens territoires démembrés de la Provence et du Languedoc pour devenir terre papale, « La Conté de Venaissin » et Avignon avaient, avec les provinces limitrophes, une origine, une langue, des mœurs et des intérêts communs. Trop pauvres et resserrés dans des limites trop exiguës, ils ne pouvaient pas se suffire avec les ressources de leur sol qui, bien que riche et très fertile, n'aurait pas pu alimenter le quart de la population. C'est donc par leurs voisins, Provençaux, Languedociens, Bourguignons, Dauphinois, que les sujets des papes vivaient. De la Bourgogne et du Dauphiné, les blés leur arrivaient par le Rhône; du Languedoc, les animaux, le bétail; les fruits et le vin ; de Provence, la laine pour la fabrication des draps. En retour, c'est chez leurs voisins que les produits de l'industrie avignonnaise, velours, damas, tentures brodées, brocarts, passementerie, toiles, draps, librairie, trouvaient un placement avantageux.

Cette communauté des intérêts amenait forcément,

d'État à État, des rapports incessants, et voilà pourquoi, en écrivant l'histoire des anciens États pontificaux de France dans la seconde moitié du xve siècle, c'est l'histoire de la France elle-même que l'on écrit. C'est un de ses chapitres les plus curieux et les moins explorés que l'on reconstitue grâce à une abondante correspondance à peu près inédite tirée des archives déposées au Palais des Papes.

Durant cette période de l'histoire de notre pays, les Avignonnais et les Comtadins se trouvent, par la force des événements, par le jeu même de leurs intérêts et aussi par la position topographique de leur territoire, mêlés à tous les grands faits de notre passé. Les guerres civiles et religieuses provoquées par le schisme avaient eu pour principal théâtre Avignon et quelques localités du Venaissin, et peu à peu s'était établi un échange fréquent de lettres et d'ambassades entre les sujets de l'Église et les rois de France.

La succession du maréchal de Boucicaut, les ravages et les excès de toutes sortes commis par son frère Geoffroy de Meingre sur les terres papales mettent en rapports constants le jeune roi Charles VII avec les Comtadins et les Avignonnais qu'il prend sous sa protection (1421-1429).

Avec le dauphin Louis commencent des intrigues politiques qui semblent préparer tout d'abord une tentative discrète d'incorporation des États de l'Église à son gouvernement du Dauphiné (1444). Puis ce sont d'incessants agissements de Louis qu'aucun de nos historiens n'a soupçonnés et dont la main mise sur le Venaissin et Avignon paraissait être le but non avoué. Toutes ces négociations entre le dauphin de Viennois et les États du pape jettent un nouveau jour sur les rapports de Charles VII et de son fils, et sur l'origine de leur brouille (1452).

La politique suivie par Louis XI en 1461, 1464, 1470, 1476, 1479, vis-à-vis des États de l'Église, constitue l'une des phases les plus mouvementées de l'histoire des relations de la royauté française avec le Saint-Siège, et permet de mieux apprécier encore la finesse politique en même temps que le ton autoritaire et la volonté impérieuse d'un monarque qui avait pour principe de ne ménager personne quand il s'agissait de la raison d'État.

Il y a une politique de Louis XI bien déterminée et uniformément suivie par lui à l'égard des terres de l'Église et des populations qui y habitent. Cette politique se dessine d'une façon très nette dans la correspondance du souverain avec la ville, dans les instructions données aux ambassadeurs royaux, « escuiers d'escuerie », « sergents d'armes », maîtres d'hôtel, maréchaux, officiers de la maison du roi, dont les registres de délibérations du conseil de ville nous ont précieusement conservé la teneur. Quel est le caractère de cette politique ? Quelle est la nature de ces relations du souverain avec des populations qui ont les mêmes sentiments et les mêmes aspirations que les véritables Regnicoles, mais sur lesquelles l'Église exerce un droit de souveraineté temporelle que les rois de France reconnaissaient sans se faire illusion sur sa légitimité ? Quelle a été l'action de la royauté sur ce pays sous Louis XI ? Ce monarque a-t-il eu, à l'égard de ces territoires enclavés, une pensée de derrière la tête que sa correspondance laisse deviner sans trop de peine ? Charles VII, Louis XI, ont-ils été sincères vis-à-vis des sujets du pape ? En un mot, l'attitude de ces deux rois a-t-elle été assez caractérisée pour pouvoir affirmer qu'ils avaient su asseoir dans le pays les éléments d'une influence française? Tout le sujet de ce livre est là, et la période de quarante ans environ (1444-1483) que nous nous sommes fixée comme cadre d'étude, période féconde en événements de la plus haute importance historique, est plus que suffisante pour assigner à la politique de la Cour de France son vrai caractère et pour en marquer les principaux traits dans les limites où s'exerce son action.

On pourrait se demander, et avec raison, pourquoi cette partie de notre histoire a été jusqu'à ce jour délaissée à ce point que les archives municipales d'Avignon et du Comtat constituent à l'heure qu'il est un champ de recherches où l'on rencontre à chaque pas l'inédit. En un mot, on est en droit de se dire : comment un pays, qui a joué au moyen âge et dans les temps modernes un rôle si considérable, n'a-t-il pas d'histoire? La raison en est bien simple. Jusqu'au moment où le Saint-Siège renonça à ses droits sur Avignon, c'est-à-dire jusqu'à la réunion finale votée par la Constituante, quelques jours avant sa séparation, le légat, représentant le Saint-Siège à Avignon, opposa toujours un refus formel à ceux qui voulaient opérer des recherches dans les archives locales. En voici une preuve indéniable en même temps qu'une explication fort peu connue tirée des minutes du conseil de ville. Le 14 octobre 1762, le conseil de ville assemblé avait décidé de remercier M. Ménard, le savant auteur de l'histoire de Nîmes, alors membre de l'Académie royale des Inscriptions, qui avait bien voulu accepter de composer, pour le compte de la ville, une histoire d'Avignon et du Comtat-Venaissin sur les documents originaux. Muni d'un congé régulier de deux ans et demi accordé par Sa Majesté, M. Ménard quitta Paris le 25 septembre 1763 et arriva à Avignon le 4 octobre, où il demanda à être présenté au conseil de ville. Mais le légat déclara qu'il fallait au préalable prendre l'avis de la Cour de Rome. Son Éminence, le cardinal Torrigiani, ministre, secrétaire d'État, répondit, le 7 décembre 1763 : « que l'histoire d'Avignon était un sujet trop délicat pour « le laisser traiter par un étranger et pour lui donner à « son gré l'entrée et la communication des archives de la « ville, et que Sa Sainteté n'approuvait pas la charge « que la ville avait donnée à M. Ménard pour cette « entreprise ». Les consuls prièrent alors Mgr Rutati, leur agent à Rome, d'insister auprès du pape pour obtenir satisfaction ; mais la curie romaine demeura inflexible, et l'affaire en resta là. Quant à Ménard, il quitta définitivement Avignon, avec une indemnité de 600 livres que le conseil lui avait accordée pour ses frais de voyage et d'installation.

Cette interdiction explique pourquoi il n'y a pas d'histoire de ce pays, même de valeur moyenne. Les érudits locaux se sont jetés dans les *Mémoires, Recueils de pièces, Annales,* où règne un esprit étroit, une partialité mesquine qui n'ont d'égale que la pénurie des documents. Le carme Castrucci Fantoni, dont « *l'Histoire d'Avignon* » est la seule digne de ce nom ne connut pas les archives locales ou ne voulut pas en tirer profit. On peut en dire autant de « *Cambis Velleron* », de « *Morenas* », du « *Marquis de Fargues* » et autres auteurs de mémoires. Fornéry seul avait réuni des éléments précieux et d'une authenticité incontestable qui sont restés manuscrits, et dont Pithon-Curt, en plagiaire honteux, a fait une abondante moisson.

De nos jours, malgré la facilité accordée aux recherches, la plupart des documents locaux sont restés ignorés. Je ne parle pas seulement des derniers travaux de M. Charpenne, lourde et indigeste compilation, sans ordre, sans méthode et sans critique, où ont été rassemblés de droite et de gauche des extraits pris dans les mémoires manuscrits du Musée Calvet ; je constate que même les auteurs de publications savantes, comme les « Lettres de Louis XI »[1], ont négligé d'extraire de nos archives des lettres et actes publics qui concernent l'histoire du pays, et qui avaient leur place toute marquée dans un travail destiné à éclairer les sources de notre histoire nationale. On s'explique ce dédain de la part des collectionneurs pour la période antérieure à 1789, mais non pour notre époque actuelle. En effet, la réunion tardive d'Avignon et du Comtat-Venaissin au territoire français, leur vie à part et hors de l'action directe du pouvoir royal, alors que l'union politique et territoriale du royaume était un fait accompli depuis Louis XI, nous expliquent l'absence de documents relatifs aux États citramontains du Saint-Siège dans les grandes collections de la Bibliothèque nationale, les collections *Doat, Moreau, Fontanieu*, la collection *Legrand*, qui ont été constituées au XVIIᵉ ou au XVIIIᵉ siècle, c'est-à-dire à une date où les États pontificaux d'en deçà des monts n'étaient pas encore terre française. C'est pour la même raison que les rares lettres que nous avons trouvées à la Bibliothèque nationale, provenant des consuls d'Avignon, sont dispersées et perdues dans l'ancien fonds français.

---

[1] *Lettres de Louis XI, roi de France,* publiées par Vaesen et Charavay, 5 vol. parus.

Les documents que nous avons utilisés pour notre travail sont de deux sortes : 1º Les *Originaux*, lettres, bulles, brefs pontificaux, correspondance, etc., classés par séries dans les archives communales et départementales. Les originaux provenant de la *Bibliothèque nationale*, des *Archives nationales* et du Ministère des Affaires étrangères (*Affaires de Rome*) ; 2º les manuscrits, histoires, annales, recueils de pièces, bullaires et chartiers, copies de pièces, etc., que renferment les bibliothèques d'Avignon et de Carpentras.

A la Bibliothèque nationale, nous avons recueilli quelques pièces dans l'ancien *fonds français*, nos 2896, 3882, 291, 308 (nouvelle acquisition), 304 (*id.*). Les collections Legrand, 6960-6990, et Suarez, *Avenio politica*, ne renferment rien de spécial à notre travail.

Aux Archives nationales. — Cartons des Rois, X^{ta} 8605, folio 95, registre du Parlement (une pièce).

Archives du Ministère des Affaires étrangères. — Affaires de Rome, VIII, nº 154 et volume 358. Correpondance de Rome, 1664, nº 157.

Quant aux archives du Vatican, elles ne possèdent rien ou à peu près rien en ce qui concerne l'histoire diplomatique du xvᵉ siècle, la chancellerie pontificale prenant pour règle de ne conserver que les pièces ayant un intérêt direct et immédiat pour le Saint-Siège. La correspondance si intéressante des légats et vice-légats avignonnais n'offre une collection régulière qu'à partir de 1572[1]. Seule

---

[1] Je n'aurais garde d'oublier de remercier ici le Révérend Père Ehrle, conservateur de la Bibliothèque du Vatican, dont les conseils éclairés et obligeants m'ont été d'un si précieux secours durant les quelques semaines que nous avons employées à faire des recherches aux archives vaticanes. Nous avons dépouillé, aux

la collection des *Cameralia* peut être utilement consultée. Nous devons ajouter toutefois que cette lacune peut être comblée grâce à la correspondance consulaire (*série A. A.*) des archives communales, qui renferme les minutes des instructions données par la ville à ses ambassadeurs. Rédigées en latin ou en italien, ces instructions, dont nous aurons occasion de reproduire plusieurs extraits comme pièces justificatives, ne sont pas moins remarquables par la netteté et la précision de la pensée que par l'élégance de la forme diplomatique.

Mais c'est sans contredit aux archives communales et départementales que nous devons notre plus ample moisson. Nous avons consulté dans les archives municipales les séries A. A. (correspondance consulaire, minutes et dossiers des ambassades), série B. B., série C. C. (comptes, mandats et pièces de dépenses), série D. D., série E. E. (affaires militaires, passages de troupes, etc.), série H. H., série I. I., registres des conseils (1450-1504), registres des procès du Rhône, 6 volumes in-folio. Les archives départementales ne nous ont pas été d'un secours moins précieux, bien que l'incendie de 1713 ait détruit la plus grande partie des pièces originales relatives à l'histoire du Comtat-Venaissin. Nous avons surtout consulté la série des délibérations des États ; les

archives secrètes, la collection des *Miscellanea* (3 caisses de documents divers classés sans autre raison que le format) de 1444 à 1479. Enfin, nous avons compulsé avec soin les registres *Diaria* XII, *Diaria* XIII, de 1463 à 1479. « Librorum ritualium qui et Cæremo- « niales vulgo appellantur item Diariorum Magistrorum Cæremo- « niarum et aliorum », où l'on trouve de fréquentes mentions des ambassades envoyées par la Cour de France auprès du Saint-Siège.

séries *B. B.*, *C. C.*; les cartulaires de l'*Archevêché d'Avignon*, 3 volumes in-folio; les archives communales de *Carpentras*, de *Pernes*, *Cavaillon* (*séries A. A., B. B. et E. E.*). Enfin, nous avons recueilli beaucoup de curieux renseignements et de pièces inédites dans les minutes de notaires.

Aux archives des provinces voisines, Languedoc, Provence, Dauphiné, nous avons trouvé quelques documents[1] dans les séries C. C. et surtout série B. (*Chambres des Comptes*).

Nous n'avons point, en donnant ce livre au public lettré, la prétention de refaire l'œuvre de nos prédécesseurs, en critiquant ce qu'il y a d'incomplet et d'insuffisant dans leurs travaux sur la politique générale de Louis XI. Nous avons simplement voulu, surtout après le livre de M. Sée[2], combler une lacune et montrer que si le règne de celui que ses contemporains appelaient l'« universelle araignée » a été étudié et fouillé dans ses recoins les plus secrets, il n'en reste pas moins fécond en surprises pour tous ceux que passionne l'étude de notre histoire nationale.

Grenoble, février 1899.

R. REY.

---

[1] Nous devons particulièrement remercier de leur obligeance M. Prudhomme, le savant archiviste de l'Isère, et son collaborateur M. Pilot de Thorey, qui a bien voulu nous communiquer les bonnes feuilles des deux volumes qu'il prépare sur les actes de l'administration de Louis XI relatifs au Dauphiné.

[2] *Louis XI et les Villes*, par Henri Sée, docteur ès-lettres, in-8º. Paris, Hachette, 1891.

CHAPITRE PREMIER

Coup d'œil rétrospectif sur les relations de la Cour de France avec Avignon et le Comté Venaissin pendant la première moitié du XVe siècle.

Charles VI. — Benoît XIII. — Le Schisme.

Caractère général des relations de la Cour de France avec le Venaissin et l'État d'Avignon pendant le règne de Charles VI et de Charles VII. Comment les rois de France entendaient la juridiction temporelle des papes sur ces États. Voyages princiers à Avignon. Fondation du royal monastère des Célestins (1395) ; privilèges accordés. Inviolabilité. — Premières assises de l'autorité royale à Avignon.

Le schisme et Benoît XIII. Situation des Avignonnais vis-à-vis du pape et des cardinaux. Louis d'Orléans et les oncles du roi à Avignon. Attitude et intervention de Charles VI : premier siège du Palais (1398). GEOFFROY LE MEINGRE, dit BOUCICAUT. Son rôle dans les événements militaires dont Avignon est le théâtre (1398-1399).

Charles VI prend Benoît XIII sous sa protection. Sa lettre aux consuls d'Avignon (22 avril 1401). Il se fait le défenseur des cardinaux et des terres de l'Église. Sa lettre au sire de Grignan (juin 1401). Captivité et évasion de Benoît XIII (1400, mars 1403). Traité de paix entre les cardinaux et le pape. Hommage des Avignonnais à Benoît XIII (10 avril 1403). Retrait de la soustraction d'obédience (30 juillet 1403)

Suite des événements provoqués par les agissements de Benoît XIII. — L'anti-pape et le maréchal de Boucicaut. — Inféodation des villes du Comtat et prise de possession (mars 1408). — Le second siège du Palais. — Rodrigues de Luna et les Catalans (1410-1411). — Intervention de l'Université de Paris. — Charles VI envoie des secours aux Avignonnais.— Capitulation de la garnison catalane (27 novembre 1411).

La question de savoir si la juridiction temporelle des papes sur « la Conté de Venaissin » et l'État d'Avignon était reconnue par les rois de France a provoqué, aux XVIIe et XVIIIe siècles, des discussions passionnées. Nous nous garderions bien de reproduire ici les arguments que chaque parti invoquait à l'appui de sa thèse ; mais, nous devons l'avouer en toute franchise, chez les uns comme chez les autres, la passion politique a eu une part trop large au détriment de la vérité historique [1].

Tous les rois de France du XVe siècle ont, sans exception, dans leurs actes publics comme dans leurs missives et lettres closes, reconnu, sans aucune réserve, le droit de suzeraineté temporelle du Saint-Siège sur Avignon et le Venaissin. Dans aucun cas, la légitimité de possession n'est mise en cause. En informant Yolande d'Aragon, reine de Sicile et de Provence, qu'il envoie des secours contre les schismatiques « qui occupent le palais d'Avi-
« gnon et le chastel d'Oppède et autres lieux appartenant
« à notre dit Saint Père [2] », Charles VI affirme ce droit comme il l'avait affirmé précédemment dans sa lettre au sire de Grignan, en 1401 [3]. Sous Charles VII, la recon-

---

[1] Voir *Recherches historiques concernant les droits du Pape sur la Ville et l'État d'Avignon*, 1768, in-8°, avec *Réponse*, par Agricol. Morau. — Cf. Dupuy, *Traité des droits du Roi*. — Archives du Ministère des Affaires étrangères, vol. 358, f° 36 et suivants.

[2] 26 juin 1411. Arch. mun., série E.E. Orig.

[3] 7 juin 1401. Fornéry, *Hist. Ecclés.*, mss., fol. 416 et 417.

naissance des droits des souverains pontifes est encore mieux affirmée : « *Et pour ce que aucuns estans ès marches de par delà ont vouloir et intention de surprandre sur le patrimoine de l'Église appartenant au Saint Père le Pappe et de porter dommaige et oppression à la cité d'Avignon et autres du dit patrimoine* [1]. » C'est en ces termes que Charles VII garantit sa protection aux vassaux de l'Église ; et l'acte même par lequel ce souverain prend sous sa sauvegarde les États citramontains du Saint-Siège, avec leurs habitants, ne peut laisser aucun doute sur la sincérité de ses intentions et sur les dispositions bienveillantes dont il ne cesse de donner des preuves à ses protégés [2]. Est-ce

---

[1] 15 mars 1426. Arch. munic., B. 19, n° 22.
[2] Lettres-patentes du roi Charles VII prenant sous sa protection les États citramontains de l'Église : « Karolus Dei gratia Franco-
« rum rex carissimo primo genito nostro Ludovico, dalphino
« Viennensi ac universis et singulis ducibus, principibus, comi-
« tibus, barronibus, militibus, capitaneis armigerorum tam equi-
« tum quam peditum arma gerentibus universis et singulis nobili-
« bus burgensibus et aliis quibuscumque subditis confederatis et
« fidelibus nostris tam infra regnum nostrum quam in Dalphinatu
« et aliis quibuscumque locis constitutis, subditis et benivolis
« nostris graciam et bonam voluntatem. Noveritis quod inse-
« quendo vestigia predecessorum nostrorum Christianissimorum
« regum Francie in mentis nostre conceptu ac scrutinio cordis
« revolventes Sanctissimum Dominum nostrum Papam in remotis
« in presenti residere ac considerantes Reverendissimum in Christo
« patrem Karissimum Consanguineum nostrum nomine Carles
« Fuxi, regimen predicte Ecclesie citra montes habeat et volentes
« ex certis et quam plurimis causis animum nostrum ad hoc mo-
« ventibus civitatem Avinionensem, comitatum Venaissini et alias
« terras eisdem adjacentes juncte vel injuncte Sancte Romane
« Ecclesie subjetas cum incolis et habitantibus in eisdem quas
« semper cum effectu reperimus begnivolas et relatrices honoris et
« status progenitorum nostrorum et nostri caras habere et propicias
« motu nostro proprio et non ad cujuscumque requisitionem seu
« instanciam sed ex nostra pura liberaque et sincera devotione

à dire que, tout en acceptant la domination temporelle des pontifes de Rome sur cette portion de terre enclavée dans leur royaume, les rois de France en considérèrent les habitants comme des étrangers pour lesquels on n'a pas de ménagements à avoir ? Tout autre, au contraire, est le caractère de la politique de nos rois vis-à-vis des sujets de l'Église. Charles VII ne remporte pas un succès militaire sans en faire aussitôt part aux Avignonnais; ainsi, quand il leur annonce, *le 22 juillet 1453*, la capitulation

« moti per presentes notum facimus et declaramus ex causis supra-
« dictis, dictas terras, personas et bona subditorum dicte Sancte
« Romane ecclesie ita caras et propicias habere censemus et repu-
« tamus sicut terras nostras et subditos nostros ac si essent de
« nostro proprio dominio et imperio eisdemque deffensores et
« protectores tanquam brachium dextrum ecclesie esse volumus
« intimantes omnibus et singulis cujuscumque status, gradus,
« condicionis, preheminencie aut dignitatis existant qui contra hanc
« nostri animi voluntatem seu declarationem mentis nostre aliquid
« attemptaverint in dictis terris et personis vel bonis eorumdem
« quod nos onus ulcionis de attemptatis hujusmodi nobis assumemus
« et ex inde assuminus et talem et ita celerem provisionem circa
« ea dabimus et resistenciam faciemus quod ceteris cedet in exem-
« plum et nihilominus declarantes nostre mentis intentum quod
« per premissa nullum jus, nullumque imperium dominiumque
« seu aliqualem juridictionem seu actionem acquirere nobis aut
« successoribus nostris aliqualiter intendimus seu volumus in
« dictis terris et subditorum sancti domini nostri Pape sed solam
« indicta fecisse et facere decrevimus pro pacifico et tranquillo
« statu illius patrie quam semper optavimus et optamus man-
« dantes omnibus senescallis et officiariis subditis nostris ut has
« nostras litteras publicari faciatis tociens et ubicumque requisiti
« fuerint infrà dictionem, imperium et dominium nostrum sine
« costu voce tube et alias taliter quod nullus ignoranciam tenoris
« earumdem pretendere possit seu contra ire presumat in quan-
« tum cupiunt indignationem nostram evitare et hoc sub pena
« centum marcharum auri fisco nostro, irrevocabiliter applicanda
« quas debita exequtatas remanere volumus presentanti. In quo-
« rum, etc. » Arch. municip., série A.A.

de Castillon de Guyenne : « *Pour ce que savons que pre-*
« *nez grand plaisir à oïr en bien de la prospérité de nous et*
« *de nostre seigneurie*[1]. » Louis XI déclare dans toutes
ses lettres patentes que le Venaissin et la cité d'Avignon
« *sont terres d'Église et du domaine de nostre Saint Père*
« *le Pape*[2] », et qu'il est disposé « *à faire pour les sujets*
« *du Saint-Siège plus que pour ses sujets propres, si mieulx*
« *faire se povoit*[3] ». C'est donc comme fils aînés de l'É-
glise, comme rois très chrétiens et défenseurs des droits
de l'Église et de la Papauté que les rois de France interviennent dans les affaires intérieures du Comtat et d'Avignon. C'est à ce titre qu'ils s'érigent en tuteurs des Comtadins et des Avignonnais, en apparence, bien qu'au fond,
sans formuler de revendications écrites, ils se considèrent
toujours comme ayant des droits sur cette partie du domaine de l'Église, que, pour la première fois, Henri II
regardera « *comme ayant été éclipsée de son royaume*[4] ».
Mais aucun souverain, pas même Louis XI, quand il
occupa temporairement Avignon et le Comtat, n'a eu l'intention arrêtée d'annexer ces terres, devenues fiefs temporels de l'Église, d'une façon définitive et sans retour[5].
Nos rois auraient vu dans cette incorporation de vive
force une atteinte à cette tradition de franchise et d'hon-
nêteté politiques dont la Maison de France semble jalouse

---

[1] Arch. municip., série A.A. Origin. inédit. Voir aux pièc. justific.

[2] Voir pièc. justific., n° 19.

[3] *Id.*, n° 20.

[4] *Id.*, Biblioth. nat. fonds. franc. Nouv. acq., 304.

[5] Arch. du Ministère des Affaires étrangères, *Correspondance de Rome* (8 janvier 1664). *Mém. du Roy à M. de Bourlemont.* Vol. n° 157, fol. 25 et suiv.

de conserver le monopole. On peut donc dire que le caractère des relations de la Cour de France avec les sujets du Saint-Siège se règle sur l'état même des rapports qui existent entre les rois et la Papauté. Que le Saint-Siège soit occupé par un pontife favorable aux intérêts français, les Avignonnais et les Comtadins bénéficient de toutes les faveurs; que la Cour de France ait, au contraire, à se plaindre des procédés de la curie romaine, ce sont les vassaux du pape qui subissent les conséquences de la brouille. La suite des événements ne fera que confirmer la vérité historique de ce principe.

Le règne de Charles V ne nous offre pas de relations bien suivies entre les États pontificaux de France et la Cour. Les ducs de Bourgogne et d'Anjou avaient fait, en 1370-71, un premier voyage à Avignon, où ils avaient reçu du pape une magnifique hospitalité [1]. La confirmation de la protection royale accordée en 1380 [2] à la Chartreuse de Villeneuve était un premier jalon de la puissance royale aux portes d'Avignon. L'établissement de la Maison de France, dans la personne de Louis d'Anjou, frère de Charles V, en Provence, en 1385, confirmait encore et pouvait rendre plus entreprenantes les visées de la Cour sur les domaines mêmes de l'Église. Le Saint-Siège en prit ombrage et eut peur un moment que ce redoutable voisinage ne l'obligeât à évacuer Avignon [3]. Le voyage de

---

[1] Collect. des documents inédits, *Itin. de Philippe le Hardy*, p. 481-544, et Introduct., XIII, et pp. 63-64.

[2] Ordonn. de Charles V. Recueil des Ordonnances, t. VI, p. 490, et t. VII, p. 380. Voy. également *Trésor des Chartes*, Reg. 139, p. 216.

[3] Douet d'Arcq., *Choix de pièces relatives au règne de Charles VI*, I, p. 67. Voy. réponse du sénéchal de Beaucaire au Roy, 1385:

Charles VI en Languedoc et le séjour qu'il fit dans la cité papale, à deux reprises différentes, les assurances et gages de paix qu'il donna, contribuèrent à dissiper les malentendus, et le souverain reçut à Avignon un accueil vraiment royal. Dès le 19 octobre, tous les ouvriers de la ville avaient été occupés à tendre des toiles depuis le Palais apostolique jusqu'au pont du Rhône et à charrier des graviers de la Durance [1] dans toutes les rues que devait parcourir le cortège royal[2]. Le roi, accompagné de Louis d'Orléans, son frère, de ses oncles, les ducs de Berry et de Bourbon, des ministres, des grands officiers de la Cour, dont le maréchal Boucicaut, fit à Avignon une entrée triomphale, le 30 octobre 1389, à la nuit tombante, au milieu des acclamations de la population. C'est pendant son premier séjour à Avignon que fut couronné Louis II d'Anjou, son neveu, roi de Sicile et de Jérusalem et comte de Provence[3]. Parti d'Avignon pour continuer son voyage en Languedoc, Charles VI y était de retour le 31 janvier « où le pape le festoya[4] », et c'est dans cette entrevue que, s'il faut en croire un historien[5], le roi promit à Clément VII de le placer *manu militari* sur le trône de Rome. Quoi qu'il en soit, le roi de France prit vis-à-

---

« Il est assavoir que le Pappe et les Cardinaux ne sont pas bien
« enclinez à la partie du Roy ; aucuns d'eulx disans que se le Roy
« estoit seigneur du pais qu'il leur faudroit laisser Avignon. »

[1] Archiv. de la Ville, t. Ier, f° 692, v°, 693.
[2] *Id.*, t. Ier, f° 695. Cf. l'abbé Christophe. *Loc. cit.*, III, p. 110. — *Historia Cælestinorum Avenionensium*, mss., Bibl., municip. I, f° 93. *Recueil de Massillian*, mss., t. XVII, f° 71.
[3] Jarry, *La vie politique de Louis d'Orléans*, p. 52. — De Beaucourt, *Hist. de Charles VII*, I, p. 317.
[4] Dom Vaissette, X, p. 128.
[5] Jarry, *La vie politique de Louis d'Orléans*, p.52.

vis du pape et de ses sujets l'engagement formel de les couvrir de sa protection royale contre les routiers et les ennemis de l'Église. Ainsi, dès le mois de *novembre 1390*, Charles VI ayant appris que Jean d'Armagnac, l'allié des Florentins, avait réuni des gens d'armes pour marcher en Lombardie contre Jean Galéas, beau-père du duc d'Orléans, et que ces bandes commettaient des excès sur le terroir pontifical, il dépêcha Jehan d'Estouteville à Avi-« gnon *pour le faict des vuides des gens d'armes estans* « *en la compaignie du comte d'Armigniac* [1] ».

La mort de Clément VII et l'élection de Pierre de Luna, en accentuant encore le caractère déjà violent du schisme qui divisait l'Église, allait amener une nouvelle intervention de la Cour de France à Avignon. Clément VII était mort le 16 septembre 1394 ; aussitôt Charles VI dépêcha à Avignon, auprès des cardinaux, un envoyé porteur d'une lettre du roi, pour les prier de surseoir à toute élection. La lettre, arrivée le 28, fut remise au cardinal de Florence, mais le même jour, Pierre de Luna était élu pape sous le nom de Benoît XIII[2]. Vingt-un cardinaux avaient pris part à son élection, parmi lesquels le cardinal *de Thury*[3], qui fut plus tard un de ses adversaires les plus acharnés, et que le concile de Pise envoya en 1409, comme légat, dans les États pontificaux. Cette élection provoqua à la Cour une douloureuse surprise, car peu auparavant Charles VI avait fait partir pour Avignon[4] le

---

[1] Jarry, p 68, n° 2.

[2] *Le Religieux*, II, p. 190. — Cf. P. Ehrle, *Ans Den Acten des Aptconcils von Perpignan*, p. 15, not. 1.

[3] On l'appelle encore cardinal « de Thuroy ».

[4] Noël Valois, *Raymond-Roger de Beaufort, vicomte de Turenne, et les Papes d'Avignon*, 1890, p. 28. — Cf. Jarry, *loc. cit.*, p. 128 ; — Cf. Douet d'Arcq., *loc. cit.*, I, p. 139.

maréchal de Boucicaut, Regnault de Roze et *Berlaut*, sous prétexte d'enjoindre à Raymond de Turenne de cesser ses hostilités contre les cardinaux et ses ravages sur les terres de l'Église et de la reine de Sicile, mais aussi pour inviter ceux-ci à différer toute élection. Les envoyés apprirent en route l'élection de Benoît XIII. Le nouveau pape était un homme de grande science et de haute intelligence. Diplomate consommé, politique fin et rusé, caractère indomptable, volonté opiniâtre et inflexible, Pierre de Luna, à l'encontre du jugement plein de prévention que porte sur lui un historien allemand contemporain [1], était bien au-dessus des hommes de son temps.

Animé tout d'abord d'intentions conciliatrices, Benoît XIII envoya à la Cour *Egidius de Bellamera*, évêque d'Avignon, et *Pierre Blau* [2], pour faire savoir à Charles VI qu'il était personnellement disposé à favoriser l'extinction du schisme [3], priant Sa Majesté de déléguer auprès de lui une ambassade en vue de s'entendre sur les moyens à prendre pour mettre fin à un fléau qui désolait l'Église et la Chrétienté. De son côté, Charles VI chargeait ses ambassadeurs auprès des rois de Bohême, de Hongrie, d'Angleterre, de Castille, d'Aragon et de Sicile, de proposer à ces divers souverains la déposition du pape [4]. « Pour trouver paix et bonne union en nostre mère saincte Esglise » [5], il convoquait à Paris, pour la *Purifi-*

---

[1] Pastor, *Hist. de la Papauté*, traduct. franç., vol. I, p. 176.
[2] Jarry, *op. cit.*, p. 129.
[3] *Ibid.*
[4] *Ibid.*
[5] Lettre de Charles VI aux Consuls d'Avignon, 1ᵉʳ février 1401. Arch. municip., B. 37, n° 69, Cott. XXX.

cation, une assemblée des membres du clergé en vue d'examiner les trois voies proposées pour arriver à l'extinction du schisme, voie de « cession », de « compromis » ou « d'arbitrage » et voie de « concile général ». Quatre-vingt-sept voix contre vingt-deux adoptèrent la voie de cession, et l'assemblée décida en outre qu'une ambassade composée des princes de la famille royale serait envoyée à Avignon auprès de Benoît XIII, pour obtenir son adhésion à la voie de cession qui paraissait la plus digne et la plus expéditive [1]. Les princes reçurent leurs pouvoirs le 29 février 1395; le duc Louis d'Orléans, pour sa part, devait toucher 3,000 livres par mois pour ses frais de route [2], mais cette somme était insuffisante, vu les goûts de dépense du jeune prince qui fut obligé de s'adresser à des banquiers avignonnais pour solder ses dettes [3]. Les ducs d'Orléans et ses oncles, les ducs de Berry et de Bourgogne, descendirent de Châlons à Avignon (en mai 1395) sur un bateau construit dans cette ville. Un conduisait le conseil du roy ; un autre était destiné à l'échansonnerie ; un autre à la panneterie; trois pour la cuisine, trois pour les gardes-robes, un pour les joyaux du duc, trois pour les chapelains, trois pour la fruiterie. En tout dix-sept bateaux [4]. Les ambassadeurs, accompagnés de ce train considérable débarquèrent à Avignon le 22 mai 1395 [5]. Benoît XIII reçut avec

---

[1] *Le Religieux*, II, pp. 118 et suiv. — *Amplissima Collectio*, VIII, p. 458.

[2] Jarry, *op. cit.*, pp. 131, 132.

[3] De Circourt, *Rev. des quest. hist.*, 1er juillet 1889, p. 137, not. 2.

[4] Collect. des Docum. inédits. *Itinér. de Philippe le Hardy*, p. 552.

[5] Le P. Ehrle, *op. cit.*, p. 22. — Cf. Delaville Le Roux, *La France en Orient au XVe siècle*, p. 231.

beaucoup de déférence les envoyés de Charles VI, mais les premières entrevues étant restées sans résultat, les princes, mécontents de l'opiniâtreté du pape, convoquèrent à Villeneuve les cardinaux, afin de prendre leur avis sur la voie de cession qu'ils avaient pour mission de faire prévaloir auprès du pape et de son entourage [1]. La majorité des cardinaux se prononça pour la voie de cession. Mais Benoît XIII ne l'accepta pas, et cette fois, les princes mécontents se retirèrent à Villeneuve [2]. L'incendie d'une partie du pont, qui eut lieu dans la nuit, fut considéré comme le premier acte de l'alliance des cardinaux et des Avignonnais avec les ambassadeurs de Charles VI contre l'obstiné pontife. Une deuxième conférence des cardinaux et des princes n'ayant pas amené plus de résultat (23 juin 1395) [3], ceux-ci quittèrent Villeneuve et vinrent prendre gîte à Avignon où une somptueuse hospitalité leur fut donnée dans les hôtels des cardinaux. C'est le surlendemain de leur installation dans cette ville qu'ils fondèrent le *Monastère des Célestins*. Charles V, Charles VI et les princes de la famille royale avaient toujours manifesté une dévotion particulière pour les Célestins de Paris [4]. Louis d'Orléans, pour être agréable à la maison de Luxembourg, érigea une chapelle sur la sépulture du cardinal Pierre de Luxembourg [5]. Les ducs de Berry et de Bourgogne assistèrent à la cérémonie

---

[1] Ehrle, *op. cit.*, pp. 25, 26 et suiv.
[2] Le P. Ehrle, *op. cit.*, pp. 27, 28.
[3] Le P. Ehrle, p. 30. Voy. la bulle dans du Boullay, *Hist. de l'Univ. de Paris*, IV, 349.
[4] Musée des Archiv. Nationales, p 247.
[5] *Rec. des Ordonn. des Rois*, VIII, p. 398. — Cf. Jarry, *op. cit.*, p. 201.

avec tous les seigneurs qui faisaient partie de l'ambassade [1]. Le duc d'Orléans affecta au nouveau couvent une somme de 2,000 francs, que son procureur auprès de Benoît XIII, *Alart de Sains*, reçut mission d'employer dans ce sens ; plus tard, il fit donation au même monastère d'une somme de 4,000 francs [2]. Une autre libéralité de 100 florins en faveur des mêmes Célestins est mentionnée sous le règne de Charles VI.[3] La nouvelle fondation fut dès lors désignée sous le nom de « *Royal monastère des Célestins* ». Le 18 mars 1400, par lettres patentes données à Paris, Charles VI portait, pour les Célestins d'Avignon, exemption de tous droits, péages, gabelles, leydes, etc., pour le transport des matériaux nécessaires à la construction des bâtiments de l'église et du couvent [4]. En novembre 1400, Charles VI les place sous la sauvegarde royale [5]. Le 6 mai 1407, le duc de Berry permettait aux religieux Célestins de conduire à Avignon, pour deux ans, des pierres et tous autres matériaux de construction sans payer de droits. En 1417, le monastère n'était pas achevé, que des lettres du dauphin Charles, données à Nîmes,

---

[1] Voir, pour les détails, Fornéry, *Hist. ecclés*, fol. 617. — *Historia Cœlestinorum*, mss. de la Bibl. d'Avignon, I, f° 347. « Et Anno *1395*, « 25 die Junii ducta Joannès Biturictensis, Philippus Burgundiæ « Avunculi Regis Christianissimi et Ludovicus dux Aurelianensis « frater ipsius regis in civitate Avenionensi existerunt ut Benedicto « 13 abdicationem papatûs suaderent lapidem primarium... a no- « mine dicti Regis posuerunt ». — Cf. Bullet de l'Acad. de Vaucluse. — *Labyrinthe royal de l'Hercule Gaulois triomphant*, p. 80.

[2] Jarry, *op. cit.*, Pièces justif., XXXI, p. 459.

[3] Nouvelle collection des Documents inédits, III, p. 281.

[4] *Rec. des Ordonn*, VIII, p. 426. — *Rec. des Chartes*, Reg. 156, pièce 9.

[5] *Rec. des Ordonn.*, VIII, p. 398.

mandent à tous péagers, pontonniers, de laisser passer, tant par eau que par terre, deux radeaux venant de Savoye par le Rhône, chargés de pièces de bois pour la construction de l'église et du monastère de Saint-Pierre-de-Luxembourg [1]. Par lettres-patentes données à Avignon le 20 avril *1420*, Charles VII confirme les privilèges accordés par son père, Charles VI, aux Célestins d'Avignon. Cette fondation royale constitue dans l'histoire des relations des Avignonnais avec la Cour de France un acte de la plus haute importance. Par là, les rois de France prennent pied à Avignon. C'est une affirmation matérielle de leur autorité et de leurs droits sur une ville enclavée dans le domaine de la couronne. Le monastère et l'église des Célestins étaient un asile inviolable autant pour les officiers pontificaux que pour les agents de la Cour de France [2]. Charles VII ne put en faire extraire, pour le livrer à la justice séculière, Antoine Noir, un des facteurs de Jacques Cœur, qui y avait trouvé un refuge. Et c'est dans cette même église que, pendant les difficultés qui surgissaient périodiquement entre le Saint-Siège et les officiers du Languedoc, à propos des limites du Rhône, les magistrats avignonnais avaient coutume de porter religieusement les panonceaux aux armes de la maison de France, quand la populace ameutée les arrachait pour y substituer celles des papes [3].

Le 10 juillet 1395 [4], après un voyage de cent deux jours,

---

[1] Duhamel, *Les œuvres d'art du monastère des Célestins*, Caen, 1886, pp. 4-6.

[2] Cf, *Un épisode du procès de Jacques Cœur à Avignon*. — Bul. de l'Acad. de Vaucluse, 1887.

[3] Arch. municip., *Procès du Rhône*, mss., t. VI.

[4] Bibl. nation., fonds franç., 10431 : 594. — Cf. Jarry, *op. cit.*, pp. 132-133.

qui n'avait amené aucune solution, les princes quittèrent Avignon, et ce n'est que le 24 août qu'ils rendirent compte à Charles VI de l'insuccès de leur ambassade [1].

La Cour de France était dans le plus grand embarras ; d'un côté, l'Université menaçante [2] sollicitait la soustraction d'obédience ; de l'autre, les princes, et surtout le duc d'Orléans, inclinaient à des mesures préparatoires avant de recourir à cette solution extrême [3]. Ni l'ambassade de Regnault, aumônier de Louis d'Orléans (décembre 1396), ni celle des envoyés de Charles VI, auxquels s'étaient joints ceux des rois de Castille et d'Angleterre (juin 1397), ne purent triompher de l'obstination de Benoît XIII, qui déclara qu'il était « *pape romain* » et qu'il ne reconnaîtrait qu'un concile œcuménique [4]. Toutes ces démarches préliminaires avant de recourir à la soustraction forcée font, quoi qu'en dise Pastor [5], le plus grand honneur au duc d'Orléans et au roi, dont Louis était l'interprète. Le refus obstiné du pape n'est point imputable aux sollicitations de la Cour de France, mais à son caractère irréductible et à son infatigable énergie. Au mois de mars 1398 eut lieu, entre Charles VI et Wenceslas, roi des Romains, une entrevue à la suite de laquelle un dernier effort fut tenté auprès de Benoît XIII, par l'entremise de Pierre d'Ailly, archevêque de Cambray ; mais cette mis-

---

[1] Jarry, pp. 165-187.

[2] Jarry, *op. cit.*, p. 188.

[3] Douet d'Arcq, *op. cit.*, I, p. 142.

[4] *Le Religieux*, II, pp. 528, 530. — Jarry, *op. cit.*, p. 189. — Le P. Ehrle, p. 36. — *Amplissima collectio*, VIII, 554, 616.

[5] Pastor dit que l'obstination de Benoît XIII est due en grande partie à la Cour de France. *Hist. de la Papauté*, traduct. française, Pastor, I, p. 211, not. 2.

sion, comme les précédentes, demeura infructueuse, et Pierre d'Ailly revint à Coblentz rendre compte à Wenceslas du refus de Benoît XIII d'accepter la voie de cession[1] (juin 1398). Il n'y avait plus rien à attendre désormais de ce côté, et tous les moyens de conciliation paraissaient épuisés. Le 28 juillet une assemblée générale des prélats et du clergé, en présence des oncles du roi (le duc d'Orléans absent), décida, par 247 voix, que la soustraction d'obédience devait être immédiate et totale[2]. La décision de l'assemblée fut promulguée le même jour[3], malgré l'avis de Louis d'Orléans, qui aurait voulu une sommation préalable.

Quoi qu'il en soit, ce prince n'adhéra à la soustraction que le 19 octobre 1398, promettant d'employer toute son influence en faveur du souverain pontife[4]. Mais, cédant à la majorité de l'assemblée, Charles VI, dès le conseil du roi, avait prescrit des mesures de rigueur contre les partisans de Benoît XIII, qui devaient être arrêtés dans toute l'étendue de la sénéchaussée de Beaucaire[5]. Quoi qu'en dise le P. Ehrle[6], il est incontestable que l'ordre émanait, sinon du roi lui-même, à qui son état mental ne permettait pas de diriger les affaires du royaume, du moins du conseil du roi et de ses oncles. Ce sont deux

---

[1] Jarry, p. 207. — *Amplissima collectio*, VII, 591, 597. — Froissart, *Edit. de Lettenhove*, XVI, pp. 116, 132.

[2] Musée des Arch. nat., pp. 243-244. — Jarry, p. 208. — Ehrle, p. 38.

[3] *Ordonn. des Rois*, VIII, p. 258. — Du Boulay, *op. cit.*, IV, 850, 853, 863. — *Le Religieux*, 598, 644.

[4] Jarry, pièc. justificat., XXI, pp. 439 et suiv.

[5] *Ordonn. des Rois de France*, VIII, p. 274. — Dom Vaissette, IX, p. 975, not. 2.

[6] Ehrle, *op. cit.*, p. 87.

conseillers du roi, *Rebert Cordelier* et *Tristan de Bosc* qui, le premier dimanche de septembre 1398[1], publient à Villeneuve la soustraction d'obédience, mettant en demeure tous les sujets du domaine royal, tant clercs que laïcs, de se soustraire à l'autorité spirituelle de Benoît XIII. Les cardinaux adhérèrent à la soustraction, moins sept, dont cinq restèrent fidèles au pape et s'enfermèrent avec lui dans son palais; les deux autres rentrèrent chez eux. On ne peut donc nier que si Charles VI et la Cour de France demeurèrent étrangers aux préparatifs du siège du palais, l'acte de soustraction d'obédience à Avignon, comme dans le reste du royaume, n'ait été un acte de l'autorité royale. Deux partis restaient en présence à Avignon, le parti de Benoît XIII, qui ne comptait que cinq cardinaux et quelques gens d'armes aragonais qui gardaient le grand palais; l'autre, le parti des cardinaux, qui s'appuyait sur la population avignonnaise et disposait de grandes ressources en argent. Mais les soldats lui manquaient et aussi des chefs habitués au métier des armes. C'est alors que les cardinaux et les bourgeois avignonnais firent appel à un chef de Routiers, moins célèbre sans doute que son frère, mais dont le rôle militaire fut considérable dans les États du Saint-Siège, au commencement du xve siècle, *Geoffroy le Meingre*, frère cadet du maréchal de Boucicaut.

Le P. Ehrle, qui, dans une étude récente[2], a montré

---

[1] Baluze, *Vita pap. Avenion*, C. 1122. — Cf. Ehrle, *op. cit.*, p. 38.

[2] Ehrle, *Ans den acten des Afterconeils von Perpignan*, pp. 78, 80 et suiv. — Cf. Froissart, *Chroniques*, édit. Kervyn de Lettenhove, XVI, pp. 116, 132. — Baluze, II, 1123, 1124. — Anselme, *Hist. généalog.*, VI, p. 754.

par un savant commentaire du texte de Froissart rapproché des autres témoignages contemporains, les contradictions frappantes qui auraient dû ne pas laisser confondre le maréchal de Boucicaut avec son frère Geoffroy, n'a pas connu tous les documents permettant d'établir d'une manière irréfutable la participation de ce chef de bandes au siège du palais. Les archives municipales renferment plusieurs lettres de ce seigneur adressées aux Avignonnais, et prouvent que depuis le rôle militaire qu'il avait joué dans la guerre contre Benoît XIII, Geoffroy Boucicaut conserva des relations suivies avec les habitants. Il leur écrit en effet de Boulbon[1], le 17 février .... pour les assurer de ses bons offices. Le 23 novembre 1400[2], Geoffroy le Meingre, qui était alors gouverneur du Dauphiné et paraissait jouir d'un grand crédit à la Cour, fait des offres de service aux syndics de Carpentras : « Et si « vous avez besoin de moy, ou comme conseiller et offi- « cier du roy, ou comme privée personne, je ferois pour « vous de bon cuer tout ce que je pourroys. » Le 9 juillet 14.., Geoffroy, alors à Bridoré, en Touraine[3], accrédite auprès des syndics d'Avignon Jean de *Curière*, son capitaine, et Loys *Henryet*, chanoine de Tours, ses serviteurs, pour recevoir le paiement de 106 marcs d'argent, lesquels lui avaient été alloués *comme prix de sa vaisselle volée*, par sentence contre André de Seytres. Celui-ci ayant été mis en prison à la demande de Boucicaut, puis relâché, Geoffroy le Meingre fait saisir les blés qui descendaient le

---

[1] Arch. municip., série E.E. (liasse non classée).
[2] Fornéry, *Hist. ecclés.*, fol. 558, 559.
[3] Bridoré près Loches. Arch. départ., série E.E. (liasse non classée).

Rhône à destination d'Avignon, et comme les propriétaires desdits blés le citèrent devant le Parlement, Boucicaut mit en demeure la ville de les désintéresser[1].

Il résulte de l'existence de cette correspondance que Geoffroy le Meingre, appelé dans le midi par son frère aîné, le maréchal, après son mariage avec la fille de Raymond de Turenne, en 1393[2], avait pris possession du château de Boulbon[3] où il commandait quand les envoyés des cardinaux et des Avignonnais vinrent le prier (septembre 1398) de prendre la direction des opérations militaires contre le palais occupé par Benoît XIII[4]. En outre, les lettres datées de *Bridoré* en Touraine, dont Geoffroy le Meingre était seul seigneur, à l'adresse des Avignonnais, sont une preuve que des rapports intéressés rattachaient longtemps encore après le siège de 1398 la ville à son ancien capitaine.

Geoffroy le Meingre se rendit à l'appel des cardinaux

---

[1] Arch. départ., série E.E. Ces diverses lettres ne portent pas de date, mais sont toutes postérieures à 1400, 1401.

[2] On ne peut préciser la date de son arrivée en Provence, mais ce fut sans doute peu de temps après le mariage de *Boucicaut Jean* avec Antoinette de Turenne, qui faisait du maréchal un des plus riches feudataires du Midi (décembre 1393). Voy. Noël Valois, *Raymond de Turenne et les Papes d'Avignon*, p. 24.

[3] Boucicaut, le maréchal, avait acheté le château de Boulbon. — Noël Valois, *Raymond de Turenne et les Papes d'Avignon*, p. 24. — L'acte du 7 juillet 1399 dit formellement que Geoffroy le Meingre commande « in Castris de Bulbono, Aramono et Valabrega ». Bibl. de Carpentras, *Collect. Peiresc.*, Reg. LXX, 3ᵉ vol. (fol. 230-257).

[4] Quod cardinales videntes dominum Johanem (pour Gaufridum) dictum « le Meingre » fratrem Marescalli Franciæ Boussicaudi in eorum evocaverunt auxilium. *Le Religieux*, II, p. 652, L. V, 19, c. 8. — Cf. Ehrle, L. C, pp. 39, 40, 41.

et des bourgeois d'Avignon avec une bande nombreuse de gens d'armes, parmi lesquels, au dire de Froissart, aurait figuré Raymond de Turenne, beau-frère du maréchal de Boucicaut[1]. Il dut y avoir entre le conseil et le chef des aventuriers un traité passé avec promesse de fortes sommes à payer, mais aucune trace n'existe de cet engagement dans les archives communales. C'était donc à titre absolument privé, et comme capitaine aux gages de la ville et des cardinaux que Geoffroy le Meingre entreprit le siège du grand palais[2] en septembre 1398. La Cour de France, dans ce premier siège, n'intervint d'aucune façon en faveur des Avignonnais et des cardinaux insurgés. C'est là un point très important à établir, et c'est un contre-sens historique de dire, comme Jarry, que ce siège fut une honte pour la Couronne qui y resta étrangère[3]. Une intervention armée, dirigée par le maréchal de Boucicaut[4] en faveur des Avignonnais contre Benoît XIII n'eût pu se faire qu'en vertu d'un ordre du roi ; or, Charles VI déclare publiquement en 1401 que jamais il

---

[1] Qui cito mandato parens et multos stipendiarios francigenas secum ducens, palacium obsidione cingere maturavit. — *Religieux*, II, p. 652, V, 19, c. 8. — Froissart, XVI, p. 126. — Noël Valois, L. C, p. 36.

[2] Le maître des ports et un certain « Ricardus miles », compagnon de Boucicaut, sont à la solde de la ville et des cardinaux. Voy. Ehrle, p. 45. — *Amplissima collectio*, VII, 650, 651.

[3] Jarry, *op. cit.*, p. 222.

[4] La présence du maréchal de Boucicaut à Avignon en *1398-1399*, pendant la durée du siège, est démontrée impossible par un document produit par Jarry, p. 218, et pièc. justific., le maréchal étant, jusqu'au mois de juillet 1399, occupé par une expédition militaire en Guyenne. — Voy. Jarry, *op. cit.*, p. 219. — Delaville le Roux, *op. cit.*, p. 357. — *Religieux*, II, 644, 646. — *Livre des faits du maréchal de Boucicaut*, collection Petitot, VI, 476, c. 29.

n'a prescrit d'employer la violence contre le pape[1] ni de le tenir emprisonné. Toute mesure de ce genre eût certainement été désavouée par le duc d'Orléans. Nous avons, au surplus, une preuve indiscutable de la neutralité de la Cour de France durant la lutte engagée, dans un document inédit rapporté par Peiresc[2]. Le 19 janvier 1399, Pierre de Luna, neveu de Benoît XIII, capitaine général des galères et des barques du roi d'Aragon, s'engage par devant les délégués du conseil et de la ville d'Arles, à ne faire aucun dommage aux terres de Louis, roi de Sicile, ni aux sujets du roi de France[3]. Le même document désigne comme ennemis du pape « *cives et habitatores Avenionenses* ». Cet acte indique donc d'une façon bien formelle que le roi de France n'a accordé au-

---

[1] Nunquam Benedictum ordinavimus neque mandavimus in carcere quocumque retrudi, includi nec aliquali strictà custodiâ coarctari neque contra eum guerram fieri. Voy, Douet d'Arcq, I, 203. — Ehrle, p. 48, not. 1.

[2] Bibl. Carpentras, collect. Peiresc, mss., vol. LXXIV, fol. 417, 443. *Catalog. des mss.*, III, p. 28, fol. 417, 443.

[3] Dom Pedro de Luna était neveu de Benoît XIII. Il fut archevêque de Tolède de *1404 à 1414*. Arch. des miss. scientif., série III, vol. XV, p. 6. « In præsentia legatorum a consilio Civitatis Arela-
« tensis missorum, Petrus de Luna, generalis capitaneus gallea-
« rum, galeotarum et barcharum Armatarum regis aragonensis,
« nunc in flumine Rhodano et portu dictæ urbis existentium, de-
« clarat non intentionis suæ inferre damnun vel oppressionem
« aliquam vassalis nec terræ Ludovici, Siciliæ Regis, nec subditis
« Regis Franciæ. In Castro Trencatalliarum, die 19 Januarii 1399.
« Scilicet quod cum non multis retro lapsis temporibus ad audien-
« tiam ejus pervenerit quod Dominus noster Benedictus christia-
« nissimus sacro sanctæ Romanæ ac totius universitatis Ecclesiæ
« summus pontifex tam diù et tam ignominiose in opprobrium
« christianitatis per *cives* et *habitatores Avenionenses* tractatus
« fuerit. » Mss. (fol. 418 et v°). (Collect. Peiresc, LXXIV, fol. 417, 418 et v°).

cun secours aux adversaires de Benoît XIII, et que les assiégeants ne comptent dans leurs rangs que des mercenaires aux gages de la ville.

Le siège fut vigoureusement mené. Dans un assaut donné au palais le 28 septembre 1398, le pape fut frappé à la main, et le cardinal de Neufchateau, qui commandait les assaillants, reçut une blessure grave à laquelle il succomba quelques jours après. Le 22 octobre [1], Geoffroy le Meingre fit prisonniers deux cardinaux, Martin Salva et le cardinal de Saint-Adrien, Louis Fieschi, que l'on enferma au château de Boulbon. Un peu plus tard, les deux captifs se rachetèrent en payant une rançon de 18,000 francs à Boucicaut, mais il leur fut interdit de rentrer dans le palais. Le 26 octobre, une tentative pour pénétrer dans le palais par les cuisines tourna à la déroute des assiégeants.

Au milieu de ces événements militaires, les cardinaux, plus obstinés que jamais dans la défense de leur cause, envoyaient à Paris trois d'entre eux, les cardinaux de Préneste (Guy de Malesset), de Thury et Amédée de Saluces, à la Cour de France (décembre 1398) pour demander à Charles VI d'envoyer des ambassadeurs aux souverains qui n'avaient pas encore fait acte d'adhésion à la soustraction d'obédience. On les voit figurer, le 3 janvier 1399, « à l'Hostel d'Artoys [2] » où ils dînent en compagnie de Philippe de Bourgogne, et, quelques jours après, le

---

[1] *Le Religieux*, II, pp. 656 et suiv. — *L'Hercule Gaulois triomphant* donne un curieux récit du siège, pp. 79, 80, 81. — *Mémoires de Martin Boysset*. — *Recueil Massilian*, mss. (extraits). — Ehrle, *loc. cit.*, pp. 42, 43 et suiv.

[2] Collect. des Docum. inédits, *Itin. de Philippe le Hardy*, p. 283. — Fornéry, *Hist. ecclés.*, mss., fol. 641.

9 février, à l'hôtel du cardinal de Bohême, avec les ducs de Berry et de Bourgogne[1]. C'est à la même date que Martin V appuyait, par l'envoi d'une flotte commandée par Pierre de Luna, les revendications de ses ambassadeurs, à Avignon d'abord, et auprès de Charles VI ensuite[2]. Le roi de France ayant adhéré aux propositions du roi d'Aragon, et pressé de mettre un terme aux désordres dont Avignon était le théâtre, envoya dans cette ville Gilles Deschamps et Guillaume de Tignonville pour soumettre à Benoît XIII les propositions arrêtées avec Martin V[3]. Benoît XIII accepta, le 10 avril 1399, les propositions des deux souverains ; mais, ayant avec quelque raison peu confiance dans les cardinaux, il refusa de se laisser garder par eux et demanda à être placé sous la sauvegarde royale[4]. Le 14 avril 1399[5], la ville d'Avignon s'engage à respecter la protection accordée par Charles VI à Benoît XIII et aux guerriers et compagnons qu'il a avec lui dans son palais. Les cardinaux firent la même promesse et tous les serviteurs attachés à la personne de Benoît XIII s'engagèrent, les 29 avril, 4 et 20 mai, par serment, à ne pas laisser s'échapper le pape[6]. Une proposition qui fut faite de confier la surveillance de la personne du souverain pontife à François de Conzié, au sénéchal de Beaucaire et au sire de la Voulte fut rejetée. Benoît XIII demanda à être gardé par le duc d'Orléans, mais ce

---

[1] *Religieux*, II, pp. 676, 680.

[2] Jarry, *op cit*, p. 233. — Collect. Peiresc., mss. LXXIV, 417, 443.

[3] *Amplissima collectio*, VII, 637, 638. — Ehrle, *op. cit.*, p. 49. — Jarry, *op. cit.*, Addit. et correct., p. 364.

[4] *Amplissima collectio*, VII, 626, 641, 647.

[5] Massilian, mss., *Recueil des Chartes*, vol. XXI, fol. 341.

[6] *Amplissima collectio*, VII, 644, 647, 650, 653, 656.

dernier ne pouvant venir à Avignon, Charles VI, par lettres patentes du 1ᵉʳ août 1400[1], donna pleins pouvoirs à cet effet à son frère, qui envoya à Avignon deux de ses familiers, Robert ou Robinet de Braquemont[2] et Guillaume de Médulion. Les frais de surveillance et la solde des gens d'armes devaient être à la charge du pape[3]. D'autre part, le roi confia la garde des Avignonnais et des habitants à son frère, le duc de Berry. Benoît XIII approuva ces conditions. Profitant de cette trêve, Charles VI ne laisse pas de poursuivre activement la paix et l'union de l'Église. Les ambassadeurs envoyés au delà du Rhin[4], auprès des électeurs, n'avaient rapporté que des promesses vagues, aucun d'eux n'ayant voulu donner une réponse ferme sans l'avis des autres princes allemands qui devaient se réunir à Cologne, le jour de la Purification[5], pour couronner le duc Robert de Bavière que les électeurs avaient nommé empereur, le 21 août 1400, à la place de l'insouciant Wenceslas. Charles VI met les Cardinaux et les syndics d'Avignon au courant de ses négociations avec les princes allemands et les autres souverains, et il les engage à envoyer des délégués qui devront se réunir « avecques ceulx qui seront ordonnez de par nouz et de « par les autres roys et primpces qui ont obéi à *Clément*

---

[1] Douet d'Arcq, I, p. 203.
[2] Ehrle, p. 48. Pour Robert de Braquemont, voy. Anselme, VII, pp 816, 817. — Cf. Delaville le Roux, *loc. cit.*, p. 362, not. 2.
[3] *Amplissima collectio*, VII, 661, 666. — D'après les Arch. nation., (K. 55,10), la sauvegarde royale fut octroyée à Benoît XIII, le 18 octobre 1400.
[4] Jarry, p. 255. — Moranvillé, *Relat. de Charles VI avec l'Allemagne en 1400*. — Bibl. de l'École des Chartes, XLVII.
[5] *Lettre origin. de Charles VI aux sindics d'Avignon*, 1ᵉʳ février 1400. Arch. municip., B. 37, n° 69, Cott., XXX.

« et à *Benedic,* pour traicter et délibérer d'un commun
« accord la paix et l'union de l'Église à la feste de Saint
« Jehan-Baptiste à Mez ou à Strasbourt ». « Et pour ce
« que nous avons bonne espérance que par le plaisir de
« Dieu à icelle journée se prendra une bonne conclusion
« sur le dict faict. Nous vous faisons savoir ces choses et
« vous prions que veullez envoyer à la dicte journée ».
En réponse à cette missive, les Avignonnais écrivirent à
Charles VI, le même mois de février 1400, pour l'assurer
de leur dévouement et de leur ferme intention de hâter,
en ce qu'il leur serait possible, la paix et l'union de l'É-
glise[1]. Le roi leur fait savoir, dans un nouveau message,
qu'il a été très satisfait de leur lettre et de leur attitude :
« avons veu la bonne et ferme constance et volonté que
« vous avez eue et avez et aures, si Dieu plaist, de persé-
« vérer et demourer avec nous en la substraction faite
« pour si très grant et meure deliberacion, comme vous
« scavez à Benedict, dernier esleu en Pappe... ». Charles VI informe les Avignonnais qu'il compte sur une fin
prochaine du schisme, et il les engage à persévérer dans
leur attitude : « Et saches de certain que vous estant et
« persévérant en ce saint propos en quel vous estes et
« serez, se Dieu plaist, comme vous et vrais catholicz.
« Nous de tout nostre povoir vous sustendronz. » Il les
avertit en même temps que Benoît XIII a fait courir le
bruit en Languedoc que bientôt l'obédience allait lui être
rendue, ce qui est faux, car « avons toujours esté et som-
« mes et serons au plésir et ayde de nostre seigneur con
« tenz et fermes au faict de la dite substraction jusques à

---

[1] *Lettre de Charles VI aux Consuls d'Avignon,* 22 avril 1401. Copie d'après Fornéry, *Hist. ecclés.,* fol. 417, 418 et v°.

« ce que Nostre Seigneur nous ait donné paix et union en
« sa Saincte Église. »

Suivant sa promesse contenue dans sa lettre du 22
avril 1401, Charles VI fit savoir par lettres patentes du
7 juin 1401 au sire de Grignan, au seigneur de Sault,
au sire de Lagarde, qu'il prenait sous sa protection les
terres de l'Église et les habitants, et qu'il leur était interdit d'y faire aucun dommage : « Nous vous sinifions qu'il
« nous desplairoit très grandement que les dits cardi-
« naux, la dite Église de Rome et leurs sujets fussent
« grevés ne oppressez par aulcun, et vous deffendons ex-
« pressément que vous ne les greviez, dommagiez ne
« molestez, ne faictes ne soufrez grever, dommagier ne
« molester en quelconque manière que ce soit ne a quel-
« conque personne qui ce voulsit faire ne donner conseil,
« confort, faveur ni aides, sachant que si faictez le con-
« traire, il vous en desplaira très fortement et vous en
« fairons pugnir tellement que ce sera exemple aux aul-
« tres [1] ». La lettre par laquelle Charles VI accordait sa
protection officielle aux États du Saint-Siège fut communiquée *in-extenso* aux syndics de Carpentras par *Jean
Alzérino*, recteur du Venaissin [2], et par les cardinaux de
Saluces et de Thury [3].

Mais au moment où Charles VI se prononçait auprès
des Avignonnais d'une façon si ferme pour le maintien de
la soustraction d'obédience, un mouvement d'opinion en
sens contraire se dessinait, à la tête duquel était le duc

---

[1] Fornéry, *Hist. ecclés.*, mss., copie, fol. 416, v°, et 417.
[2] Id., *id.*, mss., 27 juin 1401, fol. 414, v°, et 415.
[3] Id., *id.*, mss., 28 juin 1401, fol. 415, 416 ; — mss. de Carpentras, fol. 374.

d'Orléans[1]. Toutefois, tant que Benoît XIII serait captif, il était difficile de lui rendre l'obédience, alors surtout qu'on l'avait dépouillé de sa bulle papale. Le duc d'Orléans trouva une solution qui tira d'embarras les cardinaux, les Avignonnais et le pape lui-même. Grâce à la complicité de Robert de Braquemont, agent du duc[2], Benoît XIII sortit du grand palais où il était retenu prisonnier depuis quatre ans et six mois, *le 12 mars 1403*, et gagna la Durance qu'il traversa au lever du jour sur une barque, pour atterrir au bourg de Château-Renard en Provence, mais dépendant du diocèse d'Avignon. Cette fuite inattendue produisit parmi les cardinaux et les Avignonnais une légitime appréhension. Mais Benoît XIII avait autant d'intérêt que ses ennemis à faire la paix, étant à bout de ressources et ayant besoin de l'aide de ses sujets. Le 29 mars 1403[3], un traité fut passé à Château-Renard, comprenant un grand nombre d'articles dont l'énumération est en dehors du point spécial que nous étudions. Benoît XIII pardonnait aux cardinaux et aux Avignonnais, et s'engageait à réunir un concile dès que l'obédience lui serait rendue[4]. Deux cardinaux devaient se transporter à Paris pour obtenir de Charles VI et des princes la reconnaissance des articles stipulés dans le traité de Château-Renard, pour le bien de l'Église et la paix du pays. Benoît XIII, en diplomate consommé, ramenait à son parti les Avignonnais, et le conseil de ville lui rendit

---

[1] Jarry, *loc. cit.*, p. 282.

[2] L'*Hercule Gaulois triomphant*, p. 80. — Laurens Drapier, Ann. mss. d'Avignon, fol 209. — *Le Religieux*, III, p. 70. — Du Boullay, V, p. 70. — Ehrle, *op. cit.*, p. 63.

[3] Ehrle, *op. cit.*, pp. 70 et suiv,

[4] *Chroniq. de Charles VI, Le Religieux*, I, 24, c. 8 ; III, 100. — L'*Hercule Gaulois triomphant*, p. 81.

hommage de fidélité le 10 avril 1403[1]. Quant aux cardinaux, ils déléguèrent ceux de Préneste et de Saluces, qui arrivèrent à Paris, le 3 juin 1403, pour demander au roi et à l'assemblée des prélats « la restitution d'obédience ». Pendant ce temps, Benoît XIII, après avoir séjourné au château du Pont de Sorgues, entrait à Carpentras le 5 mai 1403[2], et y demeurait jusqu'au 26 juin, époque où il s'installa provisoirement au Pont de Sorgues, en attendant le retour des cardinaux envoyés à la Cour. A Paris, deux partis étaient en présence. Les ducs de Berry, de Bourgogne, le cardinal de Thury et l'Université étaient pour le maintien de la soustraction[3]. Au contraire, le duc d'Orléans, les Universités d'Angers, de Montpellier et de Toulouse étaient pour la restitution d'obédience. Le défenseur le plus éloquent de ce parti était *Pierre d'Ailly*[4], qui soutenait contre l'Université de Paris qu'on ne peut se soustraire à l'obédience du pape, fût-il lui-même suspect d'hérésie[5]. Quant à l'idée de la convocation d'un concile général, elle avait beaucoup de partisans, parmi lesquels Jean Gerson, qui prétendait que c'était le meilleur moyen d'arriver à l'extinction du schisme. Le parti de la restitution d'obédience, qui avait déjà préparé les éléments de la réconciliation de Benoît XIII avec la maison de France par l'ordonnance du 9 juin 1403[6], l'emporta auprès de Charles VI, et l'obédience fut rendue

---

[1] Arch. municip., B. 32, n° 32, Coll. O.O. et B. 33.
[2] De Terris, *Hist. des évêques de Carpentras*, p. 188. — Benoît XIII resta administrateur de l'évêché de Carpentras jusqu'en 1411.
[3] Du Boullay, V, p. 56. — Jarry, p. 283.
[4] Pastor, *Hist. de la Papauté*, trad. franç., I, p. 196.
[5] Pastor, *id.*, I, p. 195.
[6] *Recueil des Ordonnances*, VIII, p. 14.

à Benoît XIII, le 30 juillet 1403[1]. Les cardinaux, revenus de Paris, avaient devancé l'acte royal en rentrant dans l'obédience du pape, le 19 juillet précédent.

Quant à Benoît XIII, « *après avoir tracassé un peu à Tarascon et en Provence* »[2], il se fixa vers la fin de l'été à Salon. C'est là que Jean Mercier, ambassadeur du duc d'Orléans, vint le trouver le 13 octobre 1403[3], mais la peste ne tarda pas à l'obliger à changer de résidence, et Benoît XIII se réfugia dans l'abbaye de Saint-Victor de Marseille (novembre 1403).

Ainsi se termine cette première phase de la lutte engagée entre Benoît XIII et ses adversaires, les Avignonnais et les cardinaux. Pendant cette période, la Cour de France, opposée aux mesures de rigueur, avait autant que possible cherché à ménager les uns et les autres, et sans vouloir prêter aucun appui matériel aux partis en présence, par déférence pour la personne du pape, qui était directement en cause. Mais dans la seconde phase (1410-1411), ce n'est pas Benoît XIII, mais ses parents et ses partisans qui soutiennent dans les terres de l'Église, les armes à la main, les droits du souverain pontife. C'est presque une guerre étrangère en plein royaume de France, et c'est ce qui explique l'intervention militaire de Charles VI en faveur des Avignonnais et des Comtadins contre les troupes catalanes de l'anti-pape.

De Marseille, Benoît XIII s'empresse de désavouer les lettres qu'il avait pu écrire contre la voie de cession et

---

[1] *Le Religieux*, III, pp. 86, 98. — *Ordonn. des Rois de France*, VIII, p. 596. — Du Boullay, V, p. 611.

[2] *L'Hercule Gaulois triomphant*, p. 81.

[3] Collect. des Documents inédits, *Itin. de Philippe le Hardy*, p. 567.

s'engage, sur la demande du duc d'Orléans, à exécuter les clauses du traité de Château-Renard[1]. Il se rapproche de plus en plus de la Cour de France, au point que le bruit se répand que Benoît XIII va être conduit à Rome sous l'escorte de Boucicaut, alors gouverneur de Gênes pour Charles VI, et solennellement couronné (1404-1405)[2]. Personnellement, Benoît XIII avait la ferme intention de se rendre à Savone ou à Gênes pour avoir une entrevue avec Grégoire XII, son rival, le pape de Rome[3]. En 1405, il envoyait aux États du Comtat une ambassade pour demander le vote de subsides afin de lui permettre d'entreprendre ce voyage « pour l'union de l'Église[4] ». En 1406, une nouvelle ambassade arrivait de Savone, faisant un pressant appel d'argent au pays pour que Benoît XIII pût aller plus loin, toujours dans l'intérêt de l'Église[5]. Mais, soit mauvaise volonté, soit pénurie d'argent, les États ne répondirent pas aux instances réitérées de leur suzerain. Du reste, ce projet d'entrevue entre les deux pontifes rivaux qui était bien accueilli, car on y voyait une intention réciproque de terminer le schisme, n'aboutit pas. Grégoire XII refusa de se rendre à Savone, où Benoît XIII se trouva seul (novembre 1407)[6]. Du même coup, le projet prêté à la Cour de France de faire couronner Benoît XIII à Rome fut définitivement abandonné

---

[1] Jarry, *op. cit.*, pièces justific. XXIII et XXIV, pp. 444, 445, 428.
[2] *Id.*, pp. 294, 338.
[3] Martène et Durand, *Thesaurus novus*, Anecdot. II, col. 1389. — Pastor, *Hist. de la Papauté*, trad. franç., I, pp. 185, 186.
[4] Gibert, *Hist. de Pernes*, mss., fol. 310.
[5] Voy. chap. Ier, pp. 16, 17.
[6] Pastor, *op. cit.*, I, p. 186.

à la mort de Louis d'Orléans, qui en était le partisan (23 novembre 1407)[1].

Ici se place un événement que divers historiens ont relaté, sur lequel le P. Ehrle a donné quelques nouveaux éclaircissements, grâce aux archives du Vatican, et qui, par ses conséquences, se rattache d'une façon très étroite à l'histoire des États citramontains du Saint-Siège, dans leurs rapports avec les rois de France et la papauté. A bout de ressources, obéré et ne sachant plus à qui s'adresser après la mort du duc d'Orléans, Benoît XIII fit des ouvertures, en vue de contracter un emprunt, au maréchal de Boucicaut, gouverneur de Gênes depuis 1401[2], et qui, à ce moment, déçu de ses espérances et renonçant à l'idée d'une nouvelle expédition en Orient, avait concentré toute son attention sur les événements intérieurs qui agitaient la péninsule italienne (1407-1408)[3]. Le prêt eut lieu à Gênes même le 5 mars 1408[4]. A cette date, Jean le Meingre avança à Benoît XIII 30,000 francs, pour lesquels le pontife, par une bulle du *3 février 1408*, reconnut avoir contracté obligation. Le 30 avril 1408, à Porto-Venere, près la Spezzia, Jean le Meingre versa un nouveau complément de 4,000 francs qu'il avait empruntés à des marchands génois. Comme gage de ce prêt, Benoît XIII inféoda au maréchal, pour une période de deux ans, plusieurs localités, tant de l'Église romaine que du diocèse d'Avignon[5], parmi lesquelles *Pernes, Bollène,*

---

[1] Jarry, *op. cit.*, pp. 351, 352.
[2] De Circourt, *Rev. des quest. histor.*, 1889, XLVI, 167. — Delaville Le Roux, I, 403, 404.
[3] Delaville Le Roux, *La France en Orient au XIVe siècle*, p. 510.
[4] Le P. Ehrle, *op. cit.*, pp. 95, 96, 97.
[5] « Et pro quibus idem dominus noster papa certa castra et loca « tam Ecclesiæ romanæ quam Ecclesiæ Avenionensis sibi pignori « tradidit. » Ehrle, p. 97.

Bédarrides et *Châteauneuf-Calcernier*[1]. Le cardinal de Saluces s'opposa vivement à cette inféodation, mais Boucicaut fit valoir ses droits sur lesdites villes sans retard, et le 10 mars *1408* il prit possession de Pernes par procureur[2]. Il résulte même des documents conservés aux archives de cette commune que le maréchal en personne, se trouvant dans cette ville en 1413, fit procéder à l'élection des consuls. Cette suzeraineté temporelle de Boucicaut sur certaines villes des domaines du Saint-Siège donnera lieu plus tard à d'innombrables et tumultueuses revendications qui ne prendront fin que sous le règne de Louis XI.

La mort de Louis d'Orléans porta un coup fatal à l'autorité de Benoît XIII. Il perdait son protecteur et son meilleur appui à la Cour de France. Dès le mois de janvier 1408[3], Charles VI mit le pontife en demeure de rétablir l'union de l'Église avant l'Ascension prochaine, sous peine de voir la France retirer son appui à Benoît XIII. Le pape menaça Charles VI des censures ecclésiastiques[4], mais, à la fin de mai 1408, le roi de France se retira de l'obédience de Benoît XIII, et avec lui la Hongrie, la Bohême, Wenceslas, Sigismond et la Navarre. En même temps il convoquait un synode pour fixer les règles à suivre dans la neutralité de la France[5]. Ces mesures provo-

---

[1] Gibert, *Hist. de Pernes*, mss., fol. 310. — Chambaud, Ann. mss., fol. 145..

[2] Arch. municip. de Pernes. Acte signé par Tholosan, notaire (Origin.). — Fornéry, *Hist. civile*, mss., fol. 768. — Gibert, *Hist. de Pernes*, mss. de Carpentras, fol. 718. — Boucicaut était alors gouverneur du Languedoc. — Delaville Le Roux, 512-513.

[3] Pastor, *op. cit.*, I, p. 187.

[4] *Amplissima collectio*, VII, p. 770.

[5] Pastor, *op. cit.*, I, p. 188.

quèrent la défection des cardinaux de Benoît XIII, qui se réunirent à ceux de Grégoire XII pour fixer l'ouverture d'un concile à Pise le 25 mars 1409. Mais, dès l'année précédente, Benoît XIII, qui ne se sentait plus en sûreté dans le territoire de Gênes[1], avait gagné Perpignan, où il convoqua un concile dont les actes font l'objet du savant commentaire publié par le P. Ehrle[2]. L'année suivante, Boucicaut et les troupes françaises étaient chassés de Gênes. C'était, pour la politique française en Italie, un échec regrettable qui entraînait la ruine de notre influence dans le Nord de la Péninsule et l'abandon définitif de toute tentative de restauration de la papauté à Rome[3].

Le concile de Pise s'était ouvert le 25 mars 1409 et, dans sa séance du 26 juin, avait déposé solennellement Benoît XIII et Grégoire XII, en procédant à l'élection d'Alexandre V. Réfugié en Espagne, Benoît XIII se décida à une résistance énergique, et craignant pour sa personne de rentrer dans le royaume en vue de se fortifier dans son palais d'Avignon, que ses partisans n'avaient pas complètement abandonné depuis 1404, il en confia la garde à son neveu, capitaine expérimenté, vaillant soldat, mais peu scrupuleux sur les moyens à employer pour avoir la victoire, Rodrigues de Luna. Dès 1409-1410, les agents de Benoît XIII avaient peu à peu amassé dans le palais des vivres, provisions, munitions et armes de guerre, en vue d'un siège. Ils avaient fortifié l'entrée du pont. La garnison catalane avait été augmentée

---

[1] D'après certains auteurs, le maréchal aurait facilité son embarquement.

[2] Ehrle, *loc. cit.*, Aus den Acten, etc.

[3] Delaville Le Roux, *op. cit.*, 512, 513.

et renforcée, si bien que dans les premiers mois de 1410, la cité d'Avignon se trouvait en présence d'une forteresse inexpugnable, occupée par des guerriers déterminés à toutes les mesures extrêmes, même à incendier la ville s'il était nécessaire pour maintenir l'autorité de leur compatriote, Pierre de Luna.

Le concile de Pise avait envoyé comme légat à Avignon un ancien cardinal de Benoît XIII, Pierre de Thury (avril 1410)[1], qui était en même temps recteur du Venaissin. C'est lui qui eut charge de préparer le siège du palais, avec les élus de la guerre délégués par le conseil de ville. Les citoyens avignonnais se constituèrent en troupes assaillantes avec les officiers et soldats que Charles VI envoya au secours de la ville. Le siège du palais commença au mois de mai 1410[2]. Charles VI avait expédié aux Avignonnais l'Hermite de la Faye[3], sénéchal de Beaucaire, avec plusieurs compagnies de soldats. Mais quelque temps après, il leur avait fait donner l'ordre de se retirer. Abandonnés à leurs propres ressources, le cardinal de Thury et les élus de la guerre portèrent leurs doléances auprès du roi qui renvoya le sénéchal et les troupes devant Avignon. A cette force militaire vinrent se joindre des capitaines aux ordres du roi, notamment le sieur Randon[4], seigneur de Joyeuse,

---

[1] Arch. départ., *Reg. des États*.
[2] Nouguier fixe le commencement du siège au 27 mai 1410.
[3] Dom Vaissette, IX, p. 1008. — Ménard, *Hist. de Nîmes*, III, p. 133.
[4] Il est désigné « Seigneur de Genguese » (Joyeuse) ; prit part, sous Charles VII, aux premières campagnes et assista à la bataille de Verneuil (1424).

et Jean Buffart, qui sont payés par les officiers du roi, sur l'ordre secret de Charles VI[1].

La ville d'Avignon fit appel aux consuls de Carpentras et aux trois états du Venaissin, qui prêtèrent des bombardes, des balistes et tous les engins d'artillerie qui étaient à leur disposition[2]. Des barques expédiées de Valence furent postées au milieu du Rhône, croisant sous le palais pour empêcher tout secours d'arriver aux assiégés[3]. Un autre bateau appelé « *la Barbote* » fut placé près de l'île d'Argenton avec une bombarde qui devait battre en brèche les ouvrages de défense des Catalans[4]. Le 19 mai 1410 arriva la « *grande bombarde*[5] » d'Aix, traînée par trente-six chevaux, qui commença à ouvrir le feu contre le grand palais. Le 13 décembre 1410, un assaut très vif donné par les troupes avignonnaises causa à Rodrigues de Luna la mise hors de combat d'un millier d'hommes; la tour élevée par les Catalans, attaquée par le fer et le feu, s'écroula, entraînant sous ses décombres de nombreux soldats espagnols et amenant la rupture d'une partie du pont (décembre 1410)[6].

La Cour de France, fatiguée de l'entêtement de Benoît XIII et de la résistance de ses partisans, embrassa la cause des Avignonnais et n'épargna rien pour leur assurer la victoire. Le 4 mai 1411, Charles VI écrit aux sénéchaux de Nîmes et de Beaucaire[7] pour leur recomman-

---

[1] *Lett. patent. de Charles VI au sénéchal et au viguier de Beaucaire* (mai 1411) Arch. municip. B., 39.
[2] 28 janvier 1411. Fornéry, *Hist. ecclés.*, mss., I, fol. 425, 426.
[3] *Id.*, mss., I, fol. 424, 425.
[4] Comptes de la Ville, 1410-1411.
[5] *Id.*
[6] *Recueil Massillian*, mss., XVI.
[7] Arch. municip., B. 39.

der de ne laisser lever, en Languedoc, aucune troupe de gens d'armes dans le but de porter secours aux Catalans, partisans de Pierre de Luna, assiégés dans le grand palais d'Avignon. Le 21 mai[1], le roi envoie une missive aux syndics et au conseil de la ville d'Avignon, pour les féliciter de leur courage et de la résistance qu'ils opposent aux Catalans schismatiques : « Il les autorise à tendre des « chaînes au travers du cours du Rhône, au Pont-Saint-« Esprit et ailleurs, comme ils l'ont déjà fait, sans avoir à « solliciter l'autorisation du roi, et ce, en vue d'empê-« cher tout secours d'arriver par eau aux Catalans qui, « depuis quatorze mois, tenaient le palais pour le compte « de Pierre de Luna. »

Le 11 juin 1411[2], le roi de France donne l'autorisation aux Avignonnais de lever une décime sur le clergé du royaume, jusqu'à concurrence de 100,00 livres, pour subvenir aux frais de la guerre qui avait épuisé les finances publiques et privées de la ville. De son côté, Benoît XIII faisait appel à ses partisans et compatriotes et, au mois de *juin 1411*, une flotte, composée de 29 galères et barques catalanes, se présentait aux embouchures du Rhône pour diriger une double attaque contre Avignon par le fleuve, et pour renforcer par terre la garnison du château d'Oppède dont quelques gens d'armes de Rodrigue avaient pris possession. Mais les consuls d'Arles avaient fait tendre précipitamment une chaîne pour barrer le fleuve d'une rive à l'autre. D'un autre côté, un corps d'Avignonnais s'était porté vers la Durance pour opérer sa jonction avec les troupes du sénéchal de Provence, qui

---

[1] Arch. municip., B. 39.
[2] *Id.*, B. 39.

avait reçu de Yolande d'Aragon, reine de Sicile et de Jérusalem, l'ordre de s'opposer au passage des Catalans sur les terres de Provence. Les galères ennemies ne purent franchir le barrage et durent battre en retraite après avoir débarqué 150 guerriers catalans qui s'avancèrent jusqu'à la Durance, pour, de là, gagner le terroir d'Avignon et le Comté. Mais les troupes provençales et avignonnaises lancées à leur poursuite les rejoignirent sur les bords de la rivière, dont les eaux, grossies par les pluies, rendaient le passage impossible. Les Catalans furent taillés en pièces ou faits prisonniers[1] (juin 1411). En apprenant ce succès, l'Université de Paris s'empressa d'écrire à la reine de Sicile pour la prier de ne point relâcher les prisonniers dont la présence à Avignon pourrait amener le triomphe des schismatiques et hérétiques par l'apport d'un renfort inespéré. « Nous avons entendu que
« puis naguères ont esté prins certains gens d'armes
« tant chevaliers, escuiers comme autres, qui venoient
« de par Pierre de la Lune pour nuire à la ville d'Avignon
« et à la terre et conte de Venisse, et aussi à nuire à
« saincte Église et à tout le royaume de France, laquelle

---

[1] Journal mss. de Bertrand Boisset. Extrait : « Siège du palais,
« juin 1411. L'an millia quatre cens ungi et de mes de juin vengron
« los Catalans en Proensa et en Arles per mandaments de l'Anti-
« papa Peyre de Luna per anar contra ad Avignon et Venesin.
« Los quals Cathelans sy meront in terra et monteron a caval per
« tirad in Venayssin et foron preses et deconfits per los Proensalts
« et los autres que remaron en los fustas que erons vint dos se
« monteron per lo rose ad Arles per tirar sen ad Avignon, mas la
« *cienta d'Arles mes una Cadena* a travers de Rose que passar non
« la poyron, an se retireron. Vertas es que leur gens y mourreron
« et mots d'avis feron et gasteron gras en la vigne et cremeron de
« masses et de cabanes assas, mas autres bels portamen non faron,
« am se retireron. »

« Église devez avoir moult à cuer.... Sy est vrai, très
« puissant Royne, que si les dessus diz gens d'armes qui
« pour présent sont soubz vostre puissance estoient deli-
« vrez avant que la guerre d'Avignon fust finie, ce seroit
« très grand péril et très grand dommaige pour saincte
« Église. Et est voir semblable que par ce moien pourroit
« estre delivrez le palais d'Avignon des mal facteurs et
« scismatiques qui l'occupent indeument.... Pourquoi
« vous supplions, très noble et très puissante Royne, qu'il
« vous plaise commander et faire défendre que nul dez
« dessuz diz prisonniers, de quelque estat qu'il soit, ne
« soit délivré jusques à ce que aucune fin soit prinse sur
« la guerre d'Avignon et du païs d'environ[1]. »

Vers la même époque, Charles VI écrivait aux syndics d'Avignon leur donnant avis qu'il envoyait au secours de la ville Philippe de Poitiers, avec charge de leur dire ses intentions, ainsi qu'à la reine Yolande. Le 26 juin 1411, en lui annonçant l'envoi de Philippe de Poitiers, Charles VI fait savoir qu'il a donné charge à ce seigneur « de con-
« vocquer et assembler tant de noz hommes vassaulz et
« subgiez que bon lui semblera, affin que la besoingne
« puist prendre plus briefve conclusion. Et vous prions,
« très chère et très amée cousine, tant et si adcertes, que
« plus povons que nostre dit cousin, vueillez, oïr et croire
« de ce qu'il vous dira de par nouz touchant celle ma-
« tière, et donnez et faire donner par voz gens, officiez
« et subgiez, à lui et à ses commis, pour honneur et ré-
« vérence de Dieu, de nostre dit saint Père de l'Église,
« amour et contemplacion de nouz, tout le conseil, con-
« fort, aide et faveur que faire se pourra, et telement que

---

[1] Arch. municip., B. 77, n° 36, origin.

« par vostre bon moyen ceste dite besoingne sortisse bon
« et brief effect et prengue la conclusion que nous dési-
« rons[1]. »

L'arrivée de Philippe de Poitiers, de son frère, Étienne, « le bâtard de Poitiers », avec d'autres chevaliers, et surtout l'appui du roi de France, redoublèrent l'énergie des assaillants. Les syndics, les élus de la guerre, les conseillers, les habitants de toute classe, les couvents, les maisons religieuses, les corporations et arts, rivalisant de zèle et de civisme, donnèrent généreusement tous leurs trésors, soit en numéraire, soit en œuvres d'art, statues, tabernacles, rétables, et les sanctuaires se dépouillèrent spontanément au profit de la ville pour combattre l'ennemi commun, qui ne représentait plus seulement l'idée d'un schisme religieux, mais l'occupation étrangère. Dans les derniers mois de l'été 1411, la ville contracta des dettes et obligations représentant un chiffre énorme[2], tel même qu'un demi-siècle après, elle ne s'était pas encore libérée. Outre les sommes mises à la disposition des élus de la guerre par Charles VI, un denier fut en outre levé sur chaque paroisse pour faire face aux besoins journaliers. La mort de Pierre de Thury (septembre 1411) fit passer la direction de l'administration des États du Saint-Siège entre les mains de François de Conzie, archevêque de Narbonne, camérier du pape, qui avait été témoin de tous les événements depuis l'élection de Benoît XIII.

Cependant, réfugiée dans cette forteresse imprenable, la petite garnison catalane opposait aux assaillants une

---

[1] Arch. municip., série E.E.
[2] Reddition des Comptes de Paul Montmartin du temps de la guerre des Catalans. Arch. municip., B. 39.

résistance désespérée. Toutefois, le manque de renforts, la diminution des vivres, les vides que les sorties répétées avaient faits dans leurs rangs, et surtout la perspective de ne voir arriver d'Espagne aucune troupe de secours, amenèrent Rodrigues de Luna et ses compagnons à parlementer en vue d'un traité de paix. Une convention fut signée, le 12 novembre 1411, entre les représentants du Saint-Siège, François de Conzie, vicaire général du Saint-Siège à Avignon, et dans le comté Venaissin, Jean de Poitiers, évêque de Valence et de Die, recteur du Venaissin, et Constantin de Pergula, vicaire de Jean XXII, d'une part, et, d'autre part, Bernard de Sono, vicomte d'Evola, et Roderic de Luna, commandeur de l'ordre de Jérusalem, chef des canonniers et combattants du palais. Assistaient aux pourparlers et préliminaires de la convention Philippe de Poitiers, chevalier, seigneur d'Aroys et de Dormans, capitaine général des troupes avignonnaises, envoyé par le roi de France, et Pierre d'Acygne, sénéchal de Provence, agissant au nom et lieu de Yolande, reine de Sicile et de Jérusalem. Aux termes de la convention, voici les principales conditions stipulées[1] :

1º Il sera permis aux assiégés d'envoyer à leur maître, *Benoît XIII*, trois officiers pour l'instruire de la position dans laquelle ils se trouvent, et si dans cinquante jours aucun secours n'est arrivé, ils s'engagent à remettre aux mains du légat le palais et le château d'Oppède ;

2º Les assiégeants fourniront, au prix ordinaire, la quantité de vivres par jour pour chaque personne de la garnison du palais ;

3º Le commandant des troupes aragonaises et cata-

---

[1] Arch. municip., B. 39, Origin., septembre 1411.

lanes devra donner pour otages frère Jean *Parda*, chevalier de Rhodes, frère Mathieu Montelli, frère Pierre de Lacerda, frère Beranger Boyl, messire Pierre Turella, licencié en droit canon, messire Barthélemy, neveu d'Antoine, vicomte Jean Pétri, Barthélemy de Montaquesii et Sanché de Sparsa;

4° Les assiégés ne pourront emporter, lors de leur départ, que les objets qui leur appartiennent;

5° Les troupes assiégées et assiégeantes observeront exactement entre elles la trêve conclue.

Tous les personnages ci-dessus désignés apposèrent leur sceau sur ledit parchemin, au bas de l'acte rédigé par Lamberti, notaire[1].

Le délai étant expiré, et aucun secours n'étant annoncé pour les assiégés, ces derniers conclurent une dernière convention le 14 novembre 1411, aux termes de laquelle ils devaient vider le palais et le château d'Oppède dans les huit jours qui suivraient. De son côté, Charles VI accordait, par lettres patentes, sauf-conduit, sauvegarde et assurance pour le retour des Catalans dans leur pays, sans qu'ils puissent être recherchés pour aucun crime commis contre notre Saint-Père et le Saint-Siège apostolique[2]. La garnison catalane remit le palais au légat, comme il avait été convenu, le 22 novembre 1411[3]; elle se retira de là à Villeneuve et traversa le Languedoc pour gagner l'Espagne par terre.

Ainsi se termina le second siège du palais, qui avait accumulé sur Avignon et le Venaissin des monceaux de

[1] Chambaud, *Recueil*, mss., t. I, fol. 153, 154. — Cf. G. Fantoni, I, pp. 300, 301, 30°.

[2] Arch. municip., B. 39.

[3] Gibert, *Hist. de Pernes*, mss., fol. 312.

ruines et des dévastations de toutes sortes. Dans ces tristes circonstances, Charles VI, après avoir soutenu et fait triompher par les armes la cause des Avignonnais, contribua, par divers actes de générosité, à réparer les maux de la guerre ; une somme de 12,000 francs d'argent fut mise par le roi à la disposition de l'archevêque de Narbonne pour l'employer à la conservation du palais d'Avignon[1]. Charles VI écrivit en outre au pape pour le prier de permettre que les 10,000 livres qu'on prélevait annuellement sur les bénéfices de France fussent employées à dédommager la ville d'Avignon des dépenses qu'elle avait dû supporter par suite de la guerre contre les Catalans (décembre 1411)[2]. Ce sont là les derniers actes par lesquels Charles VI marque son intervention « ès-parties » d'Avignon. La déposition de Benoît XIII au concile de Pise fut définitive et solennellement proclamée à Constance le 26 juillet 1417[3] ; l'exil du pape à Paniscola, son dénûment et l'abandon de sa cause par tous les catholiques, rendirent un peu de tranquillité aux États du Saint-Siège d'en deçà des Alpes, jusqu'à l'élection de Martin V, qui se montre, dès ses premiers actes, décidé à défendre énergiquement les droits de l'Église sur Avignon et le Venaissin.

[1] Arch. municip., B. 39.
[2] *Id.*, B. 39.
[3] Pastor, *op. cit.*, p. 24, not. 2.

CHAPITRE II

Charles VII. — Les Boucicaut.
Le Cardinal de Foix.

Le dauphin Charles en 1419-1420. — Devenu roi il ne cesse d'assurer de sa protection les États citramontains du Saint-Siège. — Nouveaux agissements de Geoffroy le Meingre (1426-1428). — La succession du maréchal. — Les routiers dans le Venaissin et dans la vallée du Rhône. — Démêlés entre les sujets du pape et Boucicaut. — Attitude de Charles VII (janvier 1426). — Il protège les Avignonnais, tout en appuyant les revendications de Champerons, seigneur de la Porte (1428).

Situation des États de l'Église au moment de l'ouverture du concile de Bâle. — Charles VII appuie ouvertement Alphonse Carillo, cardinal de Saint-Eustache, qui est le candidat du concile. Sa lettre aux Avignonnais (1431). — Conflit entre le pape Eugène IV et les Avignonnais à propos de la nomination de Marc Condulmaro. — Neutralité de Charles VII (1432).

Le cardinal Pierre de Foix, légat du Saint-Siège (avril 1432). — Triomphe de la politique française. — Efforts de Charles VII pour amener la cessation du schisme et la convocation d'un concile à Avignon pour l'union des Grecs (1437).

Les dernières années du règne de Charles VI, toutes remplies par les sanglantes rivalités des Armagnacs et des Bourguignons, par l'invasion étrangère et la honteuse défaite d'Azincourt pour aboutir à l'humiliant traité de Troyes (1420), expliquent pourquoi les relations entre les sujets du Saint-Siège et la Cour de France subissent comme un temps d'arrêt jusqu'au moment où la lutte de la maison de France avec les Bourguignons amène le dauphin Charles dans le Midi, en 1419. Le nouveau pape Martin V était, depuis son avènement, prévenu contre le dauphin par les dénonciations des agents bourguignons, qui accusaient l'héritier du trône d'être, comme feu son oncle, un ami dévoué de Benoît XIII. Il ne voyait donc pas sans quelque appréhension le dauphin venir guerroyer sur les limites des possessions du Saint-Siège[1], au moment où le prince d'Orange se disposait de son côté à envahir le Comtat et où les garnisons bourguignonnes, alliées aux Anglais, occupaient plusieurs places fortes du Midi et de la vallée du Rhône. Dès 1419, le dauphin Charles demande à emprunter aux États du Venaissin 6,000 florins d'or[2] et à faire entretenir pendant quatre mois par les États 1,000 hommes d'armes, les engageant, de plus, à se liguer avec lui. L'année suivante (1420), Charles informe le recteur qu'il se dispose à traverser le territoire pontifical avec 10,000 hommes d'armes, et il l'invite à faire savoir aux habitants qu'ils doivent prendre les mesures nécessaires pour protéger leurs récoltes. Le pape Martin V, sur ces entrefaites, se rapproche du dauphin et envoie à Lyon[3] Pierre d'Ailly, son légat, qui a une entrevue avec le jeune prince. Ce rapprochement facilita la tâche du dauphin en lui donnant l'aide des Avignonnais dans l'attaque dirigée contre Pont-Saint-Esprit (1420). Charles

---

[1] *Reg. des délibér. des États,* fol. 219, v°.
[2] *Id.,* fol. 218.
[3] De Beaucourt, *loc. cit.,* I, p. 329. Pierre d'Ailly, contrairement à ce que dit M. de Beaucourt, ne fut jamais légat à Avignon. Il était légat en France.

est de passage à Avignon le 15 avril (1420)[1]. C'est pendant son séjour qu'il négocia le prêt de l'artillerie de la ville, qui fut conduite devant Pont-Saint-Esprit[2]. Le 2 mai, le dauphin investit la place, qui était défendue par une garnison bourguignonne alliée au prince d'Orange. Après une résistance héroïque, la place fut emportée d'assaut par les troupes royales qui se déshonorèrent par toutes sortes d'excès (17 mai 1420)[3]. Le dauphin ne manqua, dans la suite, aucune occasion de se montrer gardien fidèle des traditions de la royauté. Une fois sur le trône, il ne se départit jamais de ces sentiments, n'oubliant point que les rois, ses prédécesseurs, avaient été appelés « à leur grant gloire et louenge roys tres chres« tiens, vrays champions et principaux deffenseurs de « nostre saincte foy catholique[4] ». Ces dispositions, il les montra, on peut le dire, d'une façon toute particulière dans ses rapports avec les sujets de l'Église, notamment avec les Avignonnais et les gens du Comté. Dès son avènement, ayant été informé par les syndics et le conseil de la ville d'Avignon que quelques seigneurs, dont les châteaux se trouvaient placés près de la frontière des domaines de l'Église, sous prétexte de vider les différends qui existaient entre eux, appelaient sous leur bannière bon nombre de gens d'armes originaires du Dauphiné, qui commettaient toutes sortes de ravages sur

---

[1] Dom Vaissette, IX[2], p. 1059, not. 4. — Chambaud, *Rec. sur Avignon*, mss., t. I, fol. 160.
[2] Dom Vaissette, IX[2], p. 1059.
[3] Dom Vaissette, IX[2], p. 1060.
[4] De Beaucourt, *op. cit.*, I, p. 370. Ces expressions sont d'Isabeau de Bavière. *Rec. des Ordonnances*, X, p. 437.

les terres et possessions de l'Église, le roi mu par cette considération « en faveur d'icelluy nostre sainct père et « ses dits subgectz et mesmement ceulx de la dicte ville « d'Avignon et du dit Comté que tous jours en tous nos « affaires avons trouvez pretz et bien enclinz à faire et « donner tant à nouz que aux nostres toute faveur, ayde « et confort à eulx possible toutes fois que requiz en ont « esté », ordonne à tous les gens d'armes qui avaient quitté la province du Dauphiné de rentrer incontinent dans leurs foyers « s'en retournant en leurs hostelz et « maizons et ès lieux dont partyz sont pour estre pretz « de venir à nous, sur ce à l'encontre de nos diz ennemys, « toutefoiz que les manderons [1] ».

Cette agitation seigneuriale, qui menaçait d'entraîner dans ses guerres privées les sujets du roi pour se jeter sur les terres de l'Église dès les premières années du règne de Charles VII, était la conséquence des revendications de Geoffroy le Meingre. Le maréchal, son frère, pris à Azincourt, puis captif en Angleterre, était mort en 1421, ne pouvant survivre à l'humiliation de sa patrie [2]. Son frère hérita de ses domaines que lui avait garantis l'acte du 7 juillet 1399 [3]. De plus, comme Benoît XIII, réfugié à Paniscola, se mourant dans le dénûment le plus complet, n'avait jamais pu rembourser à Jean Boucicaut les 40,000 francs que ce dernier lui avait avancés en *1408*, Geoffroy, comme héritier, se saisit aussitôt des villes

---

[1] Donné au château de Loches, le 22 septembre 1423. Orig. Arch. municip., B. 36. Voir *Marquis d'Aubais*, pièc. fugitives, I, p. 94. *Itinér. de Charles VII*.

[2] Delaville Le Roux, *loc. cit*, 360-363.

[3] Manuscrits Peiresc, Bibl. de Carpentras, Reg. LXX, vol. III, fol. 232, v°.

dont l'inféodation avait été consacrée par le contrat passé à Gênes et à Porto-Venere entre le pape et le maréchal. Martin V essaya de s'opposer à cette prise de possession, qui était discutable à coup sûr, puisque la légitimité de Benoît XIII comme souverain pontife était elle-même contestée ; mais les châteaux et les villes étaient déjà entre les mains des agents de Boucicaut[1]. Cette prise de possession ne se fit pas sans violences, et les sujets du pape protestèrent contre un acte passé sans leur consentement ; Charles VII lui-même intervint et demanda des comptes à Geoffroy dont tous les vassaux réclamaient la protection royale. Ce dernier fut convoqué à comparaître devant le Parlement de Toulouse, pour répondre de ses crimes et forfaits, mais Geoffroy ayant fait défaut, le roi lui confisqua les terres *d'Aramon*[2] et de *Valabrègue* qu'il avait reçues à perpétuité. Désormais chassé du Languedoc, Geoffroy s'établit à poste fixe dans ses domaines de l'Église, où il devenait pour la papauté un voisin fort gênant. Un premier traité fut passé entre Geoffroy et les représentants de la Chambre apostolique, qui lui payèrent une somme considérable, à la condition qu'il mettrait fin aux actes de brigandage dont il se rendait journellement coupable[3]. Geoffroy promit, reçut l'argent, feignit le repentir, mais il rompit aussitôt ses engagements et employa les fonds de la Chambre apostolique à rassembler une armée de routiers, gens de

---

[1] Ehrle, *loc. cit.*, p. 97.

[2] Dom Vaissette, IXe, p. 1077. Jean de la Graille, maréchal de Languedoc, à la tête des milices royales occupa les biens et domaines de Geoffroy qui fut déclaré coupable de félonie. — Cf. Gibert, *Hist. de Pernes*, mss., fol. 316.

[3] De Coston, *Hist. de Montélimar*, I, pp. 496, 499.

sac et de corde, commandés par des capitaines qui se sont fait un nom au milieu de ces guerres qui ont désolé la vallée du Rhône, de Valence à Avignon, pendant les premières années du règne de Charles VII. Parmi eux figurent *Charles de Poitiers, Jean Ollivier, Saint-Vallier,* écuyer de l'évêque de Valence, le *bâtard de Valence,* fils de l'évêque de cette ville, *Anthoine de la Peype, Allegret de Bonnyot, Aymard de Clermont, Jean de Geys* et le *bâtard de Langres.* Bien plus, Geoffroy fait appel à ses compatriotes de Touraine, et parmi ses meilleurs officiers on trouve Jehan de *Champerons,* seigneur de la Porte[1]. Cette petite troupe se grossit promptement d'une foule d'aventuriers de toute origine, soldats sans emploi, routiers et vagabonds, qui, comme jadis Raymond de Turenne, considéraient comme une excellente aubaine de guerroyer contre le pape. Pernes fut saccagé, Vaison livré aux flammes, le château de Saint-Roman pris d'assaut[2]. Charles VII, prié d'intervenir, écrivit au sénéchal de Beaucaire, le sieur de Vilar, pour empêcher qu'aucune entreprise fût dirigée contre Avignon (20 avril 1426).

D'un autre côté, Charles VII, par lettres patentes données à Montluçon le 11 janvier 1426[3], considérant que Geoffroy le Meingre, dit Boucicaut, « chevalier est

---

[1] Ce seigneur est officiellement nommé dans la bulle d'excommunication. Mais il dut se retirer avant le siège de Livron et abandonner la cause de Geoffroy, puisque Charles VII affirme qu'il n'avait pas quitté la Touraine. Les archives d'Indre-et-Loire ne contiennent aucun renseignement sur ce personnage (communication de M. de Grandmaison, archiviste d'Indre-et-Loire).

[2] Chambaud, *Rec.,* mss., I, fol. 442.

[3] Arch. municip., Origin., B. 36, n° 37, Cott. N.N.

« en intencion et volunté de faire guerre en la Conte de
« Venisse qui est du patrimoine de nostre mère saincte
« Église et des contez de Provence et Forcalquier, qui sont
« lors Estats de nostre mère et de nostre très chier frère,
« le roy de Jérusalem et de Cécile, son filz, et domagier
« le pais et subgectz de nostre dit sainct père et nos ditz
« mère et frère, a fait souldoyer gens d'armes et de trait
« en nostre royaume et Daulphiné, et en nostre conte de
« Valentinoys et desjà ayant passé oultre la dite rivière
« du Rosne et se efforce de plus faire et a fait entrer
« dans la terre de l'Église le sire de Clavaison, Anthoyne
« de la Peype, chevalier, un nommé Gastonet, chevallier
« de Bron, un nommé Montchanu et autres capitaines
« rotiers[1], avec grant nombre de gens de Compaigne,
« lesquels ont prins aucunes places en la dite terre de
« l'Église, forcé femes, bouté feux, tué et murdry plu-
« sieurs genz, prins prisonniers, faits plusieurs courses,
« maulx et dommaiges innumérables ». Charles VII, pour
ces motifs, fait défense à quiconque de ses sujets de
porter la guerre contre Avignon. Comme on le voit par
ce document, le roi de France protège les vassaux de
l'Église, mais ce n'est qu'une protection défensive en ce
sens qu'il interdit aux sujets royaux de prendre part aux
ravages commis par les officiers de Boucicaut sur les
domaines de l'Église. Martin V employa d'abord contre
ces brigands les armes spirituelles, et Guillaume Rai-
mundi, prévôt de l'église d'Avignon, en qualité de
commissaire apostolique excommunia en 1426 Geoffroy

---

[1] On remarque que Jehan de Champerons n'est pas mentionné et qu'il y en a plusieurs que Giberti (*Hist. mss. de Pernes*, fol. 729) ne nomme pas.

le Meingre et ses officiers, qui avaient commis toutes les atrocités relatées dans les lettres royales du 21 janvier 1426[1]. En même temps, l'évêque de Montauban, Pierre Cottini, nommé recteur du Comtat, prit le commandement des milices levées par les États et s'empara, sur les troupes de Boucicaut, de la ville de Pernes, dont Jehan de Champerons avait été nommé gouverneur (12 avril 1426). Les habitants de la communauté furent dispensés de payer les arrérages de tailles pour tout le temps qu'elle avait été placée sous la domination de Boucicaut. Mais bientôt, feignant de nouveau la plus grande contrition et sollicitant le pardon de ses crimes, Geoffroy, grâce à l'entremise de François de Conzié, légat du Saint-Siège à Avignon qu'il avait connu à l'époque du premier siège du palais[2] (en 1398-1399), obtint pour lui et pour ses complices, du pape Martin V, une bulle d'absolution (23 mai 1426)[3] totale. C'est à la suite de cet accord que Geoffroy le Meingre se réfugia avec ses bandes dans le château de Livron et occupa également la forteresse de Narbonne[4] dans le terroir de Montélimar sur lequel il avait quelques droits par l'oncle de sa femme Isabelle, Jean de Poitiers, évêque de Valence. La présence de Boucicaut à Livron dès 1426 est incontestable. Les comptes consulaires de la ville de

---

[1] Chambaud, *Recueil sur Avignon*, mss., t. I, fol. 442. — Cf. Giberti, *Hist. de Pernes*, mss., fol. 315, et mss. de Carpentras, fol. 723.

[2] Cottier, *Notice sur les Recteurs*, p. 120. — Cf. Cambis-Velleron, *Annal.*, mss, IV, 32, 34. — Chambaud, *Rec.*, mss., vol. I, fol. 163. — Giberti, *Hist. de Pernes*, mss. de Carpentras, 721, 722.

[3] Le texte de la bulle a été publié par Ehrle, *loc. cit.*, pp. 99-100.

[4] *Cartulaire de Montélimar*, p. 265. — Cf. de Coston, *loc. cit.*

Valence [1] portent une dépense de trois gros pour Champel, Chaponays, etc., envoyés à la Roche de Glun au-devant d'Humbert, maréchal, allant assiéger Boucicaut dans le château de Livron (1426). C'est donc vers la fin de cette même année que les gens d'armes à la solde des Avignonnais viennent mettre le siège devant cette ville. Bien qu'il n'y eût pas encore de traité officiel passé entre Humbert et les Avignonnais, la ville d'Avignon supportait les charges de cette expédition qui fut ruineuse pour la malheureuse cité. Boucicaut assiégé appela à lui, de l'autre côté du Rhône, un certain nombre de partisans recrutés dans le royaume, qui avaient pour but de débloquer *Livron* et d'attaquer les troupes pontificales. Le conseil de ville d'Avignon et les élus de la guerre, qui délibéraient avec eux depuis le siège du palais, traitèrent avec un capitaine d'aventuriers, *Jean Roulet*, originaire de Saint-Flour en Auvergne et seigneur de Châteauneuf-de-Melet, pour qu'avec ses gens celui-ci s'opposât à leur passage. Jean Roulet dut, pour arrêter les alliés de Boucicaut, non seulement employer les armes, mais encore acheter la paix. Nous trouvons en effet dans les archives communales un document établissant que la ville d'Avignon, pour tenir compte « au dit Jehan Roulet de ses peines et debours », lui régla une indemnité de 4,250 écus d'or de la nouvelle frappe, dont 1,500 lui furent comptés dans le courant de l'année 1427. Pour le règlement du solde, ledit Roulet délégua à la ville une somme de 1,430 écus à payer à un certain Pierre Bovis, sur ce que la communauté d'Avignon lui redevait encore[2].

[1] Arch. de Valence, C.C., 27, 1426.
[2] L'acte fut souscrit par la ville le 25 juin 1427. Arch. municip., Compte de la ville, de septembre 1428, de 1320 écus d'or pour solde de la somme ci-dessus.

Ce n'est donc point en 1428, comme quelques auteurs l'ont cru, mais bien en 1427, que la ville d'Avignon fit assiéger, par des gens d'armes à ses gages, Geoffroy le Meingre, dans le château de Livron. A cette occasion, Martin V n'abandonna pas ses fidèles sujets. Il envoie auprès d'eux Jean de Rehate et Jean de Puteo pour leur dire qu'ils n'ont pas à s'effrayer des menaces de leurs ennemis (21 mars 1427)[1]. Il donne pouvoir audit Jean de Rehate d'assigner à la ville d'Avignon 6,000 florins pour les besoins de la guerre, à prendre sur les revenus de la Chambre apostolique, tant en Provence qu'en Savoie[2]. Enfin, dès le mois de février 1427, il avait prescrit à l'évêque d'Avignon de faire imposition sur le clergé pour subvenir aux grands frais qu'il convenait de supporter pour se garder contre les ennemis[3]. Grâce à ces subsides de la curie romaine, les Avignonnais purent renforcer leurs troupes occupées au siège de Livron. Un traité fut signé *le 31 janvier 1428* à Lyon, entre Thomas Busaffi, d'une part, représentant la ville d'Avignon, et *Humbert Maréchal*, capitaine de gens d'armes, d'autre part, aux conditions ci-après[4] : 1º ledit Humbert s'engage à défendre les propriétés, biens, meubles et immeubles et personnes des Avignonnais contre les troupes de Boucicaut et de ses adhérents avec cent hommes d'armes et

---

[1] Arch. municip., B. 36, nº 1, Cott. A.A.
[2] *Id.*, B. 37.
[3] *Id.*, B. 34, février 1427.
[4] Acte passé à Lyon par maître Cordard, notaire apostolique impérial et royal, le 31 janvier 1428. Arch. municip., B. 34. — Cf. Chambaud, *Rec. des Chartes*, mss., I, fol. 40. — *Recueil Massillian*, mss., XXI, fol. 359, 361. — Gauffridi, *Hist. de Provence*, I, VII, p. 294. — Giberti, *Hist. de Pernes*, fol. 327, 328.

cent hommes de trait (l'homme d'armes aura trois chevaux, un page et un varlet) ; 2° chaque homme d'armes recevra 20 florins, monnaie courante, par mois, et chaque homme de trait à cheval 10 florins par mois, de même monnaie ; 3° ledit Humbert s'oblige à être rendu à Vienne sous Lyon avec ses troupes, le 15 février prochain *1428*. La paie des soldats sera due à dater de ce jour ; 4° ledit Humbert, dès son arrivée à Avignon recevra pour son compte la somme de 200 florins de ladite monnaie ; 5° ledit Humbert s'oblige à se retirer, lui et ses gens, à la première sommation qui lui en sera faite. Il est convenu que ledit Humbert recevra sur la solde de ses troupes 1,500 florins dans la ville de Lyon, à-compte du premier mois de solde, et le restant dès que lui et ses soldats auront passé la rivière de l'Isère ; 6° chaque chevalier ou escuyer banneret qui fera partie des troupes dudit Humbert recevra double paie.

Geoffroy Boucicaut ne pouvait pas résister à des forces aussi bien organisées, commandées par un vaillant officier. Dès le mois de mars 1428, les bandes de Boucicaut, après une résistance inutile, se dispersèrent et franchirent le Rhône. Les documents font du reste absolument défaut[1] sur ce point et ne nous permettent pas de dire comment Geoffroy quitta pour toujours ce pays où son nom était en exécration. Quoi qu'il en soit, dès le mois de mai 1428, toute guerre entre Avignon et les Routiers avait pris fin, et Martin V relevait la ville d'Avignon, les syndics et les citoyens de la promesse par eux faite à l'évêque de Valence pour raison des dommages causés par

---

[1] De Coston, *Hist. de Montélimar*, I, 496, 499.

leurs troupes au château de Livron[1] (11 kalendes de juin 1428). Charles VII intervint quelques mois plus tard en faveur de Jean de Champerons, seigneur de la Porte, dont quelques biens et héritages avaient été confisqués par les Avignonnais et les Comtadins : « Veuillez, pour « amour et honneur de nous, faire délivrer à nostre bien « aimé escuyer Jehan de *Champerons* ses héritaiges et « aultres biens meubles, les quelz soubz umbre du débat « qui naguères a esté entre nostre aimé et féal chevalier, « conseiller et chambellan Giefroy le Meingre du Bouci- « quault, d'une part, et vous et les habitans de la ville « d'Avignon, d'autre, avaient esté pour empeschiez. Et « que avons esté assuré que le dit *Champerons* ne s'estoit « auculnement entremis ne meslé du débat dessus dit, « mais s'estoit durant icelluy tousjours tenu en nostre « pais de Touraine[2]. » Il semblerait donc résulter de ce document que déjà, avant le siège de Livron, plusieurs des officiers de Geoffroy l'avaient abandonné, puisqu'il est avéré que Jehan de Champerons se trouvait en Touraine en 1428. Quant à Boucicaut, il se retira dans sa terre de Bridoré, dont il avait hérité en 1421, après la mort de son frère[3]. Il y mourut l'année suivante, en 1429[4], comme l'indique, d'une façon certaine, une instance en justice reprise à la fin de 1429 par sa veuve, Isa-

---

[1] Arch. municip., B. 36, n° 2, Cott. B.

[2] Donné en nostre chastel de Lezignen, le 5e de novembre 1428. Orig. — Arch. municip., B. 36.

[3] Le Maréchal n'avait eu d'Antoinette de Turenne qu'un fils qui fut tué à la bataille d'Azincourt (1415).

[4] Arch. de Tours. Communication de M. de Grammaison, archiviste d'Indre-et-Loire. — Cf. de la Chesnaye des Bois, Diction. XIII, p. 590, le fait mourir en 1429. — L'abbé Chevalier fait à tort mourir Geoffroy en 1407. *Répert. des sources historiq.*, p. 339.

belle de Poitiers. L'héritage considérable, en titres il est vrai plutôt qu'en biens immeubles dans les terres de l'Église, passa à ses deux fils, Jean et Louis, dont les revendications ultérieures donneront au dauphin Louis un premier prétexte pour intervenir dans les affaires intérieures du Venaissin[1].

Les conséquences du schisme qui divisait l'Église ne devaient pas tarder à ramener l'attention de Charles VII sur les événements qui se déroulaient dans les États du Saint-Siège. Martin V, qui avait réussi à préserver ses domaines de l'invasion de Louis de Châlons, prince d'Orange, en 1430, et des troupes royales[2], était mort au moment où allait s'ouvrir le concile de Bâle, le 17 février 1431[3]. Son successeur, Eugène IV (Gabriel Condulmaro)[4], annonce son élection aux syndics d'Avignon, par bref du 12 mars 1431[5]. Or, comme le jour de l'ouverture du concile il n'y avait que douze prélats présents, il décida de transporter l'assemblée à Bologne, afin de pouvoir s'occuper plus tranquillement des intérêts de ses domaines citramontains[6]. En attendant, il engageait les Avignon-

---

[1] Voy. chap. IV, pp. 96-97.

[2] Bref de Martin V, juin 1430. Arch. municip., origin., B. — Cf. Quicherat, *Rodrigue de Villandrando*, 139 et suiv. — Dom Vaissette, IX², p. 1107.

[3] Dareste, *Hist. de France*, III, p. 136. — Mgr Hefelé, *Hist. des Conc.*, XI, pp. 185, 187.

[4] C'est le véritable nom. Il était d'une noble famille de Venise et neveu de Grégoire XII qui l'avait fait cardinal. — Pastor, *loc. cit.*, I, p. 293, not. 1.

[5] Chambaud, *Rec. mss. sur Avignon*, I, fol. 166.

[6] In futuro bononiensi Concilio cui Deo propicio interesse et præsidere desideramus de tranquillitate et bono statu Civitatis nostræ Avenionensis et illarum partium opportune providebimus. Arch. municip., B. IV.

nais à prendre conseil du cardinal de Saint-Eustache[1], légat extraordinaire du Saint-Siège dans cette ville, homme de grande sagesse, et dans lequel le Saint-Siège avait la plus entière confiance. Alphonse Carillo, cardinal diacre du titre de Saint-Eustache, bien que d'origine espagnole[2], avait fait preuve des sentiments les plus conciliants et les plus bienveillants vis-à-vis de la Cour de France dans le règlement des différends soulevés à propos des limites du Rhône, et que le Saint-Siège lui avait donné mission de résoudre en 1430. Malgré sa nationalité, Alphonse Carillo était l'homme des intérêts français, et Charles VII était dans l'obligation de le ménager. Aussi le roi, désireux de voir nommer à titre définitif, comme légat à Avignon, un haut dignitaire ecclésiastique, pour servir les desseins de la politique française, prie les syndics d'Avignon de mettre à profit le crédit et l'influence dont ils disposent à Rome pour obtenir la nomination du cardinal de Saint-Eustache à Avignon, « qu'il lui plaise ordonner nostre très cher et aimé « cousin le cardinal de Saint Eustace (*sic*), estant de pré- « sentement en la ville d'Avignon son vicaire, ès partie « deça les monz come avez sceu par nos diz ambassa- « deurs en passant par la dite ville. A la quelle requeste « nous entendu avons nostre dit Saint Père à aucune- « ment différer et encores différe dont nous donne grans « merveilles, attendu les grans biens que à cause de ce « pourroyent advenir à tous les pais de par deça ». Charles VII insistait en faisant valoir les avantages que

---

[1] Bref du 6 janvier 1431. Arch. municip., B. 36, n° 8.
[2] Reynard Lespinasse, *Armorial de l'État d'Avignon*, p. 145. — Dom Vaissette, IX², p. 1115.

ce choix procurerait tant au royaume de France qu'aux États de l'Église ; il les invite « à y envoyer pour ce mes-
« sagiers exprès qui poursuivront, avec nos ditz ambas-
« sadeurs, la chose au nom de la cité d'Avignon. Nous
« vous prions bien a certes pour tout l'amour et bienvueil-
« lance qu'avez à nouz et à nostre dit royaume, et sur-
« tout le plaisir et service que nous ferez que ceste chose
« pour nostre dit cousin de Saint Eustace et non pour
« aultre, vous vueillez poursuivre devers nostre dit Saint
« Père, de manière quelle sortisse son effect et y envoyer
« pour ce faire gens notables. Et ce vueillez faire telle
« promte et bonne diligence que nous cognoistrons que
« vous avez tousjours le bien de plus en plus de nous et
« de nostre royaume dont estes prouchains voisins,
« comme devez, et le service que en ce nous ferez reco-
« gnoistrons en temps et en lieu envers vous et la dite
« ville d'Avignon[1] ».

Pour complaire à la demande de Charles VII, les Avignonnais s'empressèrent d'appuyer auprès du Saint-Siège la candidature du cardinal de Saint-Eustache, mais Eugène IV leur fit savoir que la présence du cardinal comme légat du Saint-Siège en Espagne était indispensable au moment où la papauté se trouvait aux prises avec tant de difficultés[2]. En même temps, pour mettre fin à toutes ces démarches dictées par la France, Eugène IV annonça à ses sujets d'en deçà la triple promotion de son frère Marc Condulmaro aux fonctions d'évêque d'Avignon, de légat

---

[1] Arch. municip., B. 4, n° 24, origin., donné à Selles le dernier jour de mars 1432.

[2] Bref de mars 1432. — Arch. municip., B. IV. « Cum ejus (Car-
« dinalis Sancti Eustachii) consilio propter gravia imminencia ne-
« gocia plurimum indigeamus. »

du Saint-Siège et de recteur du Venaissin (31 mars 1432)[1]. Le nouveau légat vint aussitôt prendre possession de son siège, et les États furent convoqués pour prêter serment de fidélité. De violentes protestations s'élevèrent à Carpentras et à Avignon contre le cumul, entre les mains du même personnage, de fonctions si élevées et qui ne pouvaient pas être réunies sans préjudice pour les intérêts du pays[2]. En même temps, on attaquait violemment les mœurs privées du nouveau représentant de la papauté[3]. La guerre éclata de nouveau dans les domaines de l'Église. D'un côté, Eugène IV, décidé à maintenir son frère envers et contre tous; de l'autre, les Avignonnais refusant de reconnaître Marc Condulmaro et se plaçant sous la protection du concile de Bâle. Le schisme qui divisait l'Église mettait ainsi les armes à la main aux partisans du pape contre ceux du concile. La position du roi de France ne laissait pas d'être embarrassante. Au fond, Charles VII était pour les Avignonnais et pour le candidat du concile, Alphonse Carillo[4], mais il lui répugnait d'engager directement la lutte contre le pape. Aussi, dans ses lettres patentes données à Amboise le 20 juillet 1432[5], Charles VII s'empresse-t-il de déclarer que les sujets du roi devront garder une stricte neutralité à l'occasion de la querelle qui s'est élevée entre les

---

[1] *Armorial d'Avignon*, p. 63. — Cf. Cottier, Not. sur les Recteurs.

[2] *Reg. des États*, arch. départ., G. 13, fol. 134. — Cf. *Amplissima collectio*, VIII, 649.

[3] Quicherat, *Rodrigue de Villandrando*, pp. 94, 95.

[4] Sa lettre du dernier jour de mars 1432 aux syndics d'Avignon le montre clairement.

[5] Fornéry, *Hist. ecclés.*, fol. 429, 430 (Copie).

sujets de l'Église et leur légat. Dans ce but, il écrit :
« Et pour ce que nous ne sommes pas advertiz des
« causes des dites divisions et guerre, ni du bon droit ou
« tort et querelles des dites parties ne quelles autres
« ceste matière peut toucher, et aussi que pour le faict
« de noz guerres contre les Anglais, autres ennemys et
« adversaires de nous et de nostre royaume, il nous est
« besoin de nous ayder et servir en plusieurs et diverses
« marches et pays de nos vassaux et subgiectz, aux quelz
« se appartient, de entremettre de la dite guerre à Avignon,
« ne doit faire partie d'un cousté ne de l'autre, ne nous
« ne voulons que aucunement s'en entremettent sans nos
« congiés et licence. »

Pendant ce temps, le concile de Bâle, qui avait accueilli très favorablement la demande d'intervention des Avignonnais, avait nommé, avec mission temporaire, comme légat d'Avignon, Alphonse Carillo, cardinal de Saint-Eustache, à la place de Condulmaro, qui était ennemi du concile (inimicus concilii)[1] (20 juin 1432). Ce dernier, obligé de quitter son siège, se réfugia à Rome et fut transféré, peu après, à l'évêché de Tarentaise[2]. C'est ce même évêque que le pape Eugène IV délégua pour aller chercher les Grecs à Constantinople, en 1437. Les Avignonnais témoignèrent publiquement leur reconnaissance aux pères du concile[3].

---

[1] *Amplissima collectio,* VIII, p. 649. — Cf. Fantoni, I. p. 315. — *Recueil Massilian,* XXII, fol. 57, v°. — Dom Vaissette, IX. p. 1115. — Cottier, *loc. cit.,* p. 124.

[2] Vast, *Le cardinal Bessarion,* p. 46. — Cf. Cottier, *loc. cit.,* p. 124.

[3] 25 août 1432. *Amplissima collectio,* VIII, p. 163. — Massillian, *Collect. Chart.,* XXI, fol. 368.

Cette attitude des Avignonnais, encouragée par Charles VII qui s'appuyait sur le concile, était un acte de révolte contre la papauté. Martin V, pour complaire au roi de France et s'assurer son appui, résolut d'opposer au candidat du concile un prélat énergique, diplomate de premier ordre et qui était à Rome le confident du Saint-Siège[1]. Ce choix avait encore une autre importance, il ramenait au pape les Avignonnais, dont Pierre de Foix était à Rome, depuis 1428, le protecteur avéré[2]. Le 16 août 1432, Pierre de Foix était nommé légat du Saint-Siège à Avignon, et le 18 des kalendes de janvier[3], dans

---

[1] Le P. Albi, *Éloges des Cardinaux français et étrangers.* Paris, 1664, pp. 81 et suiv.

[2] Pastor, *loc. cit.*, I, p. 282.

[3] Pierre de Foix, né en 1386 ou 1387, était fils de Gaston de Foix et d'Éléonore de Navarre, qui fut depuis reine de Navarre, succédant à son père Jean d'Aragon. Créé cardinal par Benoît XIII, en 1409, à l'âge de vingt-deux ans, il fut successivement évêque de Lescar, de Comminges, d'Albano, administrateur de l'archevêché de Bordeaux et de l'évêché de Dax, archevêque d'Arles et abbé de Montmajour. Abandonnant le parti de Benoît XIII, il assista au concile de Constance où il se fit remarquer comme orateur, prit part à l'élection de Martin V (1417) qui le légitima comme *cardinal* en 1419 ou 1418. Il fut envoyé, en 1425, en Espagne par Martin V, auprès d'Alphonse d'Aragon et fit preuve d'une grande finesse diplomatique. Ce fut encore lui qui, par ses voyages en Espagne, en 1426 et 1428, après la mort de Benoît XIII, obtint que le pseudo-pape Clément VIII (Gilles Nunoz) se démît (26 juillet 1429). Le succès de cette ambassade prépara la fin du schisme (Pastor, *loc. cit.*, I, p. 282). Attaché comme cardinal auprès de Martin V, il occupait à Rome une des situations les plus en vue dans le Sacré-Collège, lorsque Eugène IV le nomma légat d'Avignon (16 août 1432). Installé dans son siège par la force des armes (juin 1433), Pierre de Foix administra avec la plus grande sagesse les États du Saint-Siège et sut même, dans les circonstances les plus difficiles, concilier les intérêts de l'Église avec ceux des rois de France. On ne

une bulle donnée à Rome, Eugène IV déclare que l'acte illégal du concile est réparé, puisque la ville est maintenant placée sous l'autorité du légat pontifical[1]. Pendant ce temps, Alphonse Carillo avait quitté Avignon pour se rendre à Bâle, laissant le gouvernement de la ville à Philippe, évêque d'Auch[2]. Le but de son voyage était de demander au concile les subsides nécessaires pour soutenir, à main armée, la lutte contre le représentant légitime du pape. Carillo s'adressa d'abord personnellement

l'appelait que « le bon légat ». A l'inverse des autres, il résida pendant toute sa carrière à Avignon et embellit la ville de plusieurs monuments. Savant distingué, il avait réuni une magnifique collection d'ouvrages, dont beaucoup provenaient de la bibliothèque de Benoît XIII. Sa biographie est une des pages les plus intéressantes de l'histoire du pays et se rattache à tous les événements qui mettent en relations les rois de France avec les États du Saint-Siège, de 1432 à 1464. Estimé et apprécié des papes, qui l'avaient maintenu à Avignon, tenu en grande affection par Charles VII et par Louis XI, le cardinal de Foix mourut à Avignon, après une assez longue maladie, le 13 décembre 1464.

Voy. le P. Henry Alby, *Éloge des Cardinaux*, pp. 81 et suiv. — *Chronique de Saint-Denis*, VI, p. 175. — *Gallia christiana*, I, pp. 1163, 1164. — *Lettres de Louis XI*, II, p. 21, not. 1. — Pastor, *Hist. de la Papauté*, I, p. 282. — Delisle, *Cabinet des Manuscrits*, 1868, I, pp. 494, 497. — Tamizey de Laroque, *Note tirée de la correspondance de Peiresc*, p. 182. — Collection des Documents inédits.

[1] *Amplissima collectio*, VIII, pp. 163, 164, note (a).

[2] Quicherat, *Rodrigue de Villandrando*, p. 95. — Cf. Arch. municip., Acte du 6 mai 1433 « Cum ipse dominus Cardinalis ad « eamdem sanctam synodum gressus suos direxisset et Reveren- « dissimum Philippum Archiepiscopum Auxitanensem locumte- « nentem et gubernatorem constituisset et deputasset ». Ce ne peut être qu'en décembre ou janvier 1433 que Carillo se rendit à Bâle, puisque Jean de Poitiers convoque en son nom les États du Venaissin le 2 décembre 1432. *Reg. des États*, G. 12, fol. 7.

au fameux capitaine de routiers, Rodrigue de Villandrando, comte de Ribaudeo, auquel il emprunta 2,000 écus d'or[1]. La ville d'Avignon dut se porter garante, comme il appert d'un acte en date du 6 juin 1442, figurant dans l'inventaire des papiers de la maison de Bourbon[2].

La désignation de l'archevêque d'Auch comme légat intérimaire eut pour conséquence de transporter à Avignon la vieille animosité des deux maisons de Foix et d'Armagnac[3]. C'était une guerre nationale dans les États de l'Église. Le cardinal de Foix ne recula pas, comme dit Quicherat, devant l'emploi de ce qu'on appelait alors « le bras séculier » et fit appel à ses deux frères, les comtes de Foix et de Comminges. D'un autre côté, le concile, à l'instigation de Carillo, écrivit à Rodrigue de Villandrando[4] de faire une diversion du côté du Languedoc, « invadere patriam linguæ occitaneæ[5] ». Rodrigue se porta au-devant des troupes gasconnes. Pendant ce temps, le comte de Foix, sous prétexte de repousser les bandes de Rodrigue, faisait voter 70,000 moutons d'or par les États du Languedoc outre les 20,000 déjà accordés; mais, en réalité, cet argent devait lui servir à s'emparer d'Avignon[6]. Informé des dispositions du célèbre

---

[1] Quicherat, loc. cit., pièces justificat., XIII, pp. 226 et suiv.
[2] Invent. des Arch. nation., *Maison de Bourbon*, t. II, p. 275.
[3] Quicherat, loc. cit., p. 95.
[4] 26 mai 1433. D'après Dom Vaissette, IX², p. 1115, not. 1. — Cf. Quicherat, loc. cit., pp. 94, 95.
[5] *Testament du cardinal de Foix.* — Chambaud, *Recueil des Chartes*, mss., I, fol. 47.
[6] Quicherat, loc. cit., p. 97. — Cf. Raynald, *Annal. ecclés.*, t. IX, p. 134, et *Carton des Rois*, p. 450, n° 2073.

routier, le comte de Foix laisse à Villrneuve-les-Avignon son frère le cardinal, avec quelques gens d'armes, et se porte rapidement vers le Pont-Saint-Esprit pour franchir le Rhône (mars 1433)[1]. Avignon et le Venaissin étaient dans la consternation. Les États, réunis à Carpentras sous la présidence de Jean de Poitiers, votent 10,000 florins d'or pour la défense du pays et invitent le recteur à aviser tous les châtelains, bailes et syndics de faire bonne garde, *per litteras rigorosas et formidabiles* [2] (4 mai 1433). Dans leur détresse, les Avignonnais, brouillés avec le pape, implorent l'intervention de Charles VII et se font fort de sa protection auprès du comte de Foix[3] : « Très hault et puissant prince et redoubté, qu'il plaise à « vostre dite très excellente seigneurie de intercéder en- « vers le roy, qui est protecteur et bras de l'Église, qu'il « luy plaise nous donner et octroyer provision que nulle « violence ne dommaige ne soient faiz à nostre dit Saint « Père le Pape ne à la terre de l'Église par ledit Comte « ne son exercite, et sur ce obtenir lettres prohibitives « qu'ils soient préservez de tout inconvenient que pour- « roit advenir. » La ville en même temps se préparait à la résistance, désignait au nombre de dix ou de douze les Élus de la guerre, contractait des emprunts et informait le concile de Bâle de la marche en avant des troupes gasconnes[4]. Forte de 2,000 cavaliers et 200 fantassins, l'armée du comte de Foix avait envahi le comté par le nord. Le 12 mai 1433, les gens d'armes gascons entrent à Ma-

[1] *Reg. des Etats*, G. 12, fol. 16-18.
[2] *Ibid.*, G. 12, fol. 19.
[3] Arch. municip., 13 avril 1433. Lettre inédite des consuls d'Avignon au comte de Foix (Minute).
[4] 12 mai 1433. *Amplissima collectio*, VIII, 592, 593.

laucène[1], où ils font un certain nombre de prisonniers ; ils occupent Bollène. Personnellement, le candidat était accompagné de plusieurs conseillers, notamment d'évêques et de plusieurs abbés, dont le célèbre évêque de Conserans, Tristan d'Aure, auteur de tout le mal. Ce dernier fait des avances aux Avignonnais et aux Comtadins[2]. L'Abbé de Lézat se rend auprès de Jean de Poitiers, recteur du comté, pour lui faire des propositions de paix au nom de son patron. D'abord hésitants, les gens du Venaissin se rapprochent du parti du nouveau légat[3]. Le 13 mai 1433, Carpentras et la plupart des villes ouvrent leurs portes au cardinal qui fait une entrée triomphale à Monteux et se prépare à emporter d'assaut le château du Pont de Sorgues, qui était la clef de la défense d'Avignon. Pendant que le cardinal soumettait ainsi l'un après l'autre les villes et villages de sa légation, Jean de Grailly[4], captal de Buch, un des plus audacieux capitaines de l'armée du Comte de Foix, était venu mettre le siège devant Avignon[5]. Les assiégeants avaient disposé en batterie, contre les remparts, des balistes, catapultes, trébuchets et autres engins de guerre qui lançaient pardessus les murailles d'énormes quartiers de rochers écrasant maisons et habitants[6]. La panique s'était emparée

---

[1] Arch. municip. de Malaucène, *Reg. des délibérat. du Conseil*, fol. 72, v°. — 12 mai 1433. *Amplissima collectio*, VIII, 594.

[2] *Reg. des délibérat. des États*, G. 12, fol. 11.

[3] *Amplissima collectio*, VIII, 594.

[4] Fils de Jean de Grailly, captal de Buch. — Cf. Dom Vaissette, IX², p. 1114.

[5] ..... et appropinquans civitatem Avenionis per terram et per aquam obsidionem apponi fecerit personaliter ibi existens cum multitudine hominum copiosâ. Arch. municip., acte du 6 mai 1433.

[6] Quicherat, *Rodrigue de Villandrando*, p. 98, not. 2.

des Avignonnais. Les uns, partisans de Carillo et du concile, soutenaient l'archevêque d'Auch et prêchaient la résistance à outrance. Les autres, au contraire, gagnés par les flatteries du cardinal, étaient d'avis d'ouvrir les portes aux assiégeants. Sur ces entrefaites, une sédition éclata dans la ville et, grâce à cette diversion, le cardinal entra dans Avignon par la brèche, sous la bannière de ses frères, pendant que l'archevêque d'Auch s'enfuyait par une poterne[1] (juin 1433). Quant à Rodrigue de Villandrando, soit qu'il jugeât ses forces numériquement trop inférieures à celles du comte de Foix, soit, comme on peut le présumer, que le cardinal eût acheté sa retraite à prix d'argent[2], il traversa le Rhône avec ses bandes pour aller ravager le Rouergue[3]. Ainsi se terminait le siège d'Avignon qui avait mis aux prises, sur un autre terrain, le pape et les cardinaux dissidents de Bâle. La victoire restait en définitive au pape de Rome; et la Cour de France, bien qu'ayant observé une prudente réserve, y trouvait son compte, car le pays ne pouvait pas désirer un légat plus foncièrement français et plus dévoué au bien de sa patrie que le cardinal de Foix. Dans tout le cours de sa longue carrière (1432-1464), sans oublier ce qu'il devait aux papes et à l'Église, Pierre de Foix servit, avec un zèle constant, la politique de Charles VII, comme celle du dauphin Louis, dans les circonstances où les événements le firent négociateur et arbitre des intérêts opposés.

[1] Quicherat, *op. cit.*, p. 99.
[2] Ce qui inclinerait à le faire croire ce sont les demandes fréquentes de grosses sommes d'argent que le cardinal de Foix ne cessa d'adresser aux États pour payer les frais de la guerre. *Reg. des États.*
[3] Dom Vaissette, IXe, p. 1115.

Charles VII ne cessa d'entretenir les meilleurs rapports avec le nouveau légat. En 1435, sur l'ordre du roi, le gouverneur du Languedoc, manquant d'argent, dans l'attente du paiement de l'aide votée par les États, emprunte 10,000 moutons d'or à des marchands d'Avignon pour secourir Saint-Denys[1]. Mais les agissements des pères réunis à Bâle ne tardèrent pas à donner au roi une occasion de faire connaître aux Avignonnais ces dispositions favorables, tout en mettant à exécution un projet qui répondait aux secrets désirs de Charles VII. Au mois de juin 1436, le concile de Bâle livré à des querelles de personnes, était devenu le théâtre de violences regrettables et de discussions scandaleuses, à ce point que le cardinal de Pavie, Æneas Sylvius Piccolomini, appelait cette assemblée « la synagogue de Satan[2] ». Charles VII, toujours désireux de mettre un terme aux divisions qui agitaient l'Église, avait envoyé à Bâle une ambassade pour demander que le pape fût traité avec respect et déférence, et qu'une ville fût désignée où seraient convoqués, en vue d'une union générale, les représentants de l'Église grecque[3]. Lyon réclamait pour elle, mais le concile hésitait entre Rome, Pise, Florence et Sienne. Le 7 mai 1433, le concile avait décidé, à une majorité très contestable, puisque beaucoup de membres ayant pris part au vote n'avaient pas droit de suffrage, que le concile se tiendrait soit à Bâle, soit à Avignon, soit dans une ville de Savoie. Le choix d'Avignon plaisait particulièrement à Charles VII qui voyait là une occasion d'accroître

---

[1] De Beaucourt, *loc. cit.*, III, p. 475.
[2] Héfelé, *loc. cit.*, XI, p. 263.
[3] De Beaucourt, III, p. 339.

son prestige personnel et d'attribuer à la France un rôle prépondérant dans l'apaisement du schisme. Par lettres du 11 février 1433, le roi de France informa les pères du concile qu'il se prononçait pour Avignon[1]. Il promettait, à cette occasion, son concours le plus actif. Il enverrait à l'empereur de Constantinople des lettres pour l'engager à s'y rendre. Il donnerait un sauf-conduit aux prélats aragonnais et autoriserait la levée d'une « *décime* » sur les bénéfices ecclésiastiques du royaume pour faire face à la dépense, mais à la condition que « cette décime » ne pourrait pas être perçue avant le mois de mai 1437[2]. Les pères du concile étaient divisés en deux partis. Les uns, notamment les Grecs, repoussaient le choix d'Avignon pour une ville italienne, autant que possible une ville maritime, en vue des facilités de transport. Les cardinaux français et italiens, notamment Louis Alemand, cardinal d'Arles et le plus fougueux adversaire d'Eugène IV, Tedeschi, archevêque de Palerme, préconisaient le choix d'Avignon. Enfin, après un débat tumultueux, le concile décida, le 3 février 1437, que, si dans cinquante jours la ville d'Avignon n'avait pas compté les 70,000 ducats d'or dont elle s'était obligée à faire l'avance pour le transport des Grecs, on renoncerait au projet de transfert dans cette ville[3]. La communanté s'était mise en mesure de remplir des engagements écrasants pour ses finances. Charles VII, de son côté, par lettres patentes données à Montpellier, le 17 avril 1437, et confirmées le 10 mai suivant[4], prescrivit la levée « d'une décime » sur les bénéfices

[1] De Beaucourt, III, p. 339.
[2] *Id.*, III, p. 340.
[3] Héfelé, *loc. cit.*, XI, pp. 358, 359.
[4] Arch. municip., B. 34, n° 29, Cott. E.E. — Arch. municip., B. 34, n° 37. Cott. C.C.

des seize personnes ecclésiastiques composant son conseil, hormis deux, et demanda même à la ville d'avancer au trésor royal certaines sommes sur ses ressources personnelles pour les frais occasionnés par la convocation du futur concile[1]. Mais la ville, malgré l'appel fait à tous ses concitoyens, ne put pas réunir la somme convenue. Du reste, dans l'intervalle, de graves événements s'étaient passés au sein du concile. Dans la réunion du 7 mai 1437, les deux partis, dit Héfelé, semblables à deux armées ennemies en présence, avaient été sur le point d'en venir aux mains[2]. La minorité, composée de la partie la plus saine du concile, ayant droit de suffrage, opta pour les Grecs et le choix d'une ville italienne. Le décret rendu par elle fut scellé avec le sceau du concile enfermé dans une armoire dont la serrure avait été forcée, ce qui équivalait à un faux. Malgré l'opposition de la majorité, composée des prélats français et de la masse des clercs et abbés n'ayant pas droit de vote, Eugène IV reconnut valable la décision de la minorité, et le choix d'Avignon fut définitivement écarté (7 juillet 1437)[3]. C'était un échec pour Charles VII et pour la France, mais Eugène IV triomphait. Au fond, le pape, s'il ne s'était jamais ouvertement prononcé contre le transfert à Avignon, ne partageait pas à cet égard l'opinion de la majorité des pères qui étaient ses plus ardents ennemis. Le souvenir des vexations et des déboires de Benoît XIII, dans cette même ville, hantait l'esprit du souverain pontife; l'accueil fait à son frère par les Avignonnais en 1432, et leur atta-

---

[1] Lettre royale du 5 mai 1437; De Beaucourt, III, p. 475.
[2] Héfelé, *loc. cit.*, XI, p. 362.
[3] De Beaucourt, *loc. cit.*, III, p. 34.

chement à Carillo, légat du concile, n'étaient point de nature à l'encourager à se prononcer pour Avignon. Et nous croyons les appréhensions du souverain pontife justement fondées, car le transfert à Avignon, étant données les dispositions de la majorité, c'était la papauté livrée aux mains des cardinaux factieux. Cependant les pères restés à Bâle étaient trop irrités contre Eugène IV pour abandonner la lutte. Le 31 juillet 1437, ils proclament le pape contumace[1]. Le 18 octobre, ils suppriment la bulle transférant le concile à Ferrare et, le 14 janvier, ils prononcent la suspension d'Eugène IV[2]. De son côté, par lettres du 23 janvier 1437, Charles VII défend aux prélats de son royaume et du Dauphiné de se rendre à Ferrare[3] pour répondre à la convocation du pape. Le roi ne perdait pas espoir de faire revenir au choix d'Avignon. A cet effet, il écrivait à Jean Paléologue de s'y rendre, lui promettant qu'il y viendrait en personne et que, certainement le pape ne manquerait pas d'y assister[4]. Occupé, dans le courant de l'automne 1437, au siège de Montereau[5], Charles VII entretient encore les Avignonnais dans leurs espérances à propos du voyage des Grecs et de la translation du concile à Avignon : « Et avons tous-
« jours ferme propos et intencion de aider et donner
« toute faveur et confort à vous et à toute la cité d'Avi-
« gnon, en l'exécution de l'œuvre encommencée et ce
« mestier est vous garder et defendre saucunz vous vou-

---

[1] Héfélé, XI, pp. 367, 379, 381.

[2] *Id.*, XI, pp. 367, 381.

[3] *Rec. des Ordonn.*, XIII, pp. 255, 256.

[4] De Beaucourt, *loc. cit.*, III, p. 343.

[5] Charles VII était venu mettre le siège devant Montereau le 21 septembre 1437. — Cf. de Beaucourt, III, p. 49.

« loient donner empeschement ou porter dommaige à
« l'occasion de ce, et d'en escrire à nostre Sainct Père le
« Pape ou ailleurs ou besoin seroit. » Il insiste à diverses
reprises auprès de l'empereur de Constantinople en disant que la nation de France avait mis en avant le choix
d'Avignon[1].

Pendant ces pourparlers qui ne devaient pas aboutir,
les pères du concile avaient consommé leur rupture avec
le pape. Le 24 janvier 1438, Eugène IV était « suspendu »
par l'asssemblée de Bâle, et l'autorité pontificale était
transférée au concile[2]. C'était le triomphe de la suprématie du concile sur la personne du souverain pontife,
idée qui depuis le commencement du schisme, et surtout
depuis Benoît XIII, avait fini par prévaloir dans les
mœurs ecclésiastiques. Comme conséquence, et pour
examiner les décisions prises par l'assemblée de Bâle,
Charles VII convoqua à Tours, pour le mois de mai 1438,
le clergé de France, qui tint sa réunion à Bourges, le
1er mai 1438. C'est de là que sortit la pragmatique sanction. Ces derniers événements, qui avaient profondément
agité l'Église de France, mettaient fin au projet de la
réunion du concile à Avignon. Mais la ville avait fait
antérieurement des avances pour aller quérir les Grecs,
et demandait, si elle n'avait pas le concile, à être remboursée de ses débours[3]. Charles VII, qui avait contribué

---

[1] Donné au siège de Montereau ou Fault-Yonne le dernier jour de septembre 1437. Orig., Arch. municip., B. 38, n° 96.

[2] De Beaucourt, *loc. cit.*, III, p. 343. Cette doctrine, déjà proclamée par le concile en 1433, avait fait d'énormes progrès dans l'opinion. — Cf. de Beaucourt, III, p. 333 ; Héfelé, XI, 274, 276.

[3] La cité d'Avignon avait donné 300 écus pour amener les Grecs à Bâle. Cette somme fut confiée à Louis de la Palud, cardinal de

personnellement à jeter la ville dans ce projet onéreux, donna satisfaction aux Avignonnais par lettres patentes datées de Bourges le 14 juillet 1438, en obligeant le paiement, tant dans le royaume qu'en Dauphiné, « de la décime » imposée sur les bénéfices ecclésiastiques, en vue de rembourser les 70,000 ducats d'or avancés par la ville et dont le roi avait profité. « Sur la quelle décime et
« les denierz que en ystroient les citoyenz et habitans
« d'Avignon devoyent estre paiés premièrement et avant
« tout euvre de certaine grosse somme de denierz quils
« ont payée pour aler quérir les empereur et patriarche de
« Constantinople et autres du pays de Grèce et les con-
« duire et amener au dit lieu d'Avignon ainsi qu'il avait
« este traicté, accordé et promiz aux dits citoyens et habi-
« tanz d'Avignon. » Mais les avances de la ville furent partiellement perdues. En 1459 [1], les Avignonnais sont obligés d'envoyer en Savoie, en Dauphiné, à Lyon, à Mâcon, un ambassadeur spécial, Michel de Valperge, qui, muni d'une lettre de la collectairie, après l'assentiment de Jehan de Grolée, prévôt de Montjou, recueille pour le compte des Avignonnais de l'argent partout où il se trouve : « Je passeray au partir de ceste ville à Machon
« et à Lion et à Vienne et pour le pays du Dalfiné pran-
« deray tout argent que je troveray prest et tout envoie-
« ray jour de An [2]. » On voit donc par ce document que malgré les engagements qu'il avait pris vis-à-vis de la

Varambon, qui ne la restitua qu'en 1455 après d'innombrables réclamations. Arch. municip., Origin., B. 34.

[1] Lettre inédite de Michel de Valperge aux consuls d'Avignon, datée de Thonon le 24 septembre 1459. Arch. municip., série A.A.

[2] Lettre du 24 septembre 1459. Arch. municip., Origin., série A.A.

ville d'Avignon, Charles VII n'avait pu la faire rentrer dans ses déboursés. Malgré la promulgation de la pragmatique, Charles VII ne cessa pas d'avoir avec Eugène IV des rapports cordiaux. Bien que le pape eût excommunié les pères du concile (4 septembre 1439) et que ces derniers en réponse eussent donné la tiare à Amédée VIII de Savoie (Félix V) (5 novembre 1439), le roi continua à ne reconnaître comme légitime que le pape de Rome, pour lequel il montrait la plus grande déférence, sans toutefois consentir à aucune concession relativement à la pragmatique.

De son côté, Eugène IV se ménageait l'appui de la France. L'année après que le concile eut été transféré de Florence à Rome (26 avril 1441), Eugène IV envoyait à Charles VII une ambassade avec mission de passer par Avignon pour saluer le cardinal de Foix, en vue de témoigner au roi de France toute sa déférence [1]. Le concile de Bâle tint sa dernière session le 16 mai 1443, en l'absence de Félix V, fixé à Lausanne. Il n'avait plus à compter, et faiblement encore, que sur l'appui de l'empire. Son rôle était fini et Eugène IV rentrait à Rome, le 23 décembre 1443 [2], avec le prestige d'une autorité fortifiée. Néanmoins, les chefs de la majorité, entre autres Louis Alemand, continuant la lutte, tentèrent de susciter des difficultés au Saint-Siège dans ses États d'en deçà, ce qui amena le projet de traité passé entre Eugène IV et le dauphin Louis, en novembre 1444, à l'insu de Charles VII.

---

[1] De Beaucourt, *loc. cit.*, III, p. 378.
[2] Héfelé, *loc. cit.*, XI, 533. — De Beaucourt, III, p. 383.

CHAPITRE III

Le Dauphin Louis et le projet de traité secret avec le Saint-Siège (novembre 1444).

Le dauphin Louis. — Première tentative pour s'emparer d'Avignon et du comté Venaissin. — Négociations entre le Dauphin et le pape Eugène IV. — Rôle du cardinal de Foix. — Protestation des États. — Le projet échoue (novembre-décembre 1444).

Les relations de Louis XI avec les États pontificaux de France constituent l'un des chapitres les plus intéressants de ce règne et l'un des moins connus. Ni Mathieu, ni l'abbé Legrand, ni Duclos n'ont soupçonné ce côté, cependant si curieux, de la diplomatie secrète d'un souverain dont ils ont étudié la politique dans ses moindres détails. Parmi les auteurs contemporains, M. Legeay n'a rien tenté pour combler cette lacune. Seul, M. de Beaucourt, dans la remarquable étude qu'il a consacrée aux rapports de Charles VII avec son fils, a indiqué en quelques lignes les accusations portées contre le dauphin Louis que son père soupçonnait avec raison de vouloir mettre la main sur les possessions du Saint-Siège situées sur les bords du Rhône.

La politique de Louis XI, dans ses rapports avec les États du Saint-Siège, comprend cinq phases bien caractérisées :

1° (*1444*). Louis, dauphin, cherche à s'emparer de l'administration d'Avignon et du Comtat par voie de négociations secrètes engagées dans ce but avec le pape Eugène IV.

2° (*De 1447 à 1452*). Le dauphin noue plusieurs intrigues qui doivent lui faciliter l'occupation du Comté. Il lance indirectement des expéditions à main armée contre les frontière des États ; des violences sont commises par les officiers et agents du dauphin contre les personnes et les biens des sujets pontificaux. Il soulève la question de la succession des Boucicaut et ne s'arrête que devant l'intervention directe de Charles VII.

3° (*De 1463 à 1464*). Louis XI se prépare à recueillir la succession du cardinal de Foix en imposant au Saint-Siège un légat à sa dévotion qui sera l'instrument de la politique royale à Avignon et dans le Comté ;

4° (*De 1468 à 1470*). Louis XI, dont les visées ont été déjouées par le pape à propos de la désignation du successeur du cardinal de Foix, emploie tous les moyens pour obtenir que la légation d'Avignon soit donnée au cardinal de Bourbon, archevêque de Lyon. Il y réussit, et désormais l'influence française est prépondérante dans l'ancienne ville papale.

5° (*En 1476*). Le conflit entre le roi et Jules de la Rovère, légat pontifical, fournit à Louis XI un prétexte suffisant pour menacer d'une occupation militaire les possessions de l'Église, mais le serment de fidélité prêté par les Avignonnais au roi de France, à Lyon (juin 1476), apaise momentanément le mécontentement royal.

Charles VII avait donné à son fils l'administration du

Dauphiné par lettres du *28 juillet 1440*[1], mais ce n'est qu'en 1445 ou janvier 1446 que, brouillé avec la Cour, Louis se retire définitivement dans son gouvernement et s'installe à poste fixe à Grenoble où il administre d'une façon indépendante « battant monnaie, levant des impôts, « créant un parlement, fondant une université, courbant « sous sa volonté le clergé et la noblesse, favorisant et « anoblissant les bourgeois, épousant sans le consente- « ment paternel Charlotte de Savoie, contractant des « alliances avec ses voisins ou leur déclarant la guerre, « exerçant en un mot le pouvoir d'une manière aussi « absolue que si le Dauphiné avait été séparé de la « France[2] ». Mais auparavant le dauphin avait dirigé la campagne contre les Suisses, terminée par le combat de Saint-Jacques (26 août 1444) qui amenait Louis et ses troupes aux portes de Bâle[3]. Le concile, qui depuis bientôt treize ans siégeait dans cette ville, n'était plus que l'ombre de lui-même[4] ; son plus puissant appui, Alphonse V, roi d'Aragon, avait fait sa paix avec Eugène IV qu'il avait reconnu comme pape légitime, et rappelé les évêques dont l'archevêque de Palerme, Tedeschi, était une des lumières du concile (juillet 1444). Dans l'intervalle, le pape Eugène IV était, après dix ans d'exil, rentré à Florence (28 septembre 1443), et le concile, abandonné successivement par ses premiers partisans, n'avait plus comme appui que l'Empire. Néanmoins, malgré son état

---

[1] V. Duclos, *Preuves*, p. 20. — Legeay, *Histoire de Louis XI*, II, p. 444. — Prudhomme, *Hist. de Grenoble*, p. 255.

[2] Charavay et Vaesen, *Lett. de Louis XI*, préface, LXV.

[3] Vallet de Viriville, *Histoire de Charles VII*, III, p. 37.

[4] Pastor, *Hist. des Papes*, trad. franç., I, p. 341. — Mgr Héfelé, *Hist. des Conciles*, VII, p. 809.

de « léthargie », l'assemblée était encore redoutable pour Eugène IV. Il persistait à soutenir Amédée de Savoie, Félix V, contre le pape légitime, et il avait décidé, le 16 mai 1443, qu'à trois ans de là le concile serait transféré à Lyon [1].

Toutes ces décisions, bien qu'émanant d'une assemblée discréditée et sans force morale, n'en étaient pas moins une cause d'agitation menaçante pour la paix de l'Église et pour la personne du souverain pontife. Aussi ne faut-il pas chercher ailleurs la raison qui devait pousser Eugène IV à placer les États pontificaux de France sous la protection d'un prince assez puissant pour les défendre, dût la papauté les perdre pour toujours. Le concile soupçonnait sûrement les intentions du Saint Père, car, par décision du 26 septembre 1437 [2], il interdit formellement l'aliénation d'Avignon et du Comtat dont Eugène IV, disait-on, voulait se défaire par peur de voir un pape rival s'y établir. Les vues du pape s'étaient portées sur le dauphin de France. On ne saurait en douter en présence des témoignages de sympathie et des faveurs exceptionnelles qu'il accorde au dauphin Louis, précisément au moment où se termine la campagne contre les Suisses. Eugène IV alla-t-il, comme l'affirme M. Vallet de Viriville[3], jusqu'à engager le dauphin à dissoudre le concile ? nous n'en avons aucune preuve. Mais nous savons

---

[1] Vaesen, *Rev. des quest. histor.*, XXX, pp. 561, 568. — Pastor, *Hist. des Papes*, I, p. 340, not. 3.

[2] Chambaud, *Recueil mss. sur Avignon*, I, fol. 169.

[3] *Hist. de Charles VII*, III, pp. 37, 38. — Raynaldi, *Annales ecclés.*, t. XXVIII, p. 426. — Lenfant, *Hist. du concile de Bâle*, II, pp. 101 et suiv.

qu'Eugène IV, par un rescrit du 29 août 1444[1], conféra au dauphin le titre de *Gonfanonier de l'Église*. Ce titre était accompagné d'une pension de 15,000 écus romains sur les revenus de la chambre apostolique. Ces procédés de la part du pape donnaient la mesure de ses intentions sur le rôle qu'il destinait au dauphin, lorsqu'un événement d'une certaine gravité, qui eut pour théâtre Avignon même, contribua à rapprocher encore le Saint-Siège du dauphin de France, et donna naissance à des négociations secrètes qui devaient aboutir à la cession des États du Saint-Siège à l'ambitieux fils de Charles VII sous couleur de protectorat[2]. Le 15 septembre 1444[3], un certain Hugolin Alemand, parent du cardinal d'Arles, Louis Alemand, un des prélats les plus influents du concile de Bâle et l'un des ennemis les plus acharnés d'Eugène IV, se présenta au lever du jour devant les portes de la ville, à la tête d'une troupe nombreuse de Savoyards armés, criant : « Vive Savoye et Papa Félix ! » Les assaillants mettent garnison aux portes de la ville et occupent la porte du Pont. Cette tentative d'occupation d'Avignon

---

[1] Vallet de Viriville, *loc. cit.*, III, p. 226. — Charavay et Vaesen, *Lettres de Louis XI*, I, p. 203, pièc. justificat. — D'après l'abbé Chevalier, ce titre aurait été conféré le 25 août 1444. — Voy. *Cartul. de Montélimar*, p. 290, n. 1, et *Cartul. de Saint-Paul-trois-Châteaux*, f. (l x j). — Legay, *Hist. de Louis XI*, II, p. 444. — Arch. vatic., Reg. 368, fol. 44, 45.

[2] Vallet de Viriville, *loc. cit.*, III, p. 37. — Voy. Pilot, *Catalogue des actes du dauphin Louis II, devenu le roi Louis XI, relatifs à l'administration du Dauphiné, 1457-1483*. 2 vol. avec supplément, I, n° 140.

[3] Pour cette tentative sur Avignon, voir Chambaud, *Recueil mss. sur Avignon*, I, fol. 382, 383, et *Hist. mss. sur Avignon*, fol. 134; — Denis Hale, notaire, fol. 138; — Laurens, *Hist. mss. d'Avignon*, fol. 296.

à main armée au nom de l'anti-pape Félix V, avait été organisée secrètement par Louis Alemand et les pères du concile qui avaient compté sans l'énergie et l'activité toute militaires du légat d'Eugène IV à Avignon, le cardinal Pierre de Foix ; mais celui-ci faisait bonne garde et pouvait opposer ses fidèles gascons aux aventuriers savoyards. Le cardinal appela au armes tous les citoyens avignonnais et se mit lui-même à la tête des troupes. Après quelques heures d'une lutte acharnée, les assaillants furent mis en déroute, poursuivis dans les environs de la ville et pendus en grand nombre par ordre du cardinal de Foix. Eugène IV, informé de ce qui s'était passé, ordonna à l'évêque de Conserans, Tristan d'Aure, alors gouverneur de la place d'Avignon, de poursuivre avec la dernière rigueur les partisans de l'antipape et de ne faire aucun quartier aux prisonniers [1]. Alarmé par l'audace de ses ennemis, le pape chercha pour ses États un protecteur, et Vallet de Viriville [2] avance même que ce titre fut donné au dauphin *Protector Venaissini*, bien qu'aucune trace de cet acte ne subsiste dans les registres d'Eugène IV. Aux comptes secrets d'Eugène IV, nous trouvons à la date du 13 novembre 1444 une dépense de 158 florins et 25 sols pour l'achat de deux couvertures d'écurie, couleur écarlate, envoyées au dauphin par le pape comme cadeau de bonne amitié [3]. Ce que l'on ne saurait nier, c'est qu'à ce moment, et presque aussitôt après l'attaque d'Hugolin Alemand contre Avignon, le pape et le dauphin durent engager des pourpar-

---

[1] Bref du 5 des kalendes de février 1445; Arch. municip., Origin. — Voir Fantoni, *Hist. d'Avignon*, p. 333. — Pièces justific. n°s I et II.
[2] Vallet de Viriville, *loc. cit.*, III, p. 226.
[3] Arch. secrèt. vatic., Reg. 411.

lers secrets en vue de la cession à Louis des possessions de l'Église sur la rive gauche du Rhône. Grâce aux registres des délibérations des États nous avons pu reconstituer toutes les phases de ces négociations si curieuses, et faire connaître un épisode de l'administration du dauphin Louis resté jusqu'à ce jour absolument inédit[1].

Le 24 novembre 1444, les États du Comtat se réunirent à Carpentras sous la présidence de Roger de Foix, abbé de Lézat[2], régent du Comtat et chargé, de la part du cardinal de Foix, son oncle, de faire aux élus une communication de la plus haute importance. Il expose aux représentants du pays que le pape Eugène IV a donné au dauphin Louis, fils du roi de France « le gouvernement et l'administration » du comté de Venaissin et de la ville d'Avignon : « Dominus noster papa Eugenius dedit et « contulit regimen et gubernacionem presentis comitatûs « Venayssini et civitatis Avenionensis illustrissimo prin- « cipi domino Dalphino Viennensi, domini Francorum « Regis filio[3]. » La déclaration du régent avait un caractère de sincérité et de gravité particulier, en ce sens qu'il n'était, dans la circonstance, que le porte-parole du cardinal de Foix, légat du Saint-Siège à Avignon. Le régent affirmait que ledit cardinal avait vu, dans les mains d'un

---

[1] Vallet de Viriville, *L. cit.*, III, p. 226.
[2] Arch. départ., *Reg. des délibér. des États*, G. 14, fol. 77. — Louis Dauphin était pendant ce temps à Ensisheim où il soignait une blessure au genou qu'il avait reçue au siège de Dambach, le 7 octobre 1444. Il passe les mois de novembre et décembre 1444 à Montbéliard. — *Lettres de Louis XI*, I, 19, not. 1. — Tuetey, *Les Écorcheurs sous Charles VII*, t. I, pp. 286, 196.
[3] *Registre des délibérat. des États*, G. 14, fol. 80.

camérier secret envoyé par le souverain pontife, une cédule contenant les principaux articles de l'acte de donation qui devait être passé entre le représentant du Saint-Siège et un certain écuyer nommé OPTAMAN(?), délégué spécialement, à cet effet, à Avignon, comme procureur du dauphin[1]. En exposant les faits, par ordre du cardinal de Foix, aux représentants du comté de Venaissin, le régent ne pouvait leur laisser ignorer que ce projet de cession était très mal vu dudit cardinal comme de lui-même; il ajoutait qu'il ne voulait pas, en présence de l'assemblée, se laisser aller à des écarts de langage de nature à déplaire au pape et au dauphin, mais qu'il ne pouvait s'empêcher de protester solennellement[2] contre

---

[1] Le nom de ce personnage est sans doute mal orthographié dans le texte du registre qui est du reste d'une écriture difficile. Il s'agit ici de *Thomas,* écuyer ou scuyer, originaire d'Écosse, écuyer ordinaire du Dauphin, qui l'avait amené à sa suite quand il vint prendre le gouvernement du Dauphiné. — Voy. Pilot, *Catalog.*, I, p. 50. — Peut-être est-ce en récompense de cette mission que le Dauphin, par lettre d'Ensisheim, du 21 octobre 1444, l'investit à perpétuité de la châtellenie de Saint-Etienne-de-Saint-Geoirs.

[2] « Iterum etiam dixit et eisdem tribus statibus exposuit quod
« eosdem fecerat principaliter coram evocare quùm credat ipsos
« non ignorare ymo quasi manifestius esse quod aliqui dicentes
« quod dominus papa Eugenius dedit et contulit regimen et guber-
« nacionem presentis comitatûs Venayssini et civitatis Avenio-
« nensis illustrissimo principi domino Dalphino Viennensi domini
« Francorum Regis filio. Et tamen verum est quod prefatus dictus
« Cardinalis viderat quamdam cedulam papiream, manu dicti came-
« rarii domini nostri pape subscriptam, continen*tem* certa capitula
« et pacta et quemdam scutiferum vocatum *Optamanum* (?) pro presenti dicto domino Dalphino supra et quod specialiter continebatur in dicta cedula qualiter dominus noster Papa dabat præfato
« domino Dalphino gubernacionem regimen et administracionem
« dicte patrie Venayssine et Civitatis Avenionensis. Quare prefatus
« dictus Cardinalis fuit intencionis premissa notificari facere

la convention projetée. Après avoir fait cette déclaration, le régent, suivant l'usage, quitta la salle des séances pour laisser les élus délibérer en toute liberté sur les mesures à prendre. Le surlendemain, les États se réunirent dans le local habituel (26 novembre 1444) pour examiner la conduite à tenir à la suite des déclarations de Roger de Foix. Après une longue délibération, ils décidèrent d'envoyer à Avignon, auprès du cardinal-légat, une véritable commission d'enquête chargée de provoquer les explications du cardinal et de rapporter sa réponse aux États[1]. La délégation comprenait *Jehan de Beaudiera*, prieur de Bédoin, de l'ordre des Bénédictins, licencié ès-lois ; pour les nobles, Gauffredi de Vénasque ; pour la judicature de l'Isle, noble de Sades du Thor ; pour la judicature de Valréas, seigneur Pierre Dauphin junior, juge de Valréas, et pour celle de Carpentras, Bertrand d'Alauzon et Gérard de Pernes. Les ambassadeurs des trois États se mirent en route pour Avignon où le cardinal-légat les reçut en audience et ne fit que leur répéter en détail ce que son neveu Roger de Foix avait déjà exposé à l'assemblée du pays, en protestant très énergiquement contre les intentions du Saint-Père.

Les délégués rentrèrent à Carpentras le 28 novembre 1444 et, le soir même, ils rendaient compte de la mission

---

« dicte patrie. Idcirco eisdem tribus statibus memoratus dominus
« Regens premissa notificavit, dicens primitûs et protestans pre-
« fatus dictus Regens quod non est intentionis dicendi aliqua que
« forent in prejudicio et displacentia prefati domini nostri Pape et
« etiam memorati dicti Dalphini qui si dixerit voluit habere et non
« dicta de quo solemniter fuit protestans. » *Reg. des délibérat. des États*, G. 14, fol. 86.

[1] Arch. départ., *Reg. des délibérat. des États*, G. 14, fol. 80.

dont ils avaient été chargés. C'est alors que les États résolurent, en assemblée générale, d'envoyer au pape une ambassade, à Rome, à l'effet de protester contre ce projet de cession des domaines de l'Église au dauphin, en déclarant de la façon la plus formelle que les populations du Venaissin voulaient rester sous la domination pontificale et sous le gouvernement du cardinal Pierre de Foix. L'ambassade avait pour instruction de remontrer au pape : « que le comté de Venayssin et la ville d'Avignon, « étant propriétés de l'Église romaine, offraient un refuge « assuré à tous les chrétiens de l'univers, Français, An- « glais, Espagnols, Allemands qui avaient coutume de la « visiter en se rendant à Rome, d'y demeurer et d'y faire « leurs affaires en toute sécurité. Les bannis de tous les « pays trouvaient sur la terre papale un refuge assuré, « et le jour où les États cesseraient d'appartenir au Saint- « Siège, c'en était fait de *cette réputation de ville hospitalière et libre* dont Avignon jouissait en pays étran- « gers [1] ».

Il est à croire qu'en présence de l'attitude de ses sujets, tant à Avignon qu'à Carpentras, Eugène IV renonça à son projet, et les pourparlers déjà très avancés, comme nous l'avons vu, furent abandonnés. Aucun document ne nous autorise à croire que Charles VII ait eu connaissance des relations de son fils avec le souverain pontife; mais, à coup sûr, comme nous le verrons plus tard, il n'eût pas manqué de condamner sévèrement ce marché.

Quoi qu'il en soit, inquiet sans doute de l'agitation que pouvait provoquer en deçà des Alpes l'aliénation des

---

[1] Arch. départ., *Reg. des délibérat.*, G. 10, fol. 85.

terres de l'Église, Eugène IV s'empressa de démentir les affirmations du cardinal de Foix. Dans un premier bref adressé aux États du Venaissin le 20 novembre 1444[1], il déclare que jamais il n'a eu la pensée d'aliéner les terres et les droits de l'Église romaine, mais qu'il s'est, au contraire, toujours efforcé de les étendre, et que les États ont pu constater qu'il a fait tous les sacrifices possibles pour les protéger contre les ennemis de l'Église. Il les engage à ne rien croire des faux bruits qui ont été mis en circulation; il les invite à vivre dans la fidélité et l'obéissance de l'Église et à se soumettre respectueusement à l'autorité du légat Pierre de Foix. Ce premier bref, si on le remarque, est adressé quatre jours avant la séance où Roger de Foix dénonce aux États la conduite du pape. Aussi il est vague, sans fait précis, et plutôt destiné à effacer la fâcheuse impression produite par la divulgation des intentions du Saint-Siège. Dans un second bref de décembre 1444[2], Eugène IV, voulant dissiper tout malentendu, fait savoir aux États qu'il a été instruit de certains propos « disseminatos sermones » répandus au sujet d'un projet d'aliénation des terres de l'Église au dauphin Louis. Il les informe qu'il n'a jamais eu l'intention de se séparer d'eux, mais qu'au contraire il entend conserver ses États sous le gouvernement de l'Église et du pape, et qu'il veut que désormais, comme

---

[1] Voy. aux pièces justificat. n° III. — *Reg. des délibérat.*, G, 14, fol. 96 (copie).

[2] Voy. aux pièces justificat. n° IV. — *Reg. des délibérat.*, G, 14, fol. 96 (copie). Les originaux des deux brefs ont été brûlés dans l'incendie qui détruisit les *Archives des États* à Carpentras, en 1713. Nous donnons les copies d'après les *Registres des délibérations des États*.

dans le passé, ils ne cessent pas d'obéir au cardinal-légat. Deux brefs analogues étaient envoyés en même temps, et presque à la même date, aux consuls d'Avignon, pour les rassurer sur les intentions du Saint-Siège à leur égard [1].

Malgré l'énergie de ces dénégations, et quelque habileté qu'Eugène IV eût mise à cacher ses desseins, il n'en est pas moins vrai qu'un projet de cession des États citramontains de l'Église au dauphin Louis, vers la fin de l'année 1444, a existé, et nous venons d'en fournir des preuves irréfutables. Quelle a été la part du futur Louis XI dans ces négociations? Il serait difficile de le dire, et aucun document ne permet même de le soupçonner. Il est hors de doute que, dans cette occurrence, l'initiative n'appartient pas au dauphin, qui certainement était flatté de la confiance du pape, mais à Eugène IV, qui préférait renoncer au besoin aux possessions de l'Église en deçà des Alpes que de les voir tomber entre les mains d'un rival suscité et soutenu par le concile de Bâle. Avec son expérience des hommes et des choses, son grand bon sens et son énergique volonté, le cardinal-légat Pierre de Foix comprit le danger que ce projet faisait courir à la papauté, et c'est certainement son intervention auprès d'Eugène IV qui amena la rupture des négociations et le maintien des Avignonnais et des Comtadins sous l'autorité du Saint-Siège.

---

[1] Arch. d'Avignon, B. I. Cott. N, 15. Ces deux brefs originaux, qui figurent à l'inventaire *Pinta*, sont en déficit dans la boîte I; on les suppose égarés.

CHAPITRE IV

Le dauphin Louis et ses agissements vis-à-vis des États citramontrains de l'Église (1444-1461).

L'héritage des Boucicaut. — Invasion à main armée du Venaissin par les agents du Dauphin. — L'expédition de Troyhons (1450). — Intervention de Charles VII. — Ambassade de Jehan de Lizac à Avignon (mars 1451). — Mission du cardinal d'Estouteville (1452). — Les dernières intrigues du dauphin.

Malgré l'échec de leur combinaison, le dauphin Louis et Eugène IV n'en restèrent pas moins d'excellents amis[1]. Fixé désormais dans son gouvernement du Dauphiné, entouré de familiers sûrs et dévoués, Louis put donner libre cours à « ce talent d'intrigues et d'agissements occultes « qu'il devait pousser si loin[2] ». Naturellement, toute son attention devait se porter sur ses voisins. Nous le voyons successivement, dans une pensée politique qui, du reste, lui fait le plus grand honneur, chercher à étendre vers le midi les limites de son Dauphiné, comme il travaillera plus tard à pousser plus loin les frontières de son royaume,

---

[1] Le 5 décembre 1445, Louis fait défense aux habitants du Dauphiné de reconnaître pour pape Amédée de Savoie, qui se faisait appeler Félix V. Voy. Pilot, *Catalog.*, I, p. 65.
[2] De Beaucourt, *Rev. des questions histor.*, vol. XVII, p. 94.

tout en donnant aux provinces cette cohésion qui est la première condition de l'unité territoriale et politique d'un grand État.

La pensée dominante du règne de Louis XI, et que la plupart de ses historiens ont à peine soupçonnée, c'est l'occupation du littoral de Provence qui doit donner à la France la prépondérance sur la Méditerranée. Déjà ce dessein caché se fait jour dans l'administration du dauphin, et c'est morceau par morceau, peut-on dire, que Louis cherche à s'annexer successivement les territoires qui séparent le domaine royal des possessions de la seconde maison d'Anjou. Sur sa route, il devait rencontrer comme une barrière les terres de l'Église, mais il n'était pas prince à reculer devant cet obstacle. Un premier échange avec le duc de Savoie (4 avril 1446)[1] donne à Louis les comtés de Valentinois et de Diois pour le Faucigny, province éloignée, sans importance, alors que les pays échangés confinaient aux domaines de l'Église et donnaient libre accès dans la vallée du Rhône. De là à mettre la main sur Montélimar, il n'y avait qu'un peu d'adresse diplomatique et elle ne manquait pas au dauphin. Les papes avaient, il est vrai, depuis 1228[2] des droits incontestés sur Montélimar que ne détruisaient pas les prétentions des rois de France sur cette ville. Une première fois, le dauphin, par lettres patentes datées de

---

[1] Charavay et Vaesen, *Lettres de Louis XI*, I, p. 375. — Bibl. nat., *Cartul. du Dauphiné*, par Fontanieu. — Cf. de Beaucourt, IV, p. 230 (la première cession date de novembre 1444). — Voy. Pilot, *Catalog.*, I, nos 169 et 937.

[2] *Statuts de la Conté Venayssin*, p. 108. — Montélimar, comme Romans, la baronnie de Saint-Auban et environ quatre-vingts autres places, étaient comprises dans ce qu'on appelait les « terres adjacentes », pour lesquelles Louis rendit hommage au pape en 1456.

Nancy, le 29 mars 1445, avait abandonné ses droits sur Montélimar en faveur d'un certain Arrighi, mais la donation n'eut pas de suite[1]. Le 22 juillet 1446[2], Eugène IV, pour des raisons inconnues renonça à sa part de droits sur Montélimar en faveur du même Arrighi ; mais comme pour le Venaissin en 1444, cette donation provoqua parmi les habitants de la seigneurie de Montélimar une vive émotion ; une ambassade fut envoyée auprès du souverain pontife pour lui remontrer que la portion de ladite seigneurie, appartenant à l'Église, ne pouvait être aliénée sans compromettre la sécurité d'Avignon et du comté Venaissin, « cum sit clavis et introitus dicti comitatûs[3] ». L'ambassade obtint l'annulation de la donation consentie à Arrighi, qui n'était peut-être que le fidéi-commis du dauphin, mais la proie était trop tentante pour que ce dernier la laissât échapper. On le voit, à ce moment même, entretenir les relations les plus étroites avec Eugène IV, qui lui fait payer par Robert Damien, archevêque d'Aix, une somme de 20,000 florins[4] sur les revenus des églises de France. Depuis longtemps, d'autre part, Louis négociait des traités secrets avec le cardinal de Foix, qui avait sans doute pour mission de préparer les bases d'une convention destinée à mettre Montélimar entre les mains du dauphin de France. Les conditions du

---

[1] De Coston, *Hist. de Montélimar*, II, p. 11. — De Nancy du 17 avril 1445. Voy. pour Arrighi, Pilot, *Catalog.*, I, p. 57, not. 5.

[2] De Coston, *L. cit.*, pp. 11 et 15. — Cf. Chevalier, *Cart. de Montélimar*, c. XIX, p. 279.

[3] Charavay et Vaesen, *L. cit.*, t. I, p. 213.

[4] Gibert, *Hist. mss. de Pernes*, I, fol. 316, v°. Le 13 des kalendes de juin 1446, le pape Nicolas V confirma le paiement de cette somme. — Arch. vatic., *Reg. de Nicolas V*, 385, fol. 3.

nouveau traité furent discutées à Romans (mars 1447) entre Louis et Pierre de Foix et approuvées par le successeur[1] d'Eugène IV, Nicolas V. Mais le traité définitif ne fut signé que le 13 mai 1447 à Carpentras[2] ; il porte la signature de Louis et de Pierre de Foix. Le dauphin rendait au pape le château de Grillon et recevait en échange la seigneurie de Montélimar, ou du moins « la part et « porcion que le sieur de Grignen souloit tenir de Monteil-« Aymart tenu en fie et hommaige de mon dit sieur pieca « baillée à Nostre Saint-Père le Pape par le dit de Gri-« gnen ». C'était, pour la chambre apostolique et la papauté un marché de dupe[3], car Louis gardait pour lui la part la plus considérable ; en outre, il s'engageait à rendre hommage pour la seigneurie nouvellement acquise au recteur du Comtat. Il se garda bien de tenir sa parole et c'est là, nous le verrons plus tard, un des griefs principaux portés à Rome contre le dauphin, en 1461. Cette acquisition de Montélimar par le fils du roi de France mettait désormais Avignon et le Venaissin à sa merci ; sa politique, du reste, à ce moment, avait dans la ville des papes un agent tout dévoué, le cardinal de Foix, et c'est

---

[1] Chorier, *Hist. du Dauphiné*, p. 439. — Le 14 octobre 1447. Voy. Chevalier, *Cartul. de Montélimar*, p. 289.

[2] L'abbé Chevalier, *L. cit.*, p. 283. — Cf. Arch. de l'Isère. B. 295, fol. VI, **X. — Legeay, *Hist. de Louis XI*, I, p. 158. — De Coston, *L. cit.*, II, p. 15.

[3] Fornéry, *Hist. mss. ecclés.*, fol. 437, v° (Instructions de 1461). — Voy. Pilot, *Catalog.*, I. p 153, n° 451. Origin. Arch. de l'Isère, B. 2990, fol. 497. — Le dauphin n'en restait pas moins astreint, vis-à-vis du Souverain Pontife ou de son légat, à l'hommage pour la ville de Montélimar. — Voy. la prestation d'hommage, au nom du dauphin, par Charles de Grolée, le 2 juin 1455. — Pilot, *Catalog.*, 1159.

à coup sûr sous l'inspiration de ce dernier que le conseil de ville d'Avignon délibère, le 27 avril 1447, d'offrir 50 florins en vaisselle d'argent « au sérénissime dauphin de Viennois [1] ».

Cette année même, au mois de novembre 1447, une ambassade est envoyée à Carpentras par le dauphin. Les archives municipales nous en fournissent la preuve indéniable[2]. Quel était le but de cette ambassade ? Nous ne saurions le dire, mais le dauphin, ayant des moulins à Carpentras depuis de longues années[3], profitait peut-être de ce prétexte pour sonder les dispositions des États et chercher une cause qui l'amenât à intervenir dans les affaires intérieures des vassaux du pape. Peut-être encore est-il permis de supposer qu'il s'agissait de la ratification du traité passé en mai de la même année ? En présence de la pénurie des documents, on peut se demander, avec quelque raison, si déjà, dès 1447, le dauphin Louis ne se portait pas en revendicateur des biens et héritages des neveux du maréchal Boucicaut, les fils de Geoffroy le Meingre, mort en 1429, et que nous voyons figurer dans un acte authentique du 23 juin 1452 extrait des archives de Valréas[4] *Louis le Meingre*[5] *et Jean le Meingre*. Nous croyons donc pouvoir supposer avec quelque fondement que là est le véritable but de l'envoi à Carpentras des gens du dauphin en novembre 1447.

---

[1] Chambaud, *Rec. sur Avignon*, mss., Ann., 1447.
[2] Arch. municip. de Carpentras, Origin., B.B. 66, fol. 35.
[3] Fornéry, *Hist. ecclés.*, mss. d'Avignon, fol. 410 ; mss. de Carpentras, fol. 762.
[4] Arch. municip. de Valréas, copie inédite recueillie par Achard.
[5] Il était chambellan du dauphin en 1448, *Lettres de Louis XI*, p. 220.

Nous ne croyons pas avoir à revenir sur l'origine de cette question, assez obscure du reste, que nous avons cherché à élucider ailleurs autant que les documents à notre disposition nous l'ont permis. Rappelons seulement en quelques mots l'état de la question au moment où le dauphin s'établit dans son gouvernement.

Malgré les efforts et les bonnes dispositions du cardinal de Foix, le litige qui s'était élevé au sujet de l'attribution des biens de la succession du maréchal de Boucicaut et de son frère Geoffroy était resté pendant. A la demande du dauphin, les États se réunirent à Carpentras, en 1448[1], pour délibérer sur la réponse à faire aux revendications des héritiers. Les élus ne purent s'entendre. Mais Louis devient plus pressant et informe l'assemblée du pays que les Boucicaut l'ont chargé de faire valoir leurs droits [2] et il appuie sa réclamation par une lettre qu'il confie à deux des familiers de son hôtel, maître Ferraudiz « maistre des requestes » de l'hôtel du dauphin, et Anthoyne d'Alauzon, « escuier de son escuerie [3] » ; il fait savoir aux États qu'ils doivent « adjuster plaine foy et créance à tout de ce que « de nostre part ils vous diront ». La missive était écrite de Romans le 15e jour de may 1450. Introduits au sein de l'assemblée les envoyés y exposèrent l'objet de leur voyage au sujet des Boucicaut, mais aucune conclusion ne fut prise [4].

---

[1] Arch. municip., *Reg. somm. des délibérat. des États*, fol. 261.

[2] *Id.*, fol. 135.

[3] Arch. municip., de Carpentras, B.B. 70, fol. 63. — Voy. aux pièc. justificat., n° VI. Anthoine d'Alauzon figure dans la maison du dauphin en 1452. *Lettres de Louis XI*, I, p. 229. — Pour Antoine d'Alauzon, voy. Pilot, *Catalog.*, I, p. 291, not. 2.

[4] « Et ibidem prefati Domini ambaxiatores exposuerunt eorum « creanciam super facto *Buccicaudorum* et nihil fuit conclusum. »

Mécontent de la mauvaise volonté des représentants comtadins, Louis emploie la menace et fait avancer quelques soldats pour intimider les officiers pontificaux. Le cardinal de Foix cherche à calmer l'irritation du dauphin et dépêche auprès de lui le gouverneur d'Avignon, Tristan d'Aure, évêque de Conserans, qui ne fut pas reçu. De son côté, le dauphin expédiait au cardinal-légat le sieur d'Estissac[1], avec mission d'exposer à Pierre de Foix ses revendications et d'insister pour le paiement d'une somme de 6,000 fr.; à cette condition il promettait d'oublier ses griefs. Les exigences de Louis portées à la connaissance des États, ceux-ci donnèrent pleins pouvoirs au cardinal de traiter pour une somme aussi modérée que possible (27 octobre 1450).

Au fond, les réclamations présentées aux États par le dauphin de France, pour le compte des Boucicaut, n'étaient qu'un prétexte que ce dernier cherchait pour avoir l'air de les mettre dans leur tort, et avec l'intention calculée de justifier les attaques et les violences de toutes sortes dont ses propres officiers et lui-même allaient, dans le même temps, se rendre coupables vis-à-vis des vassaux de sa Sainteté. Bien décidé à combattre le pouvoir temporel des évêques en Dauphiné, Louis engageait la lutte sur les propres domaines de l'Église sans aucun ménagement. Cette résolution se montre partout au moment même où il refuse de reconnaître la suzeraineté de l'évêque de Grenoble, coseigneur de la ville, et l'oblige à lui rendre hommage à lui-même (18 octobre 1450) ; il

---

[1] Le sire d'Estissac était premier chambellan du dauphin en 1452. De Beaucourt, V, p. 173, not. 3. — Voy. pour d'Estissac, Pilot, *Catalog., Actes du dauphin Louis*, I, n° 542, pp. 191-192.

suit une politique semblable vis-à-vis des villes et villages appartenant au Saint-Siège, mais enclavés en Dauphiné [1]. Nyons, Vinsobres, Mirabel-les-Baronnies étaient en Dauphiné, mais le dauphin devait prêter hommage pour ces villes au recteur du Comtat, ouvrir les portes quand le recteur se présentait, faire arborer pendant un jour les armes des papes au sommet de la tour de la ville et payer chaque année un marc d'argent. Louis refusa énergiquement sur tous ces points de donner satisfaction au Saint-Siège [2].

Presque aux confins de la seigneurie de Montélimar était la terre de Pierrelatte qui faisait partie du comté Venaissin. Les papes avaient droit à l'hommage des coseigneurs de cette terre, qui le prêtaient au recteur du Comtat. Louis secrètement excite les vassaux du Saint-Siège à la révolte, et à partir de 1450 [3] ceux-ci refusent de rendre hommage au recteur, prétendant qu'ils ne le devaient qu'au dauphin. Ce premier coup porté aux droits du Saint-Siège fut suivi d'un second beaucoup plus grave, puisqu'il s'agit d'une véritable confiscation d'un territoire pontifical. La même année, en effet, à la suite d'une rixe qui avait éclaté entre les habitants de Cade-

---

[1] Prudhomme, *Hist. de Grenoble*, p. 263. — Pour les villes et autres lieux à raison desquels le dauphin devait hommage au pape, voy. la prestation d'hommage de Romien de Morimont, écuyer et procureur du dauphin, au pape Calixte III (1er juin 1456). — Pilot, *Catalog.*, 1239 bis, p. 502, et Arch. vatican, Ex., 20, 23. *Pie II*, fol. 66. Arm. 35. — Voy. aux pièces justificat., n° XII *bis*.

[2] Instructions après la mort de Calixte III. — Voy. Fornéry, *Hist. ecclés.*, mss., fol. 437 et fol. 453-470. — Cf. *Pretentiones Papæ super Venaissino contra Regem Franciæ dalphinum*, Lambert, III, p. 477.

[3] Gibert, *Hist. de Pernes*, mss., c. IX, fol. 317 et v°. — *Somm. des délibérat. des États*, fol. 135.

rousse et des sujets de la couronne, au passage du Rhône, quelques-uns de ces derniers ayant été blessés ou tués, le dauphin exige des États et du légat une somme de 4,000 écus comme compensation des torts faits à ses vassaux, et n'étant qu'à demi satisfait de ces concessions, Louis met la main sur Pierrelatte [1].

La Chambre apostolique eut à subir également une nouvelle injustice de la part de Louis. Cette dernière, depuis un temps immémorial, avait le droit de percevoir à la Palud [2] un ducat par boisseau de blé transporté sur le Rhône. Le dauphin contesta ce droit et refusa de se rendre aux observations de la cour de Rome. Ces vexations répétées produisirent à Avignon et dans tout le Venaissin un vif mécontentement, et après délibération, il fut décidé qu'une ambassade serait envoyée simultanément au pape et à Charles VII, avec mission de dévoiler au roi la conduite odieuse de son fils. La minute de ce document nous a été heureusement conservée [3]. Le mémoire rédigé sans aucun doute sous l'inspiration du cardinal

---

[1] La seigneurie de Pierrelatte fut donnée en 1452, par Louis, à Gabriel de Bernes ; elle passa plus tard entre les mains de Charles *Astars*, secrétaire de Louis XI, après la confiscation des biens de Gabriel de Bernes. *Lett. de Louis XI*, I, p. 362. — Louis échangea la seigneurie de Chabrillan contre la portion de la terre de Pierrelatte que possédait Etienne Moreton (6 mai 1450). Voy. Pilot, *Catalog.*, I, n° 756, p. 273, et n°ˢ 58, 759, 760.

[2] Fornéry, *Hist. ecclés.*, mss., fol. 437. — Nous avons trouvé cette mention au sujet du péage de *la Palud*. « Cum autem nobis innotuit unum antiquum podagium de *La Palu* vulgariter nuncupatum prope ripam superiorem fluminis Rodani in dicto comitatu existens et ad ipsam Cameram pertinens quod per arrentatores longe tempore fuerat extinctum » Le pape le rétablit. — Arch. vatic., *Reg. de Sixte IV*, 656, fol. 76.

[3] Arch. d'Avignon. *Dossier des Ambassades*, minute, série A.A.

de Foix relatait tous les faits dont il vient d'être parlé. A côté, et pour mieux montrer combien étaient légitimes les plaintes des Avignonnais et des Comtadins, le mémoire faisait allusion à quelques menus griefs dont Louis croyait avoir à se plaindre. Il y était dit entre autres que le dauphin passant une nuit à la Palud, le capitaine du lieu, ignorant qui il était, avait refusé de lui ouvrir les portes. Autre grief : un certain Aynard, dit *le seigneur des Marches,* se tenait dans une tour appelée le Burset et dépouillait, capturait ou tuait les personnes d'Avignon et du Venaissin qui venaient à passer à portée de ses gens. Le cardinal de Foix voulant pourvoir à la sûreté commune, le fit déguerpir à main armée. Le dauphin prit cet acte de vigueur pour une « injure personnelle », bien que la tour de Burset fût située en Provence, dans le domaine du roi de Sicile, et que ce dernier eût autorisé le légat à expulser ledit seigneur des Marches même *manu militari.* Le dauphin se plaignait encore d'un outrage qu'il aurait reçu des habitants de Bollène qui avaient enlevé du territoire de Bozon, appartenant au Comtat, et hors de sa juridiction, les poteaux portant ses armes et panonceaux, et réclamait de ce chef une grosse indemnité pécuniaire. Forts de leur bon droit, les sujets du pape objectaient à leur tour que les officiers du Dauphiné empiétaient sur les États du Saint-Père, plantant çà et là les armes de leur seigneur, comme ils l'avaient fait à Caromb, aux portes de Carpentras, devant un verger d'oliviers, propriété de François de Ponte. En outre, ils accordaient à des Comtadins la sauvegarde du dauphin, ainsi que cela s'était vu naguère pour la garde des tours de Piolenc.

Enfin, les mêmes officiers, quoique le château des

Pilles fût du domaine de l'Église et de la juridiction de Valréas, avaient sommé le seigneur de ce lieu de comparaître devant eux pour souscrire en faveur du dauphin l'hommage de son fief[1].

La mesure était comble, et toutes ces plaintes accumulées furent portées à la connaissance de Charles VII par le pape et par le cardinal de Foix dans les derniers mois de 1450. Au moment où les doléances des Avignonnais parvinrent à la Cour, la situation entre le dauphin et son père était très tendue. Le roi se trouvait, depuis le commencement de l'hiver, aux Montilz-les-Tours, dont il avait fait sa résidence de prédilection. C'est là qu'entouré d'une foule de seigneurs appartenant aux plus anciennes familles de la noblesse française, Charles VII donnait des fêtes splendides tout en dirigeant avec habileté les affaires de l'État[2]. C'est au milieu de cette Cour hostile au dauphin que furent apportées les nouvelles des attentats dont il s'était rendu coupable vis-à-vis des vassaux du Saint-Siège. Charles VII, fort courroucé des allures indépendantes de son fils, le faisait surveiller étroitement; il n'ignorait pas son projet de mariage avec Charlotte, fille du duc de Savoye, qui était contre sa volonté. Déjà, un an auparavant (février 1450), Charles VII avait envoyé auprès de son fils Thibaud de Lucé[3], évêque de Maillezays, chargé de faire au dauphin de vifs reproches sur les points suivants : « Il avait mécontenté le roy par son
« attitude à l'égard des églises du Dauphiné; la rumeur
« publique l'accusait, en outre, « de vouloir s'emparer

---

[1] Arch. municip., *Dossier des Ambassades*, minute, série A.A.
[2] De Beaucourt, *Hist. de Charles VII*, V, p. 141.
[3] *Id.*, V, p. 141.

« d'Avignon et du Comtat », ce qui serait contre Dieu et
« contre l'Église[1]. »

Les lettres du cardinal de Foix et des consuls d'Avignon durent mettre le comble à la colère du roi contre son fils, et au mois de février 1451 Charles VII paraît se résoudre à une action énergique. Nous en trouvons l'indice dans l'envoi simultané de deux ambassadeurs, l'un à Chambéry, « le Roi d'armes de Normandie », qui devait notifier au duc de Savoie l'opposition formelle de Charles VII au mariage du dauphin avec la princesse Charlotte ; l'autre, de « Jean de Lizac », premier sergent d'armes de la maison du roi, qui recevait l'ordre de se rendre en toute hâte à Avignon pour faire connaître aux syndics de la ville et au cardinal de Foix les intentions de Sa Majesté. Nous avons pu retrouver dans les registres des délibérations du conseil de ville la copie des instructions royales, que nous reproduisons in-extenso, et la réponse des Avignonnais auxdites instructions :

« *Instruction de par le Roy à Jehan de Lizac, premier
« huissier d'armes dudit sire, sur ce qu'il a affaire par
« devers le Cardinal de Foyx et les bourgeoys et habitans
« de la cité d'Avignon, touchant la matière dont cy après
« est faicte mencion :*

« Premièrement, s'en yra par ses journées jusques au
« dit lieu d'Avignon. Et en son chemin et au dit lieu

---

[1] Le manuscrit n° 15537, ancien résidu de Saint-Germain (143, fol. 61), qui renfermait les plaintes portées contre le dauphin, ayant disparu depuis quelques années de la Bibliothèque nationale, il faut recourir aux archives locales où l'on en trouve un résumé que nous donnons plus loin. Voy. arch. municip., série A.A. — Voy. de Beaucourt, V, p. 141, note 1.

« d'Avignon se informera et enquerra là où il verra
« estre affaire et par bons moyens se aulcuns traictez se
« sont fais ou font avecques monseigneur le dalphin ou
« aultres de par luy, de bailler et mettre ès mains de
« mon dit seigneur la ville d'Avignon et conte de Ve-
« nissy, et par quelles gens et moyens la chose se doit
« fere se ainsi est[1].

« Item et suppose que les choses dessus dites soyent
« vrayes ou non. Après les salutations accoustumées,
« présentera les lettres closes que le roy escript au dit
« cardinal de Foix. Et après aus dits manans et habitans
« de la dite ville d'Avignon.

« Item et pour sa créance leur dira que dès pieca et
« puis naguères nostre saint père (Nicolas V) a fait savoir
« au roy, par lettres et de bouche, et espécialement et
« dernièrement, par le doyen de Ségobie, les grands
« maulx et entreprinses que continuelement se faisoient
« par les gens du dict monseigneur le dalphin et de son
« adveu, sur les terres et seigneuries de notre dit saint
« père et de la sainte Église catholique, et sur ses
« hommes et subgetz. Et principalement sur ceulx du
« dit lieu d'Avignon et du dit conte de Venissy et autres
« des dites Marches. Et de ce a esté pareillement adverti
« le roy par le dit cardinal d'Avignon, en requérant ins-
« tamment au roy provision sur ce.

« Item dira ledit de Lizac que, après ces choses, le roy
« a fait savoir aus dits cardinal et habitans que les entre-
« prises dessus dites n'avaient point été faites par adveu
« ne de son sceu et consentement, mais en avoit esté
« et estoit très desplaisant et courroucé. Et que quant au-

[1] Arch. municip., *Dossier des Ambassades*, série A.A. (copie).

« cuns feroient ou porteroyent dommage à notre dit
« Saint-Père et aux terres et seigneuries de l'Eglise et
« subgets d'icelle. Et il estoit requis en ayde qu'il si em-
« ployeroit en toutes manières possibles au bien et hon-
« neur de notre dit Saint-Père et à la conservation des
« droits de ladite Esglise.

« Item dira que nonobstant toutes ces choses on a puis
« naguères rapporté au roy que aulcuns font avecques
« mon dit seigneur le dalphin ou avec autres de par luy
« certains traictiez ou accors de bailler ou faire bailler à
« mon dit seigneur le dalphin les dits villes d'Avignon et
« conte de Venissy qui seroit, se ainsi estoit, chose préju-
« diciable à notre dit Saint-Père le pappe et en son grant
« préjudice et dommage et diminucion des droits et sei-
« gnories de lui et de l'Esglise. Et lesquelles choses le roy
« ne peut bonnement croire que ainsi soit.

« Item dira pour celle cause le roy l'envoye par delà
« expressément pour les advertir des choses dessus dites
« et obvier à icelles. Et pour leur dire et remonstrer que
« se la chose advenoit, ce qu'il ne pourroit bonnement
« croyre, le roy y prendroit très grant desplaisir et nen
« pourroit estre content, et seroit contraint de y donner
« provision à l'onneur de notre dit Saint-Père et du Saint-
« Siège apostolicque telle qu'il appartiendroit.

« Item et tout ce qu'il trouvera touchant les choses des-
« sus dites et aultres deppandans de la matière, rédigera
« par escript, et les rapportera au roy pour procéder au
« surplus ainsi qu'il appartiendra.

« Faict aux Montilz-lez-Tours, le viiie jour de mars l'an
« mil ccccli.

« J. de Laloëre. »

*Coppia littere responcionis tradite dicto Johanni
de Lizacco primo hostiario regio :*

« Très hault, très puissant prince et très redoublé sei-
« gneur. Nous nous recommandons à vous tant et très
« humblement que fere povons. Très haut, très puissant
« prince et très redoubté seigneur, plaise vous savoir que
« nous avons receues vos gracieuses lettres avec honneur
« et révérence à nous possible par votre premier huissier
« Jehan de Lizac et si avons oye sa créance et bien en-
« tendue. Contenant en partie comme ainsi que comme
« l'on vous a rapporté que nous voulions mettre ceste
« cité d'Avignon hors des mains de l'Esglise et aultre-
« ment. Sur quoy, très humblement vous rescripvons que
« au disposer de ce que notre loyalté ne requierre que
« jamais n'a esté ne ne sera en notre pensée par ainsi
« que de ceste matière avons parlé et en parlement avec-
« ques le très révérend père en Dieu, Monsieur le cardinal
« de Foix, vicaire et légat de notre Saint-Père le pappe.
« Duquel seigneur sommes seurs et certains que jamais
« n'a esté ne sera son enténcion de le faire. Et se l'on
« vouloit entreprendre de faire le contraire, le dit mon-
« seigneur le cardinal et nous y résisterons de notre
« force et de tout notre povoyr tous les jours en espérance
« de votre bon ayde et confort ainsi que plus à plain
« avons dit et remonstré audit de Lizac. Et, au brief, vous
« certifions plus au long par message exprès. Lequel
« monseigneur le cardinal pareillement vous en rescript.
« Très hault, très puissant prince et très redoubté sei-
« gneur, de votre bon advisement et très nobles propos
« sommes toujours et avons esté bien advisez, donc à
« votre royal magesté tant et si humblement que plus po-

« vons et remercions, car Dieu mercy, par votre magesté
« tant que luy a esté possible de sa bénigne grâce comme
« vray bras dextre et protecteur de l'Esglise et subgets
« d'icelle, avons esté de plusieurs dangiers et affaires à
« ceste cité contraires gardez et préservez. Et aussi avons
« esté toujours et encore sommes en bonne espérance
« que toujours votre magesté ne daignera penser ou faire
« souffrir estre fait le contraire, mais comme avez de
« bonne coustume votre magesté nous aura toujours en
« sa grâce et espéciale recommandacion. Pour ce, très
« hault, très puissant prince et tres redoublé seigneur,
« très humblement vous supplions qu'il vous plaise de
« nous mander et enjoindre tous vos très nobles plaisirs
« et services pour les acomplir de très bon cuer sans
« faillir, avec povoir du plaisir de Dieu qui vous doine
« bonne vie et longue et acomplissement de vos très
« nobles plaisirs.

« Escript en Avignon le premier jour d'avril. »

En outre de ses instructions, Jean de Lizac apportait au conseil une lettre du roy, dont nous reproduisons l'original inédit conservé aux archives de la ville.

Copie de la lettre que Charles VII fit remettre aux consuls d'Avignon par Jean de Lizac, premier huissier d'armes dudit sire (8 mars 1451) :

« Charles par la grâce de Dieu roi de France,

« Tres chiers et bons amys, vous savez assez les grans
« plaintes et doléances que notre Saint-Père le pappe, par
« ses lettres et aultrement nous a despieça, et puis
« naguères faites touchant les entreprinses que notre

« beau filz le dalphin et aultres de par luy et a son
« adveu ont puis naguères fait sur ses hommes et subgetz
« et sur les terres et seigneuries de l'Esglise. Et pareille-
« ment nous en a escript notre tres chier et amé cousin,
« le cardinal de Foix, et aussi nous en avez escript. Sur
« quoy nous avons fait scavoir notre voulonté et inten-
« cion bien a plain. Néantmoins nous avons puis naguères
« entendu que aulcuns traictiez accors et convencions se
« maynent et conduisent avec notre dit filz de luy bailler
« ou à aultres de par luy la ville d'Avignon et conte de
« Venissi, lesquelles choses se elles se mettoyent à exé-
« cution seroient au grant grief préjudice et dommage de
« notre dit Saint-Père et du Saint-Siège apostolique veu le
« conseil que scavez que notre dit filz a de présent
« avecques luy, comme avons fait savoir bien aplain à
« notre dit cousin le cardinal. Sy vous signifions ces
« choses affin que y mettiez remedde et provision con-
« venable. Car se la chose advenoit, ce que ne pourrions
« bonnement croyre, nous y prendrions tres grant des-
« plaisir et serions contrains de y donner provision à
« lonneur de notre dit Saint-Père et dudit Saint-Siège
« apostolicque telle quil appartiendra. Ainsi que plus à
« plain avons dit et déclaré de bouche à Jehan de Lizac
« escuier, notre serviteur et premier huissier d'armes,
« porteur de ces présentes pour le vous dire et rapporter.
« Sy le vueillez croire et adjouster foy ad ce que de par
« nous vous en dira.

« Donné aux Montilz lez tours, ce viiie jour de mars [1],

« Charles,

« de la Loëre. »

[1] Arch. municip., Origin. inéd., série A.A.

Il ressort des documents produits ci-dessus que Charles VII soupçonnait fortement son fils de méditer l'occupation des États citramontains du Saint-Siège et de cacher ses ténébreux desseins, avec la complicité du cardinal de Foix dont le rôle et l'attitude dans cette circonstance peuvent paraître très équivoques. Quoi qu'il en soit, les consuls d'Avignon s'empressèrent d'adresser au roi cette missive dans laquelle ils se défendaient très énergiquement de vouloir « mettre ceste cité d'Avignon hors des mains de l'Esglise et aultrement ». Ils donnent comme garantie de la loyauté de leur parole l'approbation du cardinal-légat : « duquel seigneur sommes seurs
« et certains que jamais n'a esté, ne sera son entencion
« de le faire. Et se l'on vouloit entreprendre de faire le
« contraire ledit monseigneur le cardinal et nous y resis-
« terons de notre force et de tout notre povoyr, tous les
« jours en espérance de votre bon ayde et confort, ainsi
« que plus a plain avons dit et remonstré au dit de Lizac. »
Le conseil de ville envoyait en outre au roi un messager exprès chargé d'assurer Sa Majesté, au nom du conseil et du cardinal de Foix, de leurs sentiments de respectueuse déférence et de dévouement à la couronne [1].

Louis, alors en Dauphiné, eut presque aussitôt connaissance des rapports adressés au roi contre lui. Il en conçut une violente irritation contre les Avignonnais, et comme nous le verrons dans un autre chapitre, cette rancune subsistait encore dix ans après, car ce fut le premier reproche que Louis, devenu roi, adressa aux ambassadeurs d'Avignon dans l'audience qu'il leur accorda [2]

---

[1] Escrit en Avignon le premier jour d'avril 1451. — Arch. municip., *Dossier des Ambassades*, série A.A.

[2] Voy. chap. v, pp. 128 et suiv.

(7 décembre 1461). Quant au cardinal, avec une grande souplesse diplomatique, qui est le fond même de son caractère, il sut, sans déplaire au dauphin, laisser croire à Charles VII que jamais les droits des papes n'avaient été en d'aussi bonnes mains que les siennes. En somme, ni du côté de la Savoie, ni du côté d'Avignon, Charles VII n'obtenait satisfaction. Bien plus, l'attitude et les nouveaux agissements du dauphin montrèrent chez lui une intention de plus en plus arrêtée de braver les ordres de son père.

En effet, moins de trois mois après l'envoi de l'ambassade à Charles VII, au moins de juin 1451, la peste sévissait à Avignon et, comme d'usage, toutes les personnes aisées qui avaient pu se procurer un logis à la campagne avaient fui le foyer de l'infection. Allemand de Pazzis[1] et Louis Gaspardini, qui étaient de ce nombre, avaient cherché un refuge au lieu d'Entraigues[2] (*Inter aquas*) avec leur famille.

Sur ces entrefaites, un nommé Pierre Troyhon[3], ancien trésorier du roi René, organisa une troupe d'hommes

---

[1] Allemand de Pazzis était un réfugié florentin qui occupa avec distinction plusieurs charges municipales à Avignon. Il est consul en 1461. — Voy. chap. VIII, p. 203.

[2] Entraigues, aujourd'hui commune du canton de Monteux, à quelques kilomètres de Sorgues, et station de la voie ferrée de Sorgues à Carpentras.

[3] Le récit de cette attaque à main armée, sinon ordonnée, du moins favorisée par le dauphin, se trouve dans les instructions remises par le cardinal de Foix et la ville à Louis *Astouaud*, envoyé en ambassade auprès de Charles VII, roi de France (en 1453), à propos de la saisie des biens de Jacques Cœur. Nous n'en reproduisons pas le texte donné par le *Bulletin de l'Académie de Vaucluse*, 1887, pp. 105 et suiv.

d'armes, archers et varlets, et se porta secrètement avec tout son monde par une marche rapide sur Entraigues, dans le Venaissin, où il arriva de nuit et quand tout le monde était couché. Ces brigands se saisirent de Pazzis et de Gaspardini qui reposaient dans leur chambre, et les firent prisonniers avec toute leur famille. Ils s'emparèrent de leurs joyaux et de leur numéraire et abandonnèrent le reste au pillage de leurs gens. Ils emmenèrent ensuite leurs prisonniers avec leurs femmes et leurs enfants à travers le Valentinois jusqu'au château d'Ésau[1], qui est sur les limites du comté, et les retinrent ainsi pendant près de huit mois, jusqu'au moment où ils purent obtenir leur liberté en acquittant une rançon de 6,000 écus[2]. Là ne s'arrêtèrent pas les exploits de Troyhon. La même année, ce détrousseur de grand chemin, fort de l'appui du dauphin et des héritiers de Boucicaut[3], se jette avec ses bandes armées sur Valréas, ville importante du Comtat, ravageant les villages, saccageant les récoltes et fai-

---

[1] *Esau* serait le château d'*Ezahut*, vieux donjon près Dieulefit (Drôme).

[2] « Item post præmissa suæ explicabit Serenitati qualiter, anno « proxime preterito et de mense junii quidam nominatus Petrus « Trohyons, olim thesaurarius Regis Renati cum quibusdam aliis « suis complicibus et armigeris ac archeriis et servitoribus Illus- « trissimi Principis domini Delphini, ejus filii, ac si essent hostes « et inimici capitales domini nostri Papæ et Ecclesiæ Romanæ « armati armis offensivis et de jure prohibitis nullà causà saltem « legitimà et ad hoc ipsos impellente intrarunt in Comitatum « Venaissini violenterque et proditorie se de nocte intruserunt « intra quoddam castrum dictum infra dictum comitatum vulgo « nuncupatum castrum de *Interaquis*. » (Origin., Arch. municip., série A.A.)

[3] Instructions du cardinal à Louis d'Astaud. — Arch. municip., *Bull. de l'Acad. de Vaucluse*, 1887, pp. 106, 107. — Gibert, *Hist. de Pernes*, mss., fol. 307, v°.

sant de nombreux prisonniers. Plusieurs d'entre eux, hommes, femmes, enfants, sont impitoyablement égorgés. Le produit du butin emporté par ces brigands dans deux incursions successives est évalué à 2,000 écus. La sécurité même d'Avignon et de Carpentras est menacée et les États se réunissent pour voter une taille extraordinaire contre Troyhon et ses routiers [1]. Après Valréas, c'est le tour de La Palud où les bandes de Troyhon enlèvent et conduisent au château d'Ezahut un noble personnage appelé Chollet, officier du Saint-Siège, qui ne fut relâché qu'après une longue détention et moyennant le versement d'une rançon de 300 écus [2].

La complicité et l'intervention du dauphin dans ces agressions et ces menaces multipliées n'étaient pas douteuses, mais elles se manifestent ostensiblement dans la personne du capitaine de Mirandol, à la solde de Louis, qui quitte, peu après Troyhon, le Dauphiné pour faire une incursion dans le Comtat (1452) et enlève deux marchands d'Avignon avec leurs chevaux, leurs bagages et leur argent.

Non contents d'user de violence à l'égard des Comtadins, les officiers du dauphin contestaient la juridiction

---

[1] *Reg. somm. des délibérat. des États*, fol. 473 et 521, v°.

[2] Il est difficile de préciser la date de cette expédition. Mais le 31 mai 1452, le Conseil décide d'envoyer une députation au dauphin pour protester contre l'arrestation de quelques marchands d'Avignon. « Item ulterius suæ explicabit Celsitudini qualiter post premissa sicut ut premittitur, predictum Trohyonem et suos adherentes fore facta quidam capitaneus, quondam capitaneus de Mirandolio in patria Delphinatus, insequendo vestigia dicti Trohyonis de facto captitavit duos mercatores et alios duos mercatores cives et habitatores Avinionis cum equis peccuniis et aliis bonis et jocalibus quos post modo abire promisit, retentis tamen dictis equis, peccuniis et bonis. » (Orig., Arch. municip., A.A., *Dossier des Ambassades*.)

du légat et refusaient de rendre à leurs juges naturels les coupables, alors même que l'autorité pontificale les réclamait sous peine d'excommunication. C'est ainsi qu'un changeur avignonnais nommé *Sampini*, accusé d'avoir fabriqué de la fausse monnaie à Montélimar, est emmené dans le Valentinois où les officiers delphinaux ouvrent une enquête contre lui. Le cardinal de Foix réclame le faux-monnayeur comme justiciable des tribunaux de son pays d'origine, mais les officiers du dauphin refusent de rendre leur captif[1]. Un autre marchand avignonnais, Jérôme de Pélissane, s'étant rendu coupable d'un délit que nous ne connaissons pas, les officiers du dauphin demandent à ce qu'il soit livré pour comparaître devant eux. Le cardinal légat s'y oppose, arguant que ledit de Pélissane est justiciable de la curie épiscopale d'Avignon. Ce refus mécontente les officiers de Louis qui lancent contre les sujets du pape des lettres de représailles[2].

[1] Instructions données par la ville à Louis Astouaud, Arch. municip. (Cf. *Bull. de l'Acad. de Vaucluse*, p. 108). — « Item expli« cabit suæ Serenitati qualiter occasione præmissorum Reverendis« simus Dominus cardinalis et Legatus et Civitas etiam ista per « suos ambassiatores omnia et singula prenominata eidem domino « Delphino et suo majori Consilio exponi fecerunt ac instantissime « requisiverunt quod dominus Delphinus et suum Consilium del« phinale quatenus de celeri remedio in premissis providerent « taliter quod dictis prisoneriis cum bonorum ablatorum integro « a dictis carceribus libere abire juberent et dictos invasores pena « debita castigarent qnod tamen ab ipsis minime obtinere potue« runt. » (Orig., Arch. de Vaucluse, A.A., *Dossier des Ambassades*.)

[2] « Item ulterius suæ Serenitati exponet qualiter officiales del« phinales recusant tollere quamdam marcham quam super contra « subditos papales laxaverunt inciviliter eo quod officiales papales « ad ipsorum requisitionem voluerunt eo quod non potuerunt « eisdem remittere quamdam causam vertentem in curia episco-

On peut juger si, en apprenant de pareils actes de brigandage dont étaient victimes leurs concitoyens, les Avignonnais se crurent autorisés à s'adresser au roi de France pour en obtenir la répression. Déjà courroucé contre le dauphin qui semblait prendre à tâche de braver en toute occasion l'autorité paternelle, Charles VII accueillit avec beaucoup d'intérêt les délégués d'Avignon qui lui furent envoyés à Taillebourg d'abord au cours de l'année 1451, après l'expédition de Troyhon. Au mois de novembre de la même année [1], la ville délégua auprès de lui le doyen de Ségobie, protonotaire du Saint-Siège, pour solliciter l'appui du roi contre les entreprises coupables de son fils. Charles VII, alors à Auzances, leur répondit, le 7 décembre 1451 [2] : « Et comme vous avez peu
« scavoir,... : avons escript et envoyé de nos genz par
« delà avecques les provisions qui semblent convenables
« pour faire réparer les entreprises qui avoient esté faites
« au préjudice de nostre Saint-Père et de ses droiz de vous
« et autres, ses subgectz, dont par le dit prothonotaire
« avons esté advertys et avons bien espérance que la dite
« provision deust sortir effect (et de la faulte sommes

« pali Avinionis et quemdam Jeronimum de Pelissano mercatorem
« de Avinione clericum solutum qui supradicta causa reum... »
(Orig., Arch. municip., *Dossier des Ambassades*, A.A.)

« Instructiones traditæ ex parte dominorum scindicorum et Con-
« silii Civitatis Avinionis domino Ludovico Astoaudi legum egre-
« gio doctori ambassiatori, destinato, ad serenissimum principem
« dominum Francorum Regem, continentes ea quæ erunt eidem
« domino Regi ex parte civitatis ipsius per ipsum dominum Ludo-
« vicum explicanda. » (Orig., Arch. municip., 1453).

[1] Orig. inédit., *Arch. d'Avignon*, B. 76, n° 59.

[2] Le 7 décembre 1451. Charles VII était à Auzances. Voy. de Beaucourt, *Liv. cit.*, V, p. 160.

« desplaisans), car nous vouldrions tousjours entretenir
« et favoriser les faiz de nostre dit Saint-Père comme les
« nostres et les vostres et ceulx de vostre cité comme de
« nos propres subgectz. Et est bien nostre voulonté et
« entencion de prouchainement y donner provision et y
« tenir la main par manière que les dictes entreprises ne
« demourent pas longuement sans réparation. » Charles VII
ne se contenta pas de paroles trompeuses à l'adresse
des Avignonnais. Il leur fit offrir par le même doyen de
Ségobie un général des troupes royales pour mettre à la
raison Pierre Troyhon et ses complices, mais le cardinal
de Foix qui tenait à ne pas s'aliéner le dauphin et qui
avait probablement ses raisons pour qu'on usât de plus de
ménagements, fit répondre qu'il serait possible d'obtenir
satisfaction sans recourir à des moyens aussi violents, et
comme les délais et les longueurs de la détention étaient
loin d'être du goût des prisonniers, ils se tirèrent eux-mêmes d'embarras en payant une rançon de six mille écus.

Dans l'intervalle, du reste, un événement d'une autre
gravité s'était produit, qui avait détourné l'attention du
roi des affaires du comté, c'est l'arrestation de Jacques
Cœur en juillet 1451[1]. Nous laisserons de côté cet épisode
du procès de l'Argentier, en ce qui touche Avignon, les
faits ayant été exposés dans une savante étude de M. Duhamel, archiviste de Vaucluse, d'après les pièces inédites
que possède le dépôt de Vaucluse[2]. Charles VII[3] avait,
on le sait, prescrit dans toutes les villes du royaume la

---

[1] Voy. de Beaucourt, *L. cit.*, V, pp. 107, 108 et suiv.
[2] *Bulletin du Comité des travaux historiques*, an. 1886, nos 1-2, et *Mémoire de l'Acad. de Vaucluse*, 1887, p. 89.
[3] De Beaucourt, *L. cit.*, V, p. 108.

saisie des biens de l'Argentier. Deux facteurs du célèbre financier, Hugues et Antoine Noir, avaient trouvé à Avignon un accueil empressé auprès des banquiers et des changeurs de cette ville[1]. Le cardinal de Foix ayant refusé de livrer Antoine Noir, protégé par un sauf-conduit du pape et par l'immunité des Célestins, le roi menaça la ville de représailles. C'est alors que le cardinal légat et le conseil envoyèrent à Tours Guillaume Meynier, chargé de justifier auprès de Sa Majesté la conduite des citoyens avignonnais et du représentant du Saint-Siège. Le roi montra les meilleures dispositions pour la ville et invita Guillaume Meynier à s'expliquer devant son conseil, puis le renvoya en le chargeant, pour ses compatriotes, d'une missive où il disait : « Assez avez peu cognoistre le grant
« et bon vouloir que avons tousjours eu au bien et con-
« servacion des libertez, droiz et terres de nostre saint
« père et de l'Église de Romme. Et mesmement en ce
« qu'il vous touche et pour la grande amour que avez
« tousjours eue et montrée à nous et à nostre seigneurie
« et à la prospérité d'icelle. Vous avons tousjours euz et
« avons en singulière recommandacion et remembrance,
« et vous vouldrions aider et favoriser en touz vos affaires,
« ainsi que naguères vous avons fait savoir[2]. »

Telles étaient les dispositions de Charles VII au moment où, profitant des embarras de son père, le dauphin recommençait ses intrigues. Marié contre le gré du roi[3],

---

[1] Voy. *Acad. de Vaucluse*, 1887, p. 95.

[2] Orig. inédit, Arch. municip., B. 32, n° 40, coll. Q.Q. — Aux Montilz-les-Tours, 15 mars 1452. — Charles VII était aux Montilz-les-Tours au mois de mars 1452. Voy. *Pièces fugitives du marquis d'Aubais*, p. 95.

[3] Voy. Pilot, *Catalog.*, I, p. 34, not. 1.

Louis prépara, avec le duc de Savoie, une expédition contre Sforza, l'allié de Charles VII. Les relations entre les deux princes s'enveniment de plus en plus et le roi supprime la pension de son fils (1452). Au mois de septembre, Charles VII, dans le but d'intimider le duc de Savoie et le dauphin, s'avance vers le Forez avec une grosse armée. Inquiet pour son gouvernement du Dauphiné, Louis envoie auprès de son père, Gabriel de Bernès, son conseiller intime et bien vu du roi, qui l'avait attaché à la personne de son fils dès l'âge le plus tendre[1]. De Bernès, accompagné de Jean de Jambes, sire de Montsoreau, rapporta au dauphin ce qui s'était traité à la Palisse, avec son père ; mais Louis, après mille protestations de soumission, ne voulant rien accorder, le sire de Montsoreau et de Bernès revinrent trouver le roi, alors à Cleppé, près Feurs (septembre 1452).

Dans une nouvelle ambassade confiée au seigneur de Torcy et au même Jean de Jambes, le roi accentuait ses reproches, faisant indirectement allusion aux plaintes du pape et des vassaux du Saint-Siège : « Voeult le Roy que
« se mon dit seigneur a fait aulcunes choses à l'encontre
« de l'Esglise dont nostre Saint Père eust cause raison-
« nable de se doloir qu'il les répare telement que nostre
« saint père, par raison, doibve estre content[2]. » Le dauphin reçut très froidement cette ambassade et ne fit que

---

[1] De Beaucourt, *L. cit.*, V, pp. 173, 174. — Voy. *Lettres de Louis XI*, I, pp. 360, 363. — Pour Gabriel de Bernès, voy. Pilot, *Catalog. des actes du dauphin Louis II*, I. p. 2. — et *id.*, pp. 25, 49, etc.... Pour Jean de Jambes, seigneur de Montsoreau, voy. Pilot, *Catalog.*, n° 979 et p. 377, not. 4.

[2] Champollion-Figeac, *Collection des Documents inédits*, II, pp. 192, 193.

des réponses dilatoires. Pendant ces négociations, Charles VII signait, avec le duc de Savoie, le traité de Cleppé (27 octobre 1452)[1].

Après le traité de Cleppé, Louis n'en continua pas moins ses armements, à la grande colère du roi qui fut un moment sur le point de marcher contre le Dauphiné[2].

Le cardinal d'Estouteville[3], légat du pape, venu en France pour régler avec le dauphin quelques affaires intéressant la Cour pontificale apaisa le conflit armé près d'éclater entre le père et le fils, et s'employa à la pacification, avec l'autorisation de Charles VII : « Item, en ce « qui touche les plaintes que la ville d'Avignon et le « comté de Venisse ? (ont faictes), le Roy est content que « monseigneur le cardinal d'Estouteville aye la connais- « sance de faire reparer tout ce qui cherra en repara- « cion, au cas qu'ils averont opportunité de soy em- « ploier[4]. »

Le cardinal, en diplomate habile, se rendit d'abord à Vienne, en compagnie de deux conseillers du roi, Élie de Pompadour, évêque d'Alet, et Gérard le Boursier. En leur présence, et sur les instances du cardinal, le dauphin consentit à présenter des « excusations et justifications », et déclara s'en rapporter au cardinal : « Mon dit « seigneur sera content d'appointer avec monseigneur le

---

[1] De Beaucourt, V, pp. 176 et suiv. — Vallet de Viriville, *L. cit.*, III, p. 226.

[2] De Beaucourt, *L. cit.*, V, p. 182.

[3] Pour Guillaume d'Estouteville, voy. Anselme, VIII, p. 91. — De Beaucourt, V, pp. 191, 192 ; — Pastor, II, p. 7 ; — Pilot, *Catalog.*, I, p. 342, n° 898 *bis*.

[4] Mathieu d'Escouchy, *Édit. de Beaucourt*, I, p. 441.

« cardinal sur toutes les choses qui touchent l'Esglise, en
« manière que nostre saint père et les parties se debront
« estre contentes par raison[1]. » Rappelé en Italie presque
aussitôt après, d'Estouteville dut se borner à régler avec
le dauphin la question des démêlés qui avaient éclaté
entre les officiers du pape et ceux du dauphin[2]. La lettre[3]
du 10 novembre 1452, tout en témoignant des bonnes
dispositions de Louis à l'égard de l'Église, ne dit rien
d'explicite sur les questions à résoudre. Nous savons
toutefois que Louis avait délégué auprès du cardinal de
Foix l'évêque de Conserans, Tristan d'Aure[4], qui dut,
avec Simon Lecouvreur[5], prieur des Célestins d'Avignon,
et en bons termes avec le dauphin, négocier les bases
d'un arrangement qui conciliât les droits du Saint-Siège
et les intérêts du dauphin. Tristan d'Aure, après avoir
pris les instructions du légat, revint à Romans, où se
trouvait Louis, accompagné par quelques agents du cardinal et des délégués du corps de ville : « et ont priz bon
« appointement au plaisir de mon dit seigneur vostre fils,
« de quel serez tout à plain informé par le dit évesque,
« et d'autres choses que luy ay dictes touchant ceste
« matière pour vous dire. Car je say que Nostre Saint
« Père a sa singulière affection et fiance en vous, tou-

---

[1] *Documents inédits*, Champollion-Figeac, II, pp. 189, 190.

[2] De Beaucourt, *L. cit.*, V, p. 183.

[3] Charavay et Vaesen, *Lettres de Louis XI*, I, p. 240.

[4] Lettre du cardinal d'Estouteville à Charles VII, 22 novembre 1452. *Lettres de Louis XI*, I, pp. 241, 242.

[5] *Lettres de Louis XI*, I, p. 35. — Voy. Pilot, *Catalog.*, n° 995. Accord conclu entre le dauphin et le cardinal de Foix, représenté par le cardinal d'Estouteville et l'évêque de Conserans, au sujet des difficultés qui s'étaient élevées entre les officiers delphinaux et ceux du pape, à Avignon. — Romans, novembre 1452.

« chant son dit païs d'Avignon et tout son Estat, je porte
« le dit appointement à nostre dit saint père, affin qu'il y
« advise comme bon lui semblera et après de sa bonne
« volonté sur ce vous fera savoir ».

L'arrangement portait sur le cas de Troyhon, sur la question des Boucicaut et la cessation des violences à main armée sur les confins du Dauphiné et du Venaissin. Troyhon fut invité à restituer les sommes qu'il s'était indûment appropriées dans ses différentes expéditions, en 1451-1452. Le brigand s'exécuta, rendit une partie des objets volés et se montra repentant. Trois ans après, une bulle (décembre 1455)[1] du pape Calixte III, adressée à l'évêque de Vaison, au doyen de Saint-Pierre et au vicaire général de l'archevêque d'Avignon, portait commission d'absoudre Pierre Troyhon, « attendu qu'il
« était repentant et avait fait quelques restitutions sui-
« vant ses facultés ».

Restait la question des héritiers Boucicaut ouverte depuis plus de vingt ans et toujours pendante. Elle fut réglée par le cardinal de Foix, à la satisfaction des héritiers, sinon du dauphin, qui trouva la compensation insuffisante. Par acte passé devant notaire, où figurent le trésorier et le commissaire de la Chambre apostolique, agissant au nom du pape, et les sieurs *Brutini* et *Arnulphi*, représentants de la communauté de Valréas, la Chambre apostolique cède et donne le droit de « vingtain » qu'elle prélevait sur les blés, avoines, feuilles, etc... pour payer les 21,000 écus « viginti unius millium scuto-
« rum novorum currentium in regno Franciæ ». Moyennant le versement de cette somme, les deux héritiers de

---

[1] Arch. de la ville d'Avignon, Origin., B. 19, Cott. V, 20.

Geoffroy le Meingre, Louis le Meingre, seigneur de Bridoré[1], et Jean le Meingre, son frère cadet, chevalier (miles), assistés de leur mère, renoncent à tous les droits que leur avaient laissés, sur Valréas et autres lieux, leur père Geoffroy le Meingre et leur oncle paternel (patruus) Jean le Meingre, dit Boucicaut, maréchal de France, mort en Angleterre en 1421. L'acte, passé le 23 juin 1452[2] fut ratifié postérieurement.

Par un acte ultérieur, daté du 30 septembre 1453, mentionné dans l'acte ci-dessus, Louis et Jean reçurent comme premier acompte, à titre de somme représentative, pour le contingent de la ville de Pernes, mille cinq cent cinquante florins d'or, montant du revenu du « vingtain » de la communauté de Pernes, pour un an[3]. Mais la renonciation définitive des Boucicaut à leurs droits sur cette communauté ne prit réellement fin que le 5 janvier 1468, par acte public et notarié en vertu duquel, moyennant un versement de 4,000 écus d'or du pays, les deux frères Boucicaut signèrent un acquit général pour toutes les sommes à eux dues[4]. Quant à leur créance sur Avignon, dont l'origine remontait, à leur dire, au premier siège du palais, pour certaines avances faites à la ville, par leur père Geoffroy, elle ne fut éteinte qu'a-

---

[1] Pour le château de Bridoré, voy. Imbert de Batarnay, *Appendice*, pp. 389 et suiv. Ce château, situé en Touraine, fut vendu en 1475 à Du Bouchage par Jean Boucicaut. Voy. Anselme, VI, p. 753, et Imbert de Batarnay, p. 81.

[2] Arch. de Valréas, copie. — Biblioth. d'Avignon. — Papiers Achard.

[3] Gibert, *Hist. de Pernes*, mss., fol. 307, v° — Arch. de Pernes, Laurent Michel, notaire.

[4] Arch. de Pernes. — Chart. origin. signée de Jacques Girardi et Pierre Lamberti, notaires.

près 1466, à la suite de l'intervention du pape Paul II et sur la demande d'Alain de Coëtivy, archevêque d'Avignon, qui fit comprendre les désagréments pouvant résulter de la non extinction de cette dette, pour la tranquillité et la bonne administration des États de l'Église [1].

Le rôle des Boucicaut dans ce pays est terminé [2]. Leurs revendications plus ou moins fondées avaient servi de prétexte à maints coups de force, à maintes représailles, sous couleur de droit et de justice. Louis XI, qui était fixé sur la valeur morale de leurs revendications, avait trouvé là une excellente occasion d'exercer ce talent d'intrigues et de menées souterraines qui couvre ses hautes vues politiques, et il en avait usé sans scrupule pour inquiéter ses voisins et faire échec à l'autorité paternelle.

La bonne intelligence qui régnait entre Charles VII et les Avignonnais, un moment interrompue par l'attitude du cardinal de Foix et de la ville, dans la question de la saisie des biens de « l'Argentier [3] », ne tarda pas à être rétablie, comme le montrent les lettres royales de 1453, relevant les Avignonnais des marques et représailles que le roi avait taxées précédemment [4]. Tout fut oublié, même les soupçons de relations suspectes avec le dauphin Louis. Du reste, les événements militaires dont le sud-ouest de

---

[1] Bref du pape Paul II, du 2 octobre 1466. — Arch. municip., B. 36, n° 6, Cott. G.

[2] Pour tout ce qui a trait à l'histoire des Boucicaut dans ce pays, voy. Lambert, *Catalog. des Mss. de Peiresc*, t. II, p. 472.

[3] *Mém. de l'Académie de Vaucluse*, t. VI, ann. 1887.

[4] Arch. municip., B. (Lettres de marques et de représailles).

la France était alors le théâtre, avaient détourné l'attention du roi de ce côté. Et ce qu'il y a de particulièrement caractéristique dans ces relations de la Cour de France avec Avignon, à ce moment du réveil national, c'est de voir Charles VII annoncer aux sujets du pape, en même temps qu'aux villes royales, le succès de ses armes contre l'ennemi héréditaire. Le fait est naturel pour les villes du royaume ; il emprunte un tout autre caractère quand il s'agit d'Avignon, placée sous une domination étrangère. Cette lettre du roi fait autant d'honneur au souverain qui l'écrivait qu'aux Avignonnais à qui elle était destinée, et on ne peut pas mieux faire l'éloge de leur patriotisme et de leurs sentiments français : « Nous vous écrivons ces choses, leur disait Charles VII, le 22 juillet 1453 [1], en leur annonçant la victoire et la capitulation de Castillon, la mort de Talbot et de son fils : « tres chiers et grans amis, pour ce que savons « que prenez grant plaisir a oir en bien de la prospérité « de nouz et de nostre seigneurie. » Et il terminait par une phrase consolante pour l'amour-propre national : « Et « avons esperance en Dieu que le surplus du recouvre- « ment de nostre pais de Guienne se portera bien [2]. »

Moins de trois mois après, Charles VII, maître de Bordeaux, le 19 octobre 1453, s'empressait de faire connaître aux Avignonnais, dans leurs moindres détails, les événements militaires qui avaient précédé la reddition de la ville et la soumission de la Guyenne : « Ainsi grâces à

---

[1] Arch. municip., série A.A. — Voy. aux Pièces justificat., n° XII.
[2] La même lettre est écrite aux habitants de Lyon. — Cf. de Beaucourt, L. cit., V, p. 276, et not. 3, V, Pièces justificat., not. XVI, p. 463.

« nostre seigneur nous avons réduit en nostre obeyssance
« tout nostre pais et duchié de Guienne. Et à vous
« escripvons ces choses pour ce que scavons certainement
« que avez en bien de nous, et, de la prospérité de nostre
« seigneurie prenez très singulier plaisir [1]. » Ces lettres
ne nous apprennent rien qui ne soit connu, surtout après
la publication de l'ouvrage de M. de Beaucourt [2], mais
elles n'en constituent pas moins un fait historique digne
d'être relevé dans les relations de la couronne avec les
sujets du Saint-Siège.

La fuite du dauphin, menacé par son père, son installation au château de Genappe, de 1456 à 1461, expliquent la cessation de toute relation entre le futur héritier de la couronne et les Avignonnais. Néanmoins, de sa retraite où il suivait tout ce qui se passait à la Cour, dans le royaume et chez les autres nations, Louis entretenait des agents à proximité du Dauphiné, dans le but de susciter quelque révolte dans cette province dont son père, par lettres patentes du 11 juillet 1457 [3], s'était attribué l'administration. C'est ainsi que, par mesure de haute police, Charles VII écrit à Angelo de Amelia, recteur du Venaissin [4], pour lui donner l'ordre de faire arrêter, sans délai, un certain Gascon, nommé Bertrand Salines, qui s'était établi à Courthézon, château appartenant au prince d'Orange, lequel était parent et allié de Philippe de Bour-

[1] Arch. municip., Orig., B. 36, n° 27, Coll. C.C.
[2] De Beaucourt, voy. pp. 272 et suiv.
[3] De Beaucourt, VI, p. 378. Charles VII avait résidé à Saint-Priest en Dauphiné de décembre 1456 à mai 1457. *Lettres de Louis XI*, p. 281.
[4] Lettre du 4 juillet 1459, de Angelo de Amelia à Sforza. Angelo de Amelia avait été nommé recteur du Venaissin par bref de Paul II, le 28 novembre 1457.

gogne. Dans ces projets de conspiration contre l'autorité royale, les Comtadins et les Avignonnais ne donnèrent lieu à aucune plainte de la part de Charles VII, et Thomas de Valsperge écrivait aux consuls, le 23 septembre 1459 : « Je vous fès assavoir que de certayn le roy est tousjours « en sa bonne opinion pour Avignon [1]. » Nous en avons une preuve dans la lettre qu'il adresse aux consuls de la ville, le 13 décembre 1460 [2], pour réclamer certaines sommes dues par des marchands d'Avignon, à feu Pierre de Campo-Fregoso, ancien doge de Gênes, d'abord allié de la France, puis traître à notre cause, et qui avait trouvé un refuge auprès de Sforza, à Milan. Ayant voulu reprendre à main armée la ville de Gênes, où commandait alors Jean, duc de Calabre [3], fils du roi René, au nom de la France, Pierre de Campo-Fregoso périt dans un combat sous les murs de Gênes (13 septembre 1459) [4]. Charles VII, informé que ledit Campo-Fregoso avait une créance importante à Avignon, écrivit aux consuls et au cardinal de Foix : « Pour les quelles causes et que tous- « jours avons favorablement traictez les subgectz et habi- « tans de la ville d'Avignon et vouldrions leurs droiz et « prérogatives leur estre gardez et entretenuz en nostre « royaume..... » ; le roi priait les consuls de faire payer les sommes dues à Campo-Fregoso : « Et en ce tellement « fere que nous ayons cause davoir de bien en mieulx

---

[1] Origin., daté de Thonon, 23 septembre 1459, Arch. municip., série A.A.
[2] Origin., Arch. municip., B. 37, n° 72, Col. 2.2.2.
[3] Gênes avait reconnu l'autorité de Jean de Calabre (juin 1456). Ce dernier était entré dans la ville le 11 mai 1458.
[4] De Beaucourt, L. cit., pp. 247-248. — Pour Pierre de Campo-Fregoso, voy. de Beaucourt, V, p. 294, not. 1, et p. 302. Cf. Charavay, Arch. des Miss., VII, p. 470.

« vous et les subgectz de l'Église, de par delà en nostre
« especialle recommandacion et qu'il ne soit besoing que
« y procedions par autre manière dont fort nous desplai-
« roit ce que toutesfois se ainsi n'estoit fait raison nous
« contraindroit pour la conservacion de nostre droit de
« le faire et de y donner telle provision que au cas appar-
« tient [1]. »

Il paraît que les Avignonnais et le légat s'empressèrent de satisfaire à la réclamation du roi, car par lettres patentes du 25 février 1461 [2], Charles VII, seigneur de Gênes, fait donation au roi René de la somme de 5,000 ducats d'or, due par les marchands d'Avignon, à messire *Perrier de Campo-Frigosio* et confisquée au profit de Sa Majesté. La leçon que Charles VII avait donnée à la ville d'Avignon et au cardinal de Foix, lors du procès de Jacques Cœur (1452-1453), avait porté ses fruits. Aussi les sujets du pape firent-ils preuve en cette circonstance des dispositions les plus conciliantes. Moins de cinq mois après, Charles VII mourait, laissant aux Avignonnais et aux Comtadins le souvenir de ses bontés royales et de sa protection généreuse. Louis XI, exilé depuis six ans en Belgique, allait le remplacer, et ce n'était pas sans une certaine appréhension que la ville d'Avignon voyait monter sur le trône le rancunier monarque, qui n'avai point encore oublié les dénonciations portées jadis contre lui, à son père, par les émissaires de la ville et du cardinal de Foix.

---

[1] Donné à Bourges le 13 décembre 1460 (?). — Arch. municip., B. 37.

[2] Arch. des Bouches-du-Rhône. — Cour des Comptes de Provence, B. 680. — Cf. Lecoy de la Marche, *Le roi René*, I, p. 294; — de Beaucourt, VI, p. 349.

CHAPITRE V

Louis XI et la succession du Cardinal de Foix à la légation d'Avignon (1464-1470).

Caractère des relations des Comtadins et des Avignonnais à l'avènement de Louis XI. — L'ambassade de Malespine et de Pazzis à Tours (1461). — La succession du cardinal de Foix. — Rôle du maréchal Jean d'Armagnac. — Opposition de Louis XI à la nomination du cardinal d'Avignon, Alain de Coëtivy, comme légat. — Conflit entre Louis XI et Paul II pour la désignation d'un légat. — Ambassade de d'Ortigues à Rome (janvier 1465). — Échec de la politique de Louis XI auprès du Saint-Siège.

Charles VII était mort à Mehun-sur-Yèvre le 22 juillet 1461. Louis, dauphin, se fit sacrer à Reims le 15 août de la même année, comme roi de France.

Pendant les huit années qui précédèrent son avènement, les rapports avec Avignon et l'État du Venaissin n'avaient été marqués par aucun fait à signaler. Dans son attitude vis-à-vis de la papauté, Louis s'était montré jusque-là plutôt respectueux et fils soumis de l'Église, et depuis l'intervention du cardinal d'Estouteville, rien dans ses agissements n'avait trahi une pensée ou un dessein hostile aux vassaux du Saint-Siège. Néanmoins le nouveau monarque n'avait point pardonné aux Avignonnais, pas plus qu'au cardinal de Foix, les doléances portées

contre lui auprès du roi défunt, et il en avait gardé un vif
ressentiment. Les Avignonnais et le cardinal n'avaient
probablement pas sur ce point la conscience tranquille, et
c'est cette raison qui les décida à envoyer auprès de
Louis XI une ambassade composée de François Malespine et d'Allemand de Pazzis [1], représentants les plus
éloquents de la ville, et de Geoffroy de Bazilhac, élu de
Carcassonne, que le rusé cardinal avait attaché à la
personne des ambassadeurs pour les surveiller et pour
être tenu mieux au courant des dispositions du roi.
L'ambassade arriva à Paris [2] au mois de septembre 1461,
et après avoir rencontré bien des difficultés pour se loger,
obtint une audience de Sa Majesté. Un des personnages
qui jouissait auprès du souverain d'un crédit sans limites,
le maréchal d'Armagnac, parent du cardinal de Foix,
servit d'introducteur aux ambassadeurs et leur facilita une
première entrevue avec Louis XI. Le maréchal de Comminges [3] se mettait à leur service pour complaire, disait-

---

[1] 14 août 1461. — *Reg. des Conseils,* fol. 78.

[2] Louis XI passa à Paris le mois de septembre 1461 avant de se
rendre à Tours. Voy. *Lettres de Louis XI,* II, p. 17, not. 1.

[3] Jean de Lescun, bâtard d'Armagnac, fils d'Armand Guilhem
de Lescun et d'Anna d'Armagnac (Thermes), fut attaché au dauphin
dont il devint le confident et le conseiller intime, pendant son
séjour en Dauphiné. Ce sont ses agissements qui contribuèrent
surtout à irriter Charles VII contre son fils. Nommé gouverneur
du Dauphiné par lettres du dauphin datées de Bruges, 24 janvier
1458 (Voy. Duclos, *Preuves,* p. 160 ; — Charavay, *Lettres de Louis XI,*
I, p. 100), il administra cette province de 1458 à 1472 d'une manière
vraiment remarquable. C'est lui qui opéra la réforme municipale de
Grenoble, réorganisa le Parlement de cette ville (1461), fonda le
monastère de Sainte-Claire (1469). Il fut chargé par le roi de
délivrer Yolande de Savoie, assiégée par ses deux beaux-frères
dans le château d'Aspremont, 1471 (Voy. M. Legeay, II, p. 16, et

il, à son cousin le cardinal légat ; mais, en réalité, il cherchait, dès cette époque, à entrer en relations avec les Avignonnais, escomptant la succession du cardinal vieux et maladif, avec l'espoir de trouver auprès des sujets du Saint-Siège un appui à Rome, en vue d'assurer à son frère, archevêque d'Auch, la légation d'Avignon.

Le roi se montra très bienveillant pour les ambassadeurs et les fit venir près de sa personne, « si près même « qu'ils se touchaient », afin que personne ne pût entendre leur conversation. Après avoir écouté avec sympathie leurs souhaits de bienvenue, Louis XI leur déclara qu'il avait à se plaindre d'eux pour des faits passés. Il leur rappela, en effet, que du vivant de son père (« dont « Dieu ayt l'âme ! ») les Avignonnais, sur les conseils de certains Gascons, l'avaient accusé, lui, dauphin, d'avoir voulu enlever le comté et la ville d'Avignon à notre saint père le pape, pour les mettre entre les mains de son maréchal d'Armagnac. Louis XI protestait énergique-

---

Prudhomme, *Hist. de Grenoble*, pp. 273-278 Chorier, *Hist. du Dauphiné*, p. 473). Louis XI le nomma, dès son avènement, maréchal de France (3 août 1461) et lui donna le comté de Comminges en 1462. Voy. *Ordon. des Rois de France*, XV, 626. Il figure au bas d'une ordonnance de Louis XI, le 14 octobre 1463, avec le titre de « l'Admiral » (*Id.*, XVI, p. 91).

Jean d'Armagnac mourut à la Côte-Saint-André le 9 juin 1473, et fut enterré dans l'église de Bourg-lès-Valence.

On peut consulter pour la biographie de ce personnage qui a joué un rôle si important sous Louis XI, *Gallia Christiana*, I, p. 1000 ; — Anselme, *Hist. généalog. grands-off. de la Couronne*, VI, p. 94 ; — Charavay et Vaesen. *Depech. de Tomaso Tebaldi*, I, pp. 267 et suiv. ; — de Beaucourt, *Hist. de Charles VII*, V, p. 142, not. 1 ; — Dom Vaissette, *Hist. du Languedoc*, ²XI, pp. 50, 51.

Voy. la biographie très complète résumée par Pilot, *Catalog.*; I, pp. 315-316, not. 1.

ment contre de pareilles imputations et il déclarait que si telles avaient été ses intentions, jamais il n'aurait mis le pied dans Avignon et jamais il ne se serait approché aussi près de la ville. Le roi ajoutait, du reste, qu'il commettait le soin de recevoir là-dessus les explications des ambassadeurs à Jean Bureau et qu'il tenait à connaître les noms des inventeurs de pareilles calomnies [1]. Évidemment, dans ces plaintes, le roi faisait allusion, sinon à la personne du cardinal de Foix, du moins à son entourage, composé de Gascons, ses compatriotes. Mais comme nous l'avons vu dans le précédent chapitre, à propos de l'ambassade de Jean de Lizac, Charles VII accuse son fils, sans preuves formelles ; c'est un grief vague, peut-être comme un écho des négociations avortées de 1444 ; mais, en 1451 rien dans nos documents ne permet de diriger contre le dauphin une accusation précise.

Quoi qu'il en soit, si réellement Charles VII avait été avisé des desseins de son fils sur les possessions du Saint-Siège, ce ne peut être que par le cardinal de Foix, à l'insu de la ville, ou encore par l'évêque d'Avignon, Alain de Coëtivy qui était mal vu du dauphin. Il est aussi de quelque apparence que Charles VII ait voulu, bien que l'accusation remontât à quelques années, ajouter un grief de plus à ceux qu'il formulait publiquement contre son fils.

---

[1] Lettre inédite de Malespine et de Pazzis au Conseil de la ville d'Avignon, du 25 septembre 1461, Arch. municip., série A.A. (Voy. aux pièces justificat). L'original de cette lettre est au point de vue littéraire un précieux spécimen de l'idiome parlé à Avignon au cours du xve siècle. L'influence du catalan y est prépondérante ; on y trouve également des vocables et des tournures qui sont encore en usage dans le « patois local ». Nous en donnons la traduction aux pièces justificat., n° XIII.

Les ambassadeurs d'Avignon répondirent avec la plus grande sincérité au maréchal d'Armagnac, qui les avait invités à dîner, que jamais, à leur connaissance, la ville n'avait écrit au défunt roi dans le but d'incriminer son fils; que, dans tous les cas, ils n'avaient jamais suspecté la loyauté de ses intentions et qu'ils ne pouvaient pas s'imaginer quel était l'auteur de ces propos mensongers.

Les envoyés se rendirent ensuite chez Jean Bureau [1] pour lui demander s'il avait quelque souvenir plus précis de cette affaire. Celui-ci répondit qu'il lui semblait se rappeler avoir vu quelque lettre et entendu parler de quelque chose de semblable à l'hôtel du roi, mais qu'il ne lui restait de ces conversations qu'un souvenir très vague. Enfin, les mêmes ambassadeurs eurent à ce même sujet une entrevue avec monseigneur de Boucicaut [2], ami de la ville et du cardinal de Foix, et maître Pierre Robin. Monseigneur Boucicaut et une autre personne rappelèrent que feu le roi Charles VII avait envoyé un ambassadeur à Avignon pour avertir la ville et monseigneur le cardinal « qu'on était sur le point de leur faire déplaisir et qu'il leur en donnait avis ». Il s'agit sans doute de la mission de Jean de Lizac, en 1451, dont nous avons raconté ailleurs les diverses péripéties. Les envoyés de la ville, après avoir rappelé ce qui avait été répondu à cette époque, tant par le conseil que par le cardinal, au

---

[1] Jean Bureau était, en 1461, chambellan de Louis XI. Il avait fait sous Charles VII toute la campagne de Guyenne (1452-1453). Il mourut le 5 juillet 1463. Anselme, VII, p. 135.

[2] Monseigneur de Boucicaut. Il s'agit ici de Louis le Meingre, chambellan de Louis XI et fils de Geoffroy, le même qui figure dans l'acte de renonciation de 1468.

roi Charles VII, rendent compte de leurs démarches, ajoutant que s'il est nécessaire de dire autre chose ou de produire de plus amples justifications, le conseil ou monseigneur le cardinal doivent leur mander leurs instructions, en adressant les lettres à la Cour. Le roi, devait se rendre incessamment à Melun, puis à Amboise et à Tours, où les ambassadeurs se proposent de le suivre pour être dépêchés le plus tôt possible « per espachats lo « plus tost que porren [1] ». En même temps la lettre à l'adresse des consuls les informait que le nonce, à Paris, avait eu avec le roi une entrevue, à la suite de laquelle il avait avisé directement le cardinal de Foix de tout ce que le roi lui avait dit, et envoyé de plus un messager spécial à Avignon, chargé de faire connaître la teneur des paroles de Louis XI.

Ce trait caractérise bien la diplomatie de ce temps-là. Le cardinal de Foix a non seulement visé et modifié à sa guise les instructions données aux ambassadeurs de la ville, mais il les a fait suivre par un homme à lui qu'il a instruit de tout. Celui-ci, qui a été mis au courant par le nonce de tout ce qui s'est traité à Paris, se fait confier, sous des dehors officieux, les lettres par lesquelles les ambassadeurs rendent compte à la ville de leur mission, et il est probable que le cardinal eut connaissance de leur contenu avant les consuls. Il est vrai que, de leur côté, les ambassadeurs savaient à qui ils se confiaient. La réponse du roi aux consuls est du 26 décembre 1461. Après les avoir informés qu'il avait écouté avec bienveillance et fait ouïr par son conseil leurs compatriotes « sur tout ce qu'ils ont voulu dire et remonstrer, touchant

---

[1] Voy. pièces justificat., n° XIII (traduction).

« les matières dont le cardinal et les consuls leur avaient
« donné charge », Louis XI ajoute, pour mieux marquer
ses sentiments à leur égard : « et en toutes autres choses
« touchant les affaires de la ville d'Avignon et du pais,
« sommes tousjours pretz et enclinz de faire et nous em-
« ploier au bien d'iceulx, ainsi que les cas se y offriront,
« comme par les dessuz nommez povez estre plus à
« plain informez[1] ».

L'année suivante, Louis XI accordait au pape une apparence de satisfaction, un peu tardive, il est vrai, sur les questions que le cardinal d'Estouteville avait eu charge d'appointer dix ans auparavant. Par un traité conclu avec le pape Pie II (1462), Louis XI s'engageait à reconnaître les droits du Saint-Siège sur Pierrelate, La Palud et autres lieux où il les avait contestés, mais il refusa postérieurement de ratifier ses engagements et d'en exécuter les conditions[2].

Si Louis XI une fois sur le trône s'abstient de toute agression contre les domaines de l'Église et paraît renoncer à toute pensée d'annexion, il n'en affiche pas moins la prétention d'y faire prévaloir ses ordres et ses instructions comme dans les provinces royales, et il veut avoir la haute main sur l'administration intérieure du Venaissin et d'Avignon. En un mot, si, comme le dit Legeay[3], il n'a pas l'intention d'empiéter sur les domaines de l'Église, il ne saurait admettre que le cardinal légat, représentant la suzeraineté du Saint-Siège à Avignon,

---

[1] Cette lettre ne figure pas aux pièces justificatives, ayant été donnée par Charavay et Vaesen, *Lettres de Louis XI*, II, p. 21. Arch. municip., B. 33, n° 45.
[2] Chambaud, *Recueil sur Avignon*, mss., I, fol. 402, 403.
[3] Legeay, *Hist. de Louis XI*, I, p. 370.

puisse avoir une politique qui aille à l'encontre des intérêts de la couronne. Louis XI considère le légat du Saint-Siège comme un subordonné qui doit être plus francais que romain. C'est pourquoi il veut que le pape le consulte toujours sur le choix du légat, et il ne se gênera pas pour essayer de lui forcer la main en vue de lui imposer un candidat à son agrément. Les idées du roi, qui étaient là-dessus celles de son père, et qui caractérisent nettement la ligne de conduite de presque tous les rois prédécesseurs et successeurs, à l'égard des États pontificaux de France, se manifestent franchement au cours de la lutte que la France soutenait contre les Catalans en faveur du roi d'Aragon. On sait, en effet, que le 1er mai 1462[1], Louis XI avait signé avec Henri d'Aragon le traité de Sauveterre, par lequel il s'engageait à lui fournir 700 lances moyennant 30,000 écus; mais Henri ne pouvant les payer dut abandonner comme gages, à la France, la Cerdagne et le Roussillon (1462).

Au cours des hostilités Louis XI fait défense formelle au seigneur de Clermont, lieutenant du gouverneur du Languedoc, de laisser apporter des ports de cette province du blé, aux habitants de Barcelone, rebelles au roi d'Aragon[2]. Louis XI formule la même défense au cardinal de Foix et sur un ton qui n'admettait pas de réplique. Inhibition est faite aux Avignonnais d'envoyer « à « ceulx de la ville de Barselonne des vivres, artillerie et « autres choses à eux nécessaires ». Et la lettre royale

---

[1] Dom Vaissette, *Hist. du Languedoc*, XI², p. 47. Voy. *Bulletin historique et philologique*, année 1895, n°^{s} 1 et 2, pp. 392 et suiv.

[2] Dom Vaissette, *Liv. cit.*, XI², p. 55. — Voy. H. Sée, *op. cit.*, p. 292.

ajoutait : « Nous vous prions bien affectueusement
« remontrer aux ditz habitanz de la dite ville d'Avignon et
« autres des nacions dessouz dites demourans en icelle,
« en leur notiffiant ou faisant notiffier que s'ilz font le
« contraire nous les réputons dès à présent noz ennemis
« et entendons de procéder ou faire procéder à lencontre
« d'eulx, ainsi quil appartient en tel cas. Et affin quilz
« naient cause d'en prétendre aucune ignorance, vous
« prions de rechief que les choses dessus dites faictes
« crier et publier par cry publique et à son de trompe, en
« nous faisant savoir tout ce que aures fait. E vous nous
« feres très singulier et agréable plaisir [1]. » Nous ne connaissons pas la réponse du cardinal, mais il est probable
qu'elle fut conforme aux désirs de Sa Majesté, comme
celle du gouverneur du Languedoc [2]. Cette lettre, bien
que se rapportant à un fait isolé, ne laisse pas que d'offrir
le plus vif intérêt, en ce sens qu'elle explique d'une façon
logique l'attitude et les agissements si peu connus de
Louis XI dans l'importante question de la succession
du cardinal de Foix et de la désignation de son successeur.

Pierre de Foix, légat du Saint-Siège à Avignon et dans
le Venaissin, occupait ces fonctions depuis trente-deux
ans, avec la plus grande distinction. Diplomate plein de
finesse, politique délié, ferme et prudent, il avait su, sans
se brouiller avec le dauphin, préserver de ses attaques les

---

[1] Origin. inédit. Donné à Castalno de Médoc, le 21 janvier
(1464). Louis XI était à Castelnau de Médoc le 19 janvier 1464.
Lettres de Louis XI, II, not. 1. Arch. municip., série A.A. — Voy.
pièc. justifical., n° xiv.

[2] Dom Vaissette, *Liv. cit.,* XI, p. 55. Le lieutenant du gouverneur
écrit au roi en mars 1464 pour lui dire qu'il a obéi à ses ordres.

terres placées sous son autorité et conserver l'estime de Charles VII; plus tard, Louis XI devenu roi, l'avait ménagé à la fois par intérêt personnel et pour complaire à son conseiller et ami, le maréchal d'Armagnac. Succombant sous le double fardeau de l'âge et des exigences multiples de sa charge, le cardinal légat se mourait lentement dans son palais, et plusieurs émissaires intéressés avaient appelé l'attention du roi de France sur une proie aussi tentante que cette succession [1]. « D'autre part, « sire, lui écrivait le 31 août 1464 Jean de Foix, « savez, Monsieur le Cardinal mon oncle est en grant aage « et tousjours maladif, mesmement a esté puis naguères « en tel point quil est cuidé de morir et est à présumer « quil ne vivra guères...., je ne scay, sire, se vous avez « jamais pensé d'avoir Avignon en vostre main, lequel « à mon advis, vous seroit bien séant et qui pourroit « mettre au service de mondit sieur le cardinal ou par la « main de Monsieur de Foix ou autrement quelque « homme de façon qui fist résidence avec lui. Or ne fauldroit point davoir le palais incontinent que le dit Monsieur le Cardinal seroit trépassé, etc. » La dernière recommandation surtout est à retenir, car elle montre la pensée tout entière des neveux du cardinal, surtout de Pierre de Foix, qui ambitionnait sa succession comme légat. Sollicité par le maréchal d'Armagnac, Louis XI avait pris les devants et dès le mois d'août il engageait avec le Saint-Siège des négociations pour amener le Saint Père à donner la légation d'Avignon à un membre

---

[1] Lettre de Jehan de Foix au Roy, Voy. Dom Vaissette, *Nouv. édit.*, XII, pp. 92, 93.

du clergé qui fût *persona grata* à la Cour de France[1].

Le premier candidat proposé par Louis XI à l'agrément de Pie II avait été le propre neveu du cardinal, portant le même prénom et qu'on a quelquefois confondu avec son oncle le cardinal, Pierre de Foix le jeune[2]; mais le pape répondit « que pour riens il ne lui baillerait, pour ce « quil estoit mineur d'aage ». Sans se décourager de ce premier échec, Louis XI proposa ensuite l'évêque de Genève, Jean-Louis de Savoie, frère de la reine, qui fut également refusé. Le pape fit alors savoir au roi « quil « advise quelque évesque ou arcevesque en son royaulme « qui soit à son gré et quil pourvoyra cestuy là sans « autre ».

Déçu dans ses premières démarches, Louis XI s'adressa directement aux Avignonnais, par l'intermédiaire de son maître d'hôtel Mombardon. Le 26 août 1464, le roi, alors à Noyon, écrivit aux consuls pour les informer qu'il avait connaissance de la maladie du cardinal, ce dont il était très « desplaisant. Et pour ce quil est à doubter que « de la dicte maladie il voise de vie à trespas, nous vous « advertissons que se avez daucune chose à faire en quoy « nous puissions pour vous employer nous le ferons de « très bon cueur ains que plus amplement nous avons « chargié vous dire à nostre ami et feal conseiller et « maistre de nostre hostel Mombardon, porteur de ces

---

[1] Lettre inédite de Jean d'Armagnac aux consuls d'Avignon du 22 décembre 1464. Orig. Arch. municip., B. 95, n° 73. Voir aux pièces justificat., n° XVII.

[2] Pierre de Foix, dit le jeune, né à Pau en 1449, évêque de Vannes, élu le 17 mai 1475; cardinal de Saint-Sixte en 1476. Il mourut à Rome le 10 août 1490.

« présentes. Si le vueillez croire de ce quil vous dira sur
« ce de nostre part [1] ». En s'adressant aux Avignonnais,
Louis XI comptait évidemment mettre leur influence au
profit de son candidat qu'il ne leur désignait cependant
pas encore nominativement. Au même moment, nous
voyons arriver à Avignon Jean de Comminges, maréchal
d'Armagnac, accompagné du duc de Calabre, fils du roi
René (août 1464). Le conseil leur offrit une splendide
hospitalité et ne regarda pas à la dépense si l'on en juge
par les comptes de la ville [2]. On ne se tromperait pas en
affirmant que le passage du prince et du maréchal dans
la cité papale se rattachait à la question de la succession
du cardinal de Foix. Évidemment ces deux personnages,
dont l'un était le confident le plus intime du roi « son
grand conseil [3] », devaient avoir reçu une mission secrète
que nous devinons facilement et qui avait pour but
d'appuyer par paroles la lettre de Louis XI aux
consuls.

Le 3 octobre 1464 [4] le conseil se réunit pour examiner

[1] Orig. inédit, Arch. municip., B. 77, n° 87, Coll. P.P.P.P. Voy. aux pièces justificat., n° XVI. — Pour Arnaud de Mombardon, voy. Anselme, II, p. 178. — Cf. Chambaud, mss., VII, fol. 17, et Massillan, mss., X, fol. 42, v°.

[2] Mandat de 26 florins 6 gros pour vin et bois fournis au comte de Comminges, mareschal de France, à l'occasion de son passage et de celui du duc de Calabre : « hic adfuerunt de mense augusto proxime præterito », 17 barrals de vin blanc, 18 florins 14 gros, — 13 barrals de vin rouge, 8 florins 16 gros, — 2 charretées de bois, 3 florins, « pro domino duce Calabriæ et aliàs pro domino mares-
« callo franciæ et pro jucundo adventu eorum ». — *Reg. des Conseils*, III, fol. 128, *Comptes de la Ville*, Origin., C.C., Mandat du 7 mai 1465.

[3] Jean de Serres, I, p. 769.

[4] *Regist. des délibérat.*, Arch. municip., 1464.

la réponse à faire aux lettres royales du 3 août, et il fut décidé qu'un ambassadeur serait dépêché à Rome pour faire connaître au pape les intentions de la ville sur ce point ; un messager spécial se rendrait pour le même objet auprès de Louis XI. Au cours de ces négociations, le vieux cardinal, dont la succession provoquait de si ardentes compétitions, déclinait de jour en jour, et une issue fatale était imminente. Vers le milieu de novembre [1], Louis XI fit partir pour Rome Jehan de Reilhac [2], son secrétaire, auprès du Saint Père, pour le supplier de donner la légation d'Avignon à Jehan de Lescun, archevêque d'Auch, frère du maréchal de Comminges [3].

---

[1] Lettre de Jehan de Comminges aux consuls, pièces justificat., n° XVII.

[2] Dans l'ouvrage qu'il a consacré à ce personnage, qui a joué sous Louis XI, Charles VII et Louis XII un rôle important comme diplomate, M. de Reilhac (I, pp. 183, 184) dit simplement : « C'est « ici que se place une ambassade de Jean de Reillac à Rome et à « Milan. Il reste absent pendant les sept mois qui s'écoulent du « 13 août 1464 au 13 mars suivant, époque où éclata la guerre du « Bien public. » M. de Reilhac ignore le motif de ce voyage à Rome et pense que ce fut pour représenter Louis XI à l'installation du nouveau pape, le cardinal Barbo, vénitien qui avait succédé, sous le nom de Paul II, au pape Pie II, mort le 16 août 1464. — Jean de Reilhac, dont la femme avait soin du ménage du roi (voy. Charavay et Vaesen, *Lettres de Louis XI*, II, p. 56), fit ce voyage à Rome, comme tant d'autres, à ses propres frais, « et fraya moult « sien, combien qu'il eust peu de bien du Roy ». Arch. nat., X¹ a, 8317, fol. 239. (Cf. de Reilhac, I, pp. 183, 184). — Voy. pour Jean de Reilhac, Pilot, *Catalog.*, 1439, p. 92 et not. 1.

[3] Jean de Lescun était fils d'Armand Guilhem de Lescun, seigneur de Sarraziet dans les Landes, et d'Anne d'Armagnac-Thermes. Il avait deux frères : 1° Garcias Arnaud de Lescun, seigneur de Sarraziet, et 2° Jean de Lescun, plus connu sous le nom de Bâtard d'Armagnac, comte de Comminges et gouverneur du Dauphiné. Cette filiation est absolument prouvée par les docu-

Au cours du voyage de Jehan de Reilhac à Rome, l'état du vieux cardinal, depuis longtemps désespéré, s'aggrava, et ses exécuteurs testamentaires, accourus en toute hâte à Avignon, s'étaient installés dans le grand palais comme dans une propriété personnelle, suivant la recommandation qui avait été faite à Louis XI, quelques mois auparavant, par le neveu du cardinal, Jean de Foix [1]. Évidemment, il est facile de reconnaître la main du roi dans les diverses intrigues qui précèdent la mort du cardinal légat à Avignon. Celui-ci avait fait, le 3 août précédent, son testament politique, dont nous avons une copie, conservée dans les manuscrits de Chambaud, d'après

---

ments conservés aux Archives des Basses-Pyrénées, notamment par un acte du 18 janvier 1454, dans lequel figurent les trois frères.

Jean de Lescun était protonotaire apostolique lorsqu'il fut élu archevêque d'Auch, en 1453, après la démission de Philippe de Lévis. Le comte d'Armagnac fit opposition à sa nomination et se prononça en faveur de Philippe II de Lévis, évêque de Mirepoix. Charles VII prit fait et cause pour ce dernier, et Jean de Lescun ne put jouir de sa dignité qu'après la mort du roi, en 1462. L'avènement de Louis XI à la couronne fut, pour l'archevêque d'Auch, le commencement de nouvelles faveurs. Son frère, le Bâtard d'Armagnac, venait d'être créé maréchal de France (3 août 1461) et richement doté de terres et de pensions. Il est donc assez naturel que la bienveillance du roi se reportât sur le frère de son favori. La vie de l'archevêque d'Auch n'offre rien de particulier à signaler, si ce n'est qu'il parvint à une extrême vieillesse, étant mort à l'âge de 112 ans, en 1483. Il fut enseveli dans l'abbaye de Gimont, au diocèse d'Auch, où il décéda. Il est indifféremment désigné sous les noms de *Lescun*, *Lescun-Armagnac*, *Armagnac* et *Bâtard d'Armagnac*. Voy. à son sujet *Gallia Christiana*, I, p. 1000; — Dom Vaissette, IX, p. 31; — Charavay et Vaesen, II, p. 280, III, pp. 58, 78; — Mathieu d'Escouchy, II, p. 275, not. 3; — Anselme, *Hist. généalogique*, VII, p. 95.

[1] Voy. chap. v, p. 128.

l'original[1]. Les trois exécuteurs testamentaires désignés par le cardinal étaient Pierre de Foix, son neveu, l'évêque de Rieux (*episcopus Rivensis*), Geoffroy de Bazilhac, et Jean, évêque de Dax ou Acqs (*episcopus Aquensis*)[2]. Les trois personnages avaient amené avec eux un train de maison considérable, et même un certain nombre d'hommes d'armes, leurs compatriotes, Gascons déterminés et résolus à qui avait été confiée la garde du grand palais, en vue d'une attaque possible. Cette attitude, que Louis XI encourageait, était pleine de menaces pour le Saint-Siège, et on pouvait craindre de voir se produire un conflit sérieux dès que le cardinal de Foix viendrait à décéder.

Le grand palais était donc occupé militairement et sans autorisation du Saint-Siège lorsque le cardinal mourut, le 17 décembre 1464[3]. Louis XI apprit le décès du cardinal de Foix, presque aussitôt, par l'avis qui lui en fut donné d'Avignon par courrier spécial. Il se trouvait alors à Tours[4], où il avait convoqué les États et les

---

[1] Voy. Chambaud, *Rec. des Chartes*, mss., I, fol. 49, et *Rec. d'Avignon*, I, p. 389, et Protocoles de Jacques Girard, notaire à Avignon, côté Q.Q., fol. 21 et 23.

[2] Il est constamment appelé Johannes Aquensis in Vasconià. Jean-Baptiste de Foix a été évêque de Dax de 1460 à 1471. A cette époque il fut transféré à l'évêché de Comminges où il mourut en 1481. *Gallia Christiana*, édit. de 1870, t. I, 1055, 1104, 1105. Il était parent du cardinal de Foix, et il est naturel qu'à ce titre il ait été désigné par ce dernier comme un de ses exécuteurs testamentaires. — Jean de Foix eut pour successeur à l'évêché de Dax Pierre de Foix, le jeune, cardinal diacre (1471-1481). C'est sous l'épiscopat de Jean de Foix que Louis XI fit son entrée à Dax dont il confirma les privilèges.

[3] Voy. *Biographie du cardinal de Foix*, ch. v, pp. 141, 142.

[4] Dareste, *Hist. de France*, III, p. 213.

princes pour les faire juges de ses griefs contre le duc de Bretagne et exposer les droits de la couronne sur cette province. Préoccupé par cette importante question, et ne voulant pas se mettre en avant directement après les échecs successifs qu'il avait déjà éprouvés à Rome, le roi fit écrire sur-le-champ aux Avignonnais par son conseiller et premier chambellan, Jean d'Armagnac, maréchal de Comminges, gouverneur du Dauphiné et de Guyenne[1]. Il envoyait en même temps vers eux, et porteur de ses instructions confidentielles, le bailli des montagnes du Dauphiné, son conseiller et serviteur[2]. Le maréchal leur annonçait en ces termes cette ambassade :
« Pour vous dire et remonstrer aucunes choses de par
« luy et si vous escript bien au long, en vous priant que
« vueilliez avoir mon frère l'arcevesque d'Auch pour
« recommandé au fait de la légation de la ville et cité
« d'Avignon et gouvernement de la conte de Venissy, en
« la forme et manière que mon dit seigneur le cardinal
« la tenoit. Et pour ce, très chiers et grans amys, je vous
« prie et requiert que, pour l'honneur du roy et amour
« de mon dict frère, vous y vueilliez aider et tenir la
« main en tout ce qu'il vous sera possible, tant envers
« nostre sainct père que autrepart, et, en temps et lieu,
« mon dit frère et moy le recognoistrons envers vous

---

[1] C'est à tort qu'Anselme (voy. VII, p. 94) prétend que Jean d'Armagnac ne porta ces titres qu'après 1464, puisque nous les voyons figurer au bas de sa lettre.

[2] Ce magistrat avait une juridiction assez étendue. Nous le voyons trancher un différend entre les habitants de Gap et les officiers de l'évêque de cette ville. *Arch. des Bouches-du-Rhône*, B 1215, série B. Voy. pour ce magistrat, Pilot, *Catalog.*, n° 944 e *passim*.

« tellement que par raison en devrez estre contens. Car
« je vous certifie que je le fais plus pour le bien du pays
« que pour le prouffit que j'en espère en avoyr[1]. » Le
maréchal insistait vivement, au nom du roi, en faisant le
plus grand éloge de son frère. « Et me semble que c'est
« l'homme au monde que vous devriez mieulx vouloyr,
« veu que vous cognoissez ses conditions et qu'il n'est
« pas homme malicieux pour pourchasser aucun dom-
« mage au pays, ainsi que plus après pourrez être infor-
« mez par le dit bailli des montaignes de l'entente du
« roy, ensemble de la mienne[2]. » Le messager était du
reste porteur d'une lettre autographe de LouisXI, dans
laquelle il faisait savoir aux Avignonnais que sa volonté
formelle était que la ville reçût comme légat l'archevêque
d'Auch[3].

Les intentions royales ainsi manifestées par dépêche
publique plongèrent le conseil de ville dans la plus
grande perplexité. L'assemblée ne voulant pas assumer
une pareille responsabilité, décida qu'un ambassadeur
serait envoyé à Rome, porteur des instructions de la
ville et de la copie des lettres du roi. Le temps pressait,
il fallait agir sans délai ; les décisions du conseil furent
rédigées dans un long mémoire qui devait être confié au
sieur d'Ortigues, avec ordre de se mettre en route dans
les premiers jours de janvier 1465[4]. L'orateur devait

---

[1] Lettre de Jean de Comminges aux consuls, 22 décembre 1464.
Voy. pièces justificat., n° XVII.

[2] Lettre de Jean de Comminges aux consuls, 22 décembre 1464.
Voy. pièces justificat., n° XVII.

[3] Lettres closes signées Louis et Delaloëre. Arch. municip., B. 4,
cott. P-15, sans date.

[4] Arch. municip., série A.A., *Dossier des Ambassades*.

exposer au pape Paul II que déjà du vivant du cardinal de Foix, Louis XI avait, par lettres patentes, prié la ville d'Avignon d'intercéder auprès de sa sainteté pour que la légation fût donnée à Pierre de Foix, fils du comte de Foix ; que depuis la mort du vénéré légat le roi avait de nouveau écrit ou fait écrire par ses officiers pour que ladite légation fût attribuée à l'archevêque d'Auch ; qu'en ce qui concernait Pierre de Foix, le roi avait fait valoir qu'étant apparenté à plusieurs familles régnantes, non seulement le comte de Foix, mais le roi d'Aragon, le roi de Navarre, le roi de Portugal, le roi de Castille, ses parents, ne manqueraient certainement pas d'intervenir auprès du Saint Père en sa faveur. Il y était dit qu' « après « avoir pris connaissance des lettres du roi, les consuls « les conseillers et les autres citoyens réunis, considéran « que la provision du vicariat ou de la légation appar- « tient à la libre volonté du souverain pontife, avaien « délibéré de ne pas intervenir et de n'adresser au sain « père aucune prière ou supplique pour quiconque dan « cette matière ». En conséquence, le sieur d'Ortigue avait pour instruction bien précise de faire savoir au pap que cette nomination lui appartenait uniquement et qu'i eût à y pourvoir à sa guise, comme dans toutes terre appartenant à l'Église. L'assemblée, réservant son indé pendance, s'en remet en toute confiance à la sagesse d pape, qui voudra bien nommer un légat favorable à ville, de façon que la cité d'Avignon et ses habitant soient heureux et satisfaits de ce choix [1].

De peur d'encourir auprès du Saint-Siège le moindr

---

[1] Instructions données à d'Ortigues, janvier 1465, série A.A *Dossier des Ambassades*.

soupçon d'avoir voulu favoriser les vues du roi de France, d'Ortigues devait exposer au pape que le conseil de ville avait répondu à ce dernier que le pape seul avait qualité pour désigner le titulaire de la légation et que le devoir de la ville et des habitants était d'obéir respectueusement au représentant qui serait choisi par Sa Sainteté. Il ajouterait que la lettre contenant cette réponse avait été portée à la Cour de France par un docteur de l'Université et un religieux de l'ordre des frères prêcheurs. La même réponse avait été envoyée au comte de Foix, et d'Ortigues devait, en outre, remettre une copie de ces lettres à sa sainteté [1]. Pendant que l'ambassadeur de la ville faisait ses préparatifs de départ arriva une nouvelle missive de Louis XI qui défendait à la ville d'accepter comme légat le cardinal d'Avignon, Alain de Coëtivy, pour plusieurs raisons, et engageait les habitants, s'il se présentait, à ne le point recevoir [2].

Quelles considérations dictaient la conduite de Louis XI dans cette occurrence? Était-ce seulement l'appréhension de voir écarter son protégé ? Cette raison ne nous paraît pas suffisante. Du reste, nous n'avons aucun motif de

---

[1] Instructions données à d'Ortigues, *Dossier des Ambassades*, série A.A.

[2] Original inédit du 26 janvier 1465. Arch. municip., B. 4, A.A., 25. — Délibérat. du 3 octobre 1464, *Regist. des Conseils*, III, fol. 132 ; — Délibérat. du 26 janvier 1465, *Regist. des Conseils*, III, fol. 137. La ville décidait d'envoyer au roi Antoine *Symonis*, docteur en théologie de l'ordre des frères prêcheurs, ou le procureur des Célestins d'Avignon, avec ordre de se rendre auprès de Sa Majesté, et, après l'audience, d'aller à Rome pour rapporter à Sa Sainteté tout ce que le roi aurait dit (III, fol. 138). Le même ambassadeur était porteur d'une réponse de la ville au comte de Comminges.

croire que Paul II ait songé à investir Alain de cette haute dignité, alors qu'il fallait surtout pour recueillir la succession difficile du cardinal de Foix un esprit pondéré, ferme et souple à la fois, qui sût sauvegarder les intérêts du Saint-Siège et tenir la balance égale entre la papauté et son remuant voisin le roi de France. Quoi qu'il en soit, Alain n'était point l'homme de la circonstance. D'un caractère fougueux, violent, ambitieux et intrigant, Alain occupait l'évêché d'Avignon où il avait été transféré de Quimper en 1440 ou 1438 [1]. C'était le frère de l'amiral de Charles VII et suspect, de ce chef, à Louis XI. Il s'était montré au concile de Bâle l'adversaire ardent d'un pape grec « qui n'avait pas encore rasé sa barbe [2] ». Créé cardinal du titre de Sainte-Praxède, par Nicolas V, le 20 décembre 1448, il avait été envoyé par Calixte III auprès de Charles VII en qualité de légat *a latere,* pour prêcher la croisade contre les Turcs (1456). Il parvint même à faire croiser un certain nombre de seigneurs, mais les démarches irrégulières et l'attitude hostile du dauphin firent échouer ses préparatifs de croisade. Louis XI devenu roi l'avait toujours tenu en suspicion [3], et avec de semblables dispositions, la nomination d'Alain de Coëtivy ou du « cardinal d'Avignon », comme on

---

[1] Mas Latrie, *Chronologie,* p. 1382. — Cf. Nouguier, *Hist. des Évêques d'Avignon,* pp. 178, 179, 180, donne la date 1438.

[2] Vast, *Le cardinal Bessarion,* p. 219.

[3] Voy. Charavay et Vaesen, *Lettres de Louis XI,* t. I, p. 114. Louis dit de lui : « le cardinal d'Avignon qui en toutes choses et « mesmement en ceste-cy se montre si fort nostre ennemy ». Il assiste en 1456 à l'entrevue qui eut lieu entre le roi et les envoyés du dauphin, Gabriel de Bernes et le prieur des Célestins venant justifier le dauphin. Alain de Coëtivy représentait Charles VII. De Beaucourt, VI, p. 86. — Il mourut à Rome le 22 juillet 1474.

l'appelait, aurait vraisemblablement provoqué entre le Saint-Siège et la Cour de France un conflit brutal, comme il advint quelques années après à la suite de la promotion à la légation de Jules de la Rovère.

Paul II comprit très certainement le danger d'un choix aussi hasardeux, et pour couper court à toute nouvelle sollicitation, il fit savoir le 14 janvier 1465[1] qu'il venait de déléguer, pour remplir l'intérim de la légation d'Avignon, Constantin de Hérulis, évêque de Narni, recteur du Comtat, prélat d'une grande science, doué de toutes les vertus chrétiennes et confident du pape. Le bref qui portait cette nomination à la connaissance des Avignonnais fut reçu avec la plus grande satisfaction, et on en comprend les motifs.

Sollicités d'un côté par le roi de France, craignant de l'autre de déplaire au pape, ils se trouvaient ainsi délivrés de la lourde responsabilité qui leur incombait en cette occasion. Le bref pontifical fait savoir aux Avignonnais que le Saint Père a été avisé de la présence au palais d'Avignon de Pierre de Foix et de Jean, évêque d'Acqs, et de la teneur des négociations engagées entre les citoyens et les héritiers du cardinal. Il loue l'activité, la prudence et le zèle des habitants et leur dévouement au Saint-Siège. Il les avise en même temps qu'il vient de nommer lieutenant et gouverneur de la ville et autres

---

[1] Le bref est du 14 janvier 1465 ; il fut donc écrit le jour avant la seconde lettre de Louis XI aux consuls, mais il ne leur parvint que postérieurement, alors que d'Ortigues n'avait pas encore quitté Avignon. Quant à Antoine Symonis, en arrivant à Lyon, au retour de son ambassade à la Cour, il reçut l'ordre de suspendre son voyage à Rome et de rentrer à Avignon. *Reg. des Conseils,* III, fol. 138.

lieux appartenant à la sainte Église l'évêque de *Narni*, jusqu'à l'arrivée du légat qu'il se proposait d'envoyer ultérieurement. Enfin, comme conclusion, Paul II engage les Avignonnais à prévenir Pierre de Foix et Jean, l'évêque d'Acqs, qu'ils aient à évacuer sans retard le grand palais et à le remettre aux mains de l'évêque de Narni : « Vobis præcipimus et mandamus ut episcopum et « Petrum prædictos omni studio inducatis ut palatium « nostrum quod ab eis teneri accepimus, dicto episcopo « Narniensi sine dilatione consignent[1]. »

La question de la possession du grand palais, ancienne résidence des papes, était grosse de difficultés. Pierre de Foix, l'évêque d'Acqs, et les Gascons armés faisaient bonne garde et refusaient de se retirer même devant la force. C'était malheureusement une tradition parmi les légats qu'à chaque décès du représentant du Saint-Siège à Avignon, ses héritiers et successeurs refusaient de rendre le palais aux ordres venus de Rome. Ému de cette situation et pour obvier à un nouveau scandale, le conseil de ville avait donné pour mission complémentaire à d'Ortigues (1464), de demander à Sa Sainteté qu'elle fît défense formelle, à l'avenir, à ses légats, d'habiter le grand palais, mais qu'elle voulût bien désigner un capitaine noble et un citoyen de la ville qui seraient chargés de la garde du palais, avec les émoluments que Sa Sainteté fixerait elle-même, à percevoir sur les revenus de la chambre apostolique d'Avignon[2].

---

[1] Bref du 14 janvier 1465. — Arch. départ., B. 4.
[2] Instructions de la ville à d'Ortigues envoyé à Rome (1464), *Dossier des Ambassades*, série A.A. Délibérat. du Conseil du 26 janvier 1465; *Reg. des délibérat.*, III, fol. 138.

C'était de la politique habile de ne désigner qu'un légat d'un caractère temporaire comme l'évêque de Narni [1]. Paul II laissait ainsi à Louis XI l'espoir de lui donner bientôt satisfaction et lui écrivait en même temps une lettre d'un caractère tout pacifique, exposant les raisons qui l'avaient amené à déléguer à titre provisoire l'évêque de Narni. Le souverain pontife, par un nouveau bref du 17 février 1465, tout en remerciant les Avignonnais de leur dévouement et de leur fidélité, leur faisait savoir qu'il avait confiance dans l'esprit religieux et catholique du roi de France, pour être certain que la tranquillité de ses États ne serait point troublée. Il ajoutait qu'en agissant comme il l'avait fait, il n'avait eu d'autre pensée que de sauvegarder l'honneur du Saint-Siège, le gouvernement des États de l'Église et le repos de la papauté [2]. Il recommandait à nouveau à la ville de livrer immédiatement le palais à son représentant. Les négociations entamées avec les héritiers du feu cardinal de Foix furent laborieuses et difficiles. Enfin, après de nouveaux pourparlers, les prélats installés dans le palais s'engagèrent par devant notaire [3], le 2 mars 1465, à remettre purement et simplement le palais apostolique au pape Paul II ou à son délégué. Ils quittèrent Avignon dans les premiers jours de mars et le conseil délibéra le 4 dudit mois, d'accom-

---

[1] Dans un acte du 16 décembre 1465, l'évêque de Narni s'intitule : « *Rector Comitatus Venayssini et in Civitate Avenionensi pro « eodem domino nostro Papa gubernator ac generalis locum « tenens* ». — Cf. Chambaud, *Recueil mss. sur Avignon*, fol. 52; — Protocole de Girard, notaire d'Avignon, fol. 214.

[2] Bref du 17 février 1465. — Arch. départ., B. 4.

[3] Protocole de Jacques Girard, notaire à Avignon, côté Q.Q., fol. 22, 23.

pagner Pierre de Foix jusqu'en dehors des murailles et de lui présenter au nom de la ville une boîte d'or à dragées du poids de 15 marcs d'argent, laquelle coûta 112 écus, en le priant de protéger la ville tant auprès de son père que des princes dont il se trouvait l'allié [1]. Le 9 février 1465, le cardinal Alain de Coëtivy [2], évêque d'Avignon, répondant à une lettre que les consuls de cette ville lui avaient adressée à Rome, le 13 janvier précédent, les félicite de ce que le palais apostolique est revenu au pouvoir du souverain pontife, chose qui lui a été très agréable « car cela « a fait qu'il n'y a plus eu qu'un seul troupeau et un seul « pasteur ».

Les visées de Louis XI, sur l'administration intérieure des domaines du Saint-Siège, se trouvaient cette fois encore déjouées ; mais avec cette ténacité et cette persévérance qui caractérisent sa politique, l'habile monarque ne considérait pas la partie comme perdue et il allait prendre sa revanche en mettant en avant pour la légation vacante la candidature de son parent, Charles de Bourbon, archevêque de Lyon [3].

---

[1] Arch. municip., Délibérat. du Conseil du 4 mars 1465, fol. 141.
[2] Lettre origin. aux consuls, Arch. municip., série A.A.
[3] Constantin de Hérulis avait été nommé recteur du Comtat en 1460 (Cottier, *Hist. des Recteurs*, p. 133). Quelques historiens, notamment Nouguier (*Hist. des Évêques d'Avignon*), font succéder directement le cardinal de Bourbon à Pierre de Foix. Il y a là une erreur grossière, démentie par les documents. On trouve, en effet, aux comptes de la ville, année 1466-1467 (Comptes de la ville, C.C.) un mandat de 500 florins à Constantin de Hérulis, vice-légat, pour ses étrennes de la Noël. Enfin, c'est le même personnage qui, de 1464 à 1470, est chargé de régler les différends qui s'étaient produits entre les officiers du roi et les habitants d'Avignon à propos de la fraude du sel. — Voy. Arch. des Bouches-du Rhône, *Reg. de la Cour des Comptes*, B. 1200.

CHAPITRE VI

Louis XI et le conflit avec Jules de la Rovere. L'entrevue de Lyon (juin 1476) et ses conséquences.

Vacance de la légation (1464-1470). — Agissements de Louis XI pour faire nommer à la légation d'Avignon l'archevêque de Lyon, Charles de Bourbon. — Satisfaction accordée au roi de France. — Conditions dans lesquelles Charles de Bourbon est pourvu de la légation (1470). — Engagements du roi et du légat vis-à-vis du Saint-Siège. — Révocation des pouvoirs du cardinal de Bourbon (13 mars 1476). — La légation est donnée à Jules de la Rovère, neveu de Sixte IV. — Mécontentement de Louis XI. — Origines du conflit. — Occupation du palais apostolique. — Les représentants du légat assiégés. — Intervention militaire de Louis XI (avril-mai 1476). — Entrevue de Lyon (juin 1476). — Les Avignonnais prêtent serment de fidélité au roi de France (26 juin 1476). — Succès de la politique royale. — Conséquences de l'entrevue de Lyon pour les sujets du Saint-Siège et pour le cardinal de Saint Pierre ad Vincula. — Son retour à Rome (octobre 1476).

La vacance de la légation, après la mort du cardinal de Foix, était pour Louis XI un encouragement à renouveler ses instances auprès du pape Paul II, en vue de le faire revenir sur son refus de pourvoir de cette charge le frère du maréchal d'Armagnac. Le roi n'y manqua pas. En effet, fort de la promesse de Pie II [1], Louis XI fit partir

---

[1] Paul II avait succédé à Pie II le 31 août 1464.

pour Rome une ambassade extraordinaire vers la fin de
1465 ou au commencement de 1466[1]. Les envoyés du roi
avaient pour mission de rappeler à Paul II toutes les démarches et sollicitations dont son prédécesseur avait été
l'objet en faveur de l'archevêque d'Auch : « Erit ipsis
« oratoribus cura præcipua ne tot preces ac totiens pro
« archiepiscopo auxitano ad legationem avinionensem
« profusæ cadant incassùm, dicentque pontifici quid
« tranquillitas illius provinciæ, quid altitudo regis, quid
« conditio temporum, quid pollicitatio Pii (Pie II) ponti-
« ficis flagitant[2]. » Infructueuses restèrent les démarches
de Louis XI, qui, dès lors, paraît avoir abandonné à son
mauvais sort la candidature du frère de son ami le
maréchal. Mais il ne renonçait pas pour cela à l'idée de
faire prévaloir sa volonté à Rome. La même année, en
effet, il adressait aux États du Venaissin une longue missive pour leur recommander, comme personnage très
apte à la légation, un prélat de sang royal, Charles de
Bourbon, archevêque de Lyon, frère du duc de Bourbon
et d'Auvergne, à qui Louis donna le gouvernement du
Languedoc : « Nous avons jà par trois fois escript à
« nostre saint père le pape, affin quil vueille pourveoir à
« la dicte legacion et administracion de Avignon et conte
« de Venysse, de la personne de nostre dit cousin
« comme de la personne que nous povons cognoistre ad

---

[1] *Documents inédits de l'Histoire de France,* publiés par Champollion-Figeac, II, p. 408. — L'auteur assigne cette date parce qu'il
est dit dans l'art. 3 que le royaume de France fut en conflagration
cette année-là (Ligue du bien public). — *Id.,* p. 406, not. 1.

[2] *Documents inédits de l'Hist. de France,* Champollion-Figeac,
II, p. 408.

[3] Lettre de Louis XI aux consuls, V. *Lettres de Louis XI,* III, 98,
100.

« ce plus utile et proffitable, et pour conserver et tenir
« en bon estat le fait et les droiz du Saint-Siège apposto-
« lique par deca et les subgectz estans soubz le patri-
« moine des diz ville et conté plus requise et néces-
« saire[1]. » Après avoir fait de son cher et bien aimé
cousin un éloge auquel contredisent plusieurs contemporains[2], le roi les avisait que cette candidature était désormais la sienne, à l'exclusion de toute autre et « pour
« ce quelque chose que nous pourrions avoir escript pour
« et en faveur d'aultruy ». C'était, on le voit, une renonciation absolue à son ancien protégé l'archevêque d'Auch.
Dans cette lettre, comme dans celles qu'il avait adressées
aux Avignonnais en pareille occurrence, Louis XI cherchait à mettre dans son jeu le crédit dont les Avignonnais et les Comtadins disposaient à Rome pous assurer
le succès de ses vues politiques : « Vous priant que y

---

[1] Cette lettre, tirée des Archives de Vaucluse, série A.A. commun, n° 130, a été donnée par Charavay et Vaesen, III, pp. 98, 100. Elle est datée de Mehun sur Loyre, le 10 octobre (1466 ?)

[2] Charles de Bourbon était né en 1435. — A peine âgé de 11 ans. il fut promu à l'archevêché de Lyon par le pape Eugène IV, et, en attendant l'âge canonique, il se contenta du titre de protonotaire apostolique (Fisquet, *La France pontificale, Métropole de Lyon*, p 366). Confirmé dans cette haute dignité ecclésiastique par Eugène IV, le 14 novembre 1446 il prit possession de son siège le 26 mars 1447, par son vicaire Jean d'Amanzé, mais il ne commença à exercer son ministère qu'en 1466. (*Gallia Christiana*, IV, 177, 179 ; — *Lettres de Louis XI*, III, p. 75). Il prit d'abord parti contre Louis XI dans la guerre de la ligue du *Bien public*, puis se réconcilia avec le roi. Sacré archevêque de Lyon en 1470 par l'archevêque de Bourges. Jean Cuer, fils de Jacques Cuer, il fut parrain du dauphin (le futur Charles VIII) et assista à l'entrevue de Pecquigny (Aubéry, *Vie des Cardinaux*, p. 468), (*Chronique scandaleuse de Jean de Troyes à l'an 1476*, p. 254).

Charles de Bourbon fut nommé légat d'Avignon en septembre

« vueillez tenir la main de vostre part et, par votre am-
« bassade, en escrire à nostre dit saint père, en la faveur
« de nostre dit cousin, et tellement que doresnavant
« vous en doyons avoir en plus grant amour et benivo-
« lence, laquelle vous pourrez avoir et entretenir de bien
« en mieulx¹. » En même temps qu'il sollicitait la recommandation des Avignonnais, en faveur de son parent,
Louis XI envoyait comme ambassadeur à Rome Charles
de Bourbon, avec mission de se présenter au pape,
qui l' « aura pour recommandé et le préférera comme
« personnage qui est bien en tel cas à préférer à touz
« autres prélatz qui en pourroient faire poursuite ² ». Le
roi avait adjoint à l'archevêque de Lyon, comme compagnon de route, Thibaud de Luxembourg, évêque du

---

1470 (*Le Musée des arch. nation.*, p. 290, n° 508, donne par erreur 1465). Promu évêque de Clermont, il prend possession de ce siège par procureur le 10 mars 1476, et est créé cardinal du titre de Saint-Martin des Montagnes, le 18 décembre 1476 (Aubéry, *id.*, p. 569 ; — Mas Latries, p. 1208), dans la même promotion que Pierre de Foix le jeune. Il mourut à Lyon le 17 décembre 1488 (*Gallia Christ.*, IV, p. 179, Fisquet, *id.*, *Métropole de Lyon*, p. 371) Quoi qu'en dise Louis XI, qui l'appelle dans sa lettre « carissimo et amatissimo cosino » (*Lettres de Louis XI*, III, p. 112), Charles de Bourbon avait des mœurs peu édifiantes. Il laissa une fille naturelle. Louis XI l'avait donné à Édouard IV comme confesseur, après la paix de Pecquigny (1474) « comme celui qui l'absoudrait volontiers, sachant bien que le cardinal était bon compagnon » (Commynes, IV, chap. x). — Voy. pour Charles de Bourbon, Péricaud aîné, *Rev. du Lyonnais*, IX-X, 1855, p. 37. — Cf. *Hist. de la Maison de Bourbon*, par de La Mure, édit. Chantelauze, II, pp. 395 et suiv. — Il est bon d'ajouter que ni de La Mure, ni Péricaud, ni Chantelauze n'ont connu le rôle du cardinal de Bourbon comme légat à Avignon.

¹ *Lettres de Louis XI*, III, pp. 98, 100.
² *Id.*

Mans, avec pouvoirs donnés par lettres datées d'Orléans, du 19 octobre 1466[1]. On voit, par le rapprochement des dates, que l'habile monarque comptait sur l'effet produit par les lettres des Avignonnais sur l'esprit de Paul II, pour assurer le succès de sa mission. L'ambassade devait : 1º rappeler au nom du roi, à Paul II, son respect pour la papauté depuis sa jeunesse, en lui faisant savoir qu'il regrettait que son père ne se fût pas mieux comporté à l'égard du Saint-Siège ; 2º montrer comment, pour être agréable au souverain pontife, Louis XI avait, contre l'opinion de tout son royaume, aboli la pragmatique sanction ; 3º témoigner de sa pleine et entière obéissance au Saint-Siège et donner comme preuve la révocation des édits et prohibitions rendus à Poitiers ; 4º le roi demande qu'en considération de ses services Sa Sainteté veuille pourvoir à certaines églises du royaume de France, jusqu'à vingt-cinq à son gré[2] ; 5º enfin, Louis XI terminait par un exposé sommaire des obligations que l'Église et le Saint-Siège avaient à la royauté. Cette ambassade marquait d'une façon très apparente les dispositions bienveillantes de la Cour de France et son désir de voir appeler à l'administration d'Avignon et du comté l'archevêque de Lyon. Mais les envoyés du roi quittèrent Rome sans emporter autre chose que des promesses vagues et dilatoires.

Les Avignonnais essayèrent-ils quelque démarche en vue de complaire aux désirs exprimés dans la lettre royale ? Les registres du conseil n'en portent aucune

---

[1] Biblioth. nat., mss. lat., 9071, fol. 35.
[2] Raynaldi, *Annales*, vol, XIX — ann. 1466, 19 octobre, et Bibl. nat. mss. lat., 9071, fol. 35.

trace. Mais nous constatons que le retard apporté par la curie romaine à la nomination de Charles de Bourbon, n'altère en rien les bons rapports existants. Le 17 juin 1468, la ville d'Avignon envoya, avec un grand concours de citoyens, les consuls saluer au débarcadère du Rhône, Blanche-Marie Visconti, épouse de François Sforza, duc de Milan et de Gênes, que Louis XI « ne réputait pas seulement sœur, mais fille [1] ». « Nous savons que tout ce
« que vous avez fait, leur écrivait-elle de Beaucaire,
« l'avez fait pour l'onneur du Roy.... nous luy en escrip-
« vons en l'en remerciant et scavons qu'il en scaura à
« tous ceulx de la ville tres grand gré et nous vous
« offrons que s'il est chose en quoy nous puissions pour
« le temps à venir faire plaisir à toutz de la dite ville, soit
« en général et en particulier, que nous le ferons de tres
« bon cuer [2] ».

Vers la même époque, Louis XI ayant recommandé deux personnages, Monténart (?) et Bazille, s'en allant à Avignon, les consuls répondent qu'ils n'ont aucune nouvelle de Bazille ; quant à Monténart, il avait quitté la ville après une maladie très grave et depuis on était sans nouvelles de lui. En faisant réponse au roi ils ajoutaient :
« Pourtant sur ce autre chose est en quoy tant en com-
« mun que en particulier puissions vostre dicte Magesté

---

[1] *Lettres de Louis XI au duc de Milan,* Charavay et Vaesen, III, p. 243.

[2] Arch. municip., *Reg. des Conseils,* du 17 juin 1468, t. III, fol. 200. Bonne de Savoie était sœur de Charlotte, reine de France. Elle épousa, le 9 mai 1468, Galéas-Marie Sforza, fils de François Sforza. Le mariage fut béni par le cardinal La Balue et en présence de Charles de Bourbon. Voy. Duclos, *Hist. de Louis XI,* V ; — Péricaud, *Rev. du Lyonnais,* IX, X, p. 369 ; — *Lettres de Louis XI,* II, p. 222, not

« servir et complaire, en le nous notiffiant, le ferons de
« tout nostre petit pouvoir et de tres bon cueur a l'ayde
« de nostre seigneur le quel tres haut et très chrétien
« prince et tres redoubté seigneur vous doint bonne et
« longue vie et le accomplissement de voz tres haultz et
« tres nobles désirs[1]. »

Divers actes de Louis XI montrent néanmoins que la candidature de l'archevêque de Lyon était toujours l'objet de ses préoccupations. Dans une lettre du 24 août 1469, à Falco de Sinnibaldi, envoyé du Saint-Siège, s'en retournant à Rome, Louis XI recommande, pour le chapeau de cardinal, l'ancien compagnon de voyage de Charles de Bourbon, Thibaud de Luxembourg, évêque du Mans, et on trouve cette phrase caractéristique : « Je le vous
« obliay à dire, quant je vous recommande le fait de la
« légation d'Avignon[2]. » « Et pour tant que j'ay singu-
« lière confiance en vous et que vous emploiez voulen-
« tiers à conduire les matières pour les quelles nos diz
« ambassadeurs s'en vont par dela, mesmement en
« celles que cognoistrez que jay au cueur, je vous prie
« tant acertez et affectueusement comme je puis et sur-
« tout le service que faire me desirez que vous vueillez
« tellement employer à tenir la main de vostre part

---

[1] Escript en Avignon le pénultième jour de mars 1468. — Orig., Biblioth. nat., ancien fonds franç., mss. n° 2896.

[2] Charavay et Vaesen, *Lettres de Louis XI*, IV, p. 25. Falco de Sinnibaldi avait été envoyé comme légat en France, par une bulle du pape Paul II, datée des kalendes de juin 1470. — Arch. vatic., *Reg. Cur.* 540 (Paul II). Au moment de l'arrivée du légat, Louis XI, gravement malade, faisait cadeau à Paul II d'un calice en or du poids de 24 livres, qui devait être placé à Saint-Jean-de-Latran et ne pouvait être aliéné (août 1470). *Reg. vatic. Cur.*, n° 540.

« envers Nostre dit Saint-Père que la chose sortisse à
« ceste fois son effet. »

L'influence de Sinnibaldi fut probablement de quelque poids sur la décision de Paul II, qui donna enfin la légation d'Avignon à Charles de Bourbon (septembre 1470), mais à titre absolument provisoire et avec les réserves dont Louis XI donne acte au Saint-Siège dans une lettre en latin, donnée à Amboise, le 26 septembre 1470, la seule de ce monarque que renferment les archives du Vatican [1]. Mais déjà temporaire et révocable, la provision de l'archevêque de Lyon se trouvait singulièrement menacée par la mort de Paul II et l'exaltation de Sixte IV.

En 1471, Louis XI et Sixte IV qui, sans être en rapports tendus jusqu'alors, se tenaient sur une réserve prudente, se rapprochent parce qu'ils ont besoin l'un de l'autre. Le pape voulait l'appui du roi pour une croisade ; Louis XI comptait sur le Saint-Siège pour régler l'affaire de la Balue et faire refuser à son frère, Charles de Berry, la dispense nécessaire en vue d'épouser Marie de Bourgogne. Ce rapprochement amena Sixte IV à se montrer plus traitable sur la question de la légation d'Avignon

---

[1] Charavay, *Arch. des Miss. scientif. et littér.*, pp. 445 et suiv., série III, vol. VII, année 1881. — « Ludovici Francorum regis juramen-
« tum quod Carolus ejus consanguineus et a Pontifice avinionensis
« legatus designatus justitiam administrabit et ad' S. S. bene placi-
« tum in ea legatione manebit. » — Arch. vatic., *26 septembre 1470*, et *Arm*. 35, 20, 4, p. 208, et 12 juin 1472, *Arm*. 35, 20, 8, pp. 416, 417.
— « Litteræ Ludovici Francorum Regis cum ejus Sigillo cereo in
« quibus jurat se facturum quod Carolus Archiepiscopus Lugdu-
« nensis Civitatis Avinionensis et Comitatus Legatus a Paulo II
« constitutus fideliter legationem administraret illamque ad Pon-
« tificis requisitionem dimittat. » *Arm.*, II. Cap. III. — Arch. du Château-Saint-Ange, *Indice chronologice* (394, 1539).

qui n'avait été, comme nous l'avons vu, confiée qu'à titre provisoire par Paul II à l'archevêque de Lyon. Louis XI envoie, le 4 novembre 1471, à Sixte IV messire Guillaume Compaing, archidiacre d'Orléans, et maître Antoine Raquier, notaire, afin de conclure avec le pape un traité contre tous leurs ennemis communs. Dans cette ambassade il est encore question d'accorder à l'archevêque de Lyon, de la maison de Bourbon, la légation d'Avignon, avec le chapeau de cardinal [1].

Sixte IV ratifia le choix de son prédécesseur avec les mêmes réserves, auxquelles durent souscrire par acte signé le roi de France et son protégé, Charles de Bourbon. La lettre royale, qui reproduit les mêmes termes que celle du 26 novembre 1470, fut donnée pour Sixte IV à Saint-Florentin, le 15 juin 1472 [2]. On voit, d'après ce document, que l'archevêque de Bourbon exerçait la légation d'Avignon et du Venaissin avec le titre de légat *a latere* pour une durée qui était laissée à la convenance du pape et du Saint-Siège. Il promettait au pape que ledit légat s'acquitterait avec intégrité de sa charge et rendrait bonne et prompte justice à tous les vassaux du Saint-Siège. Il est à remarquer que pour la première fois, sans doute à la suite des grosses difficultés qu'avait soulevées l'occupation du palais apostolique à la mort du cardinal de Foix, l'obligation était faite au légat de rendre le palais avec tous les droits et prérogatives attachés à sa charge, soit au pape vivant, soit à ses successeurs, à première réquisition et sans différer, avec toute la déférence due à

---

[1] *Collection Legrand*, XIV, fol 228 et suiv. — Mss. Bibl. nat. — Cf. Vast, *Le cardinal Bessarion*, p. 408. — Vaesen, *Lettres de Louis XI*, V, p. 2, not. 1.

[2] Copie d'après Fornéry, *Hist. ecclés.*, mss., *Preuves*, fol. 438.

la personne du souverain pontife. Nous possédons également, grâce à la copie donnée par Fornéry[1], le texte de l'engagement juré par Charles de Bourbon, le 4 juillet 1472. Les conditions énumérées ne font que reproduire celles déjà relatées dans la lettre royale. Il s'engageait à remettre entre les mains de Sa Sainteté ou de ses successeurs « le palais », avec tous droits, sous peine d'excommunication et de parjure, sans contestation et sans attermoiement[2].

Bien que pourvu officiellement de la légation, Charles de Bourbon ne se pressa pas de prendre possession de son siège, qu'il n'occupa du reste que d'une façon très irrégulière. Annoncé dès le mois d'octobre 1470[3], aux consuls d'Avignon par une lettre de Guillaume de Châlons, prince d'Orange, le légat ne se présenta pour occuper sa charge en personne qu'au mois de novembre 1473. La ville, pour fêter son arrivée, envoya au devant de sa grandeur un brigantin manœuvré par douze hommes, qui devait remonter le Rhône jusqu'au Pont-Saint-Esprit, en même temps qu'une ambassade, composée des consuls et notables de la ville, allait à cheval à la rencontre du légat jusqu'au même point. Le 11 novembre 1473 l'archevêque de Lyon, descendant le Rhône sur le brigantin envoyé

---

[1] Fornéry, B. d'Avignon, mss. I, fol. 439 et v°, et Mss. de Carpentras, fol. 830.

[2] « Cum pallatio omnibusque juribus et pertinentiis suis assi-
« gnabo omnique tempore sub excommunicationis latæ senten-
« tiæ atque parjurii pœnis si contra fecero. » Datum Lugduni die
4 Mensis julii, Anni Domini 1472. — Cf. *Réponse aux Recherches historiques concernant les droits des Papes*, par Agricol Moreau, p. 129, n° x.

[3] Arch. municip., série A.A. — Lettre de Guillaume de Châlons ux consuls, 7 octobre 1470.

par la ville, prit terre à quelque distance de la ville et s'installa au château du Pont de Sorgues avant d'occuper le grand palais[1].

Dans la pensée du pape, le caractère révocable de la provision donnée à Charles de Bourbon laissait-il entrevoir un remplacement à brève échéance, ou mieux encore Sixte IV fut-il, dans cette circonstance, l'instrument docile de son neveu, le célèbre Jules de la Rovère, que Jean de Serres appelle « instrument fatal des maux de l'Italie » et ailleurs « puissant d'amis, de réputation, de richesses, « naturel farouche et terrible, inquiet, turbulent, mais ma- « gnifique et grand défenseur de liberté ecclésiastique »[2] ? Il est difficile de se prononcer. Jules de la Rovère avait été appelé à l'évêché de Carpentras lorsque, à la mort d'Alain de Coëtivy, en 1474[3], il fut transféré au siège d'Avignon que Sixte IV, par affection pour son neveu, érigea en archevêché par bulle du 22 novembre 1474[4], avec les évêchés de Carpentras, de Cavaillon et de Vaison comme suffragants, alors qu'ils ressortissaient précédemment de l'archevêché d'Arles. Cette extension de l'autorité spirituelle de l'archevêque d'Avignon, sa parenté avec le souverain pontife, en faisaient un adversaire redoutable pour le légat, dont il contrebalançait l'influence : un conflit ne pouvait manquer de se produire lorsque, sollicité sans doute par son neveu, Sixte IV, sans penser aux conséquences d'une pareille mesure, révoqua la

---

[1] Comptes de la Ville, 1473. 1474, Mandats n° 88 et n° 96, série C.C.

[2] Jean de Serres, *Liv. cit., passim*.

[3] Nouguier, *Hist. chronolog. des évêques d'Avignon*, pp. 180, 181.

[4] Origin., Arch. municip., B. 36, n° 20. — Nouguier, *Liv. cit.*, pp. 180 et suiv.

faculté accordée à Charles de Bourbon [1] et lui substitua son neveu Jules de la Rovère, par bulle du 13 mars 1475. Quelques auteurs ont prétendu que les pouvoirs conférés au nouveau légat étaient plus étendus que ceux de son prédécesseur ; que son autorité devait se faire sentir jusqu'à Lyon ; qu'il voulait rétablir la suzeraineté temporelle du Saint-Siège sur la rive droite du Rhône [2]. Rien dans la bulle pontificale n'autorise ces affirmations, et le texte même du document est conforme aux formules adoptées en pareil cas par la chancellerie pontificale [3]. Depuis le XIIIe siècle les légats représentant à Avignon le Saint-Siège avaient toujours porté les mêmes titres, qui n'étaient qu'une formule consacrée de diplomatique sans effet dans l'exercice de leurs fonctions. Du reste, les parlements se montraient d'une rigueur impitoyable quand il s'agissait de l'enregistrement de la bulle, et ils n'auraient pas toléré un empiètement sur les droits du pouvoir laïque.

---

[1] « Venerabilem fratrem nostrum Carolum archiepiscopum Lugdunensem in nostris civitate Avenionensi et Comitatu Venayssino ac in illis adjacentibus provinciis civitatibus et locis pro Romanâ Ecclesiâ gubernatorem et vicarium dudum appellatum ab ejusdem sibi commisso gubernationis et vicariatûs officio commissam facultatem revocamus. » Massillian, *Rec. des Chartes,* vol. XXXI, fol. 393 et seq., mss. Biblioth. Avignon.

[2] Legeay, *Hist. de Louis XI,* II, pp. 200, 181. — Cf. Cottier, *Hist. des Recteurs,* 142, 143. — *Recueil des Ordonnances,* XVIII, p. 196, not. C. — Duclos, *Hist. de Louis XI,* II, p. 227.

[3] Jules de la Rovère s'intitule dans un acte de 1476 « *Julianus Sancti Petri ad Vincula Sacrosanctæ Ecclesiæ Romanæ presbyter Cardinalis in Civitate Avenionensi et Comitatu Venayssino nonnullisque aliis provinciis Civitatibus et locis ac terris illis adjacentibus apostolicæ sedis legatus de latere* ». Arch. municip,. B. 65, n° 73, Cott. A.A.A.A.

Il y a là, selon nous, une confusion de la part des historiens, qui ont traité la question sans la bien connaître, et dont nous allons donner l'explication. L'archevêque d'Avignon avait juridiction sur tous les sujets royaux fixés dans les limites de son diocèse[1]; or, en ajoutant au diocèse du nouvel archevêque les évêchés de Cavaillon, de Valréas et de Vaison, Sixte IV donnait par le fait, au sens propre du mot, à son neveu « des pouvoirs plus étendus ». Voilà ce qu'il faut entendre par cette phrase qui se retrouve dans Duclos, dans Legeay et les autres. C'est sans doute cette extension d'attribution qui motiva les plaintes de Charles de Bourbon au roi, car on ne comprendrait pas qu'il s'agît des attributions de Jules de la Rovère, légat, alors que la provision de ce dernier ne fut délivrée qu'en mars 1475[2]. Or, dès le mois de janvier 1475, Louis XI, mécontent des agissements du pape, avait pris plusieurs ordonnances rigoureuses à l'adresse du Saint-Siège. Une première ordonnance du 8 janvier 1475[3] instituait une commission pour examiner les bulles, brefs et rescrits pontificaux qui seraient contraires aux immunités et privilèges du royaume de France et en défendait l'enregistrement. En vue de la défense des libertés de l'église gallicane le roi soumettait au « *placet* » tous les actes pontificaux. En outre, sans doute pour effrayer Sixte IV, Louis XI fit écrire à tous les évêques de France pour leur dire qu'ils ne devaient pas quitter

---

[1] Voy. notamment p. 359. *Cart. de l'Archevêché*, t, III, fol. 108. — *Rec. mss.*, Massilian, fol. 66, v°.

[2] Pastor, *Hist. de la Papauté*, IV, pp. 296, 297.

[3] *Rec. des Ordonnances*, XVIII, p. 169. — Cf. Pastor, *Hist. de la Papauté*, IV, pp. 290, 297.

leur résidence, et ce, sous peine de confiscation et de privation du temporel[1].

En même temps, Louis XI, poussé secrètement par son allié, Laurent de Médicis, provoque une agitation antiromaine et parle de la prochaine tenue d'un concile général pour la réforme de l'Église et l'élection régulière d'un pape à la place du pontife, dont la nomination était entachée de simonie. Il cherche à gagner à sa cause l'empereur Frédéric[2].

La bulle pontificale du 21 novembre 1474 était sans contredit un acte d'indépendance de la curie romaine et attentatoire aux libertés de l'Église gallicane, en ce sens qu'elle portait modification des circonscriptions ecclésiastiques du royaume de France, sans l'avis préalable du roi. En effet, de ce chef, la province ecclésiastique d'Avignon devenait indépendante de Vienne et d'Arles[3], et le rattachement de l'évêché de Vaison au diocèse de l'archevêché d'Avignon était une diminution de l'autorité de l'archevêque de Vienne et de Lyon « primat de France ». Bien que plus incliné aux idées romaines que son père Charles VII, qui professait plutôt les idées gallicanes, Louis XI ne pouvait décemment rester indifférent en présence des prétentions de Sixte IV dont la faiblesse expliquait cet acte de népotisme. Si on ajoute à cette extension d'attributions l'autorité que le nouvel archevêque tenait de ses prédécesseurs, on conviendra que l'archevêque d'Avignon était, sinon le supérieur, du moins

---

[1] *Rec. des Ordonnances*, XVIII, p. 168.

[2] Pastor, *Liv. cit.*, IV, p. 296.

[3] Le P. Armand Jean, *Les Évêques et Archevêques de France*, 1682-1801; Paris, Picard, 1891, t. I, p. 49.

l'égal du légat, qui devait désormais compter avec lui. En effet, depuis 1178, par privilège de Frédéric II, empereur d'Allemagne, l'évêque d'Avignon était coseigneur de Barbentane, et avait juridiction temporelle sur ce port, une des principales escales de la navigation du Rhône[1]. En outre, depuis le xe siècle, ledit évêque possédait, comme fiefs temporels sur la rive droite du Rhône, les localités ci-après avec leurs annexes : *Roquemaure, Trueil* (de Torcularibus), *Montfaucon, Saint-Giniès de Comolas, Saint-Laurent-des-Arbres, Lirac, Tavel, Rochefort, Sazes, Pujaut* (Podium altum), *Sauveterre, Villeneuve, Les Angles* et *Saint-Étienne-de-Candals*[2]. « De tout temps
« et d'ancienneté les predecesseurs arcevesques du dit
« lieu ont tout droit de justice et juridiction ecclésiastique
« sur plusieurs nos subgectz, mananz et habitanz de plu-
« sieurs villes, villaiges et places nous appartenanz dedans
« nostre royaume estans du dit diocèse et arceveschée, et
« ont accoustumé selon droit commun les dits arceves-
« ques du dit lieu d'Avignon, davoir toute juridiction
« cohercion et contrainte non seulement sur iceulx habi-
« tanz des villes de nostre royaume mais aussi de Pro-
« vence, du conte de Venisse et dailleurs ou le dit droict

---

[1] Arch. municip., Rhône et Durance, A, Invent.

[2] *Notes chronolog. sur les villes, villages, paroisses, églises et autres lieux du diocèse d'Avignon*, mss. de Massillian, t. I, Dom Vaissette, XII[2], p. 154. — Les évêques d'Avignon déléguaient généralement un official forain chargé de régler les affaires ecclésiastiques dans la partie de la province du Languedoc qui ressortissait de l'archevêché d'Avignon. On trouve, en *1614*, un arrêt du Parlement de Toulouse maintenant dans ses fonctions *Thomas Duret*, qui en avait été chargé par l'archevêque d'Avignon, Etienne Dulcis. Arch. de la Haute-Garonne, *Invent. Parlement,* série B, 329.

« se estant[1]. » Ces lettres patentes de Louis XI ne peuvent laisser aucun doute sur la légitimité des pouvoirs de l'archevêque d'Avignon, en tant que juge temporel desdits fiefs enclavés dans le royaume de France. Or, dans de pareilles conditions, ou l'évêque devait se contenter d'une juridiction temporelle nominale, comme l'avaient fait la plupart des prédécesseurs de Jules de la Rovère, ou, s'il voulait prendre au pied de la lettre les droits qu'il tenait de ses fonctions, il devait se préparer à vivre en état de guerre avec les officiers royaux, sénéchaux de Beaucaire, maîtres des ports de Villeneuve ou leurs lieutenants, et le Parlement de Toulouse dont la rigueur était proverbiale. On comprend, en effet, que les sujets du roi, placés sous la juridiction temporelle des évêques d'Avignon et poursuivis pour crimes ou délits de droit commun, récusassent la juridiction temporelle de leur suzerain spirituel, pour chercher aide et protection auprès des agents royaux et échapper ainsi à toute pénalité. De là des conflits incessants, des protestations, et comme conclusion, des lettres de représailles qui empêchaient l'évêque d'exercer en toute liberté son droit de juridiction.

Quant à la question de conflit à propos de certains territoires riverains du Rhône, dont la délimitation et les droits « de pâturage et de bûcherage » étaient contestés entre les officiers royaux et le représentant du Saint-Siège [2], Jules de la Rovère ne pouvait en avoir la respon-

---

[1] Lettres de Louis XI données à Thouars le 27 janvier 1481. Orig. *Cartul. de l'Archevêché*, III, fol. 108.

[2] Il s'agissait des îles d'Argenton, de Flesche, du Mouton, de Barusin, du Château-Sables, de la Barthelasse, du Contrat, *Invent.* A. Rhône et Durance. A la suite de l'entrevue de Lyon, Louis XI

sabilité, attendu que depuis longtemps des dissentiments existaient entre le sénéchal de Beaucaire et de Nîmes et les officiers pontificaux. Des attaques à main armée avaient été dirigées par les sénéchaux de Beaucaire et de Nîmes contre le terroir d'Avignon, sous forme de représailles et de droits de marque, sous prétexte d'une dette que les papalins auraient refusé de solder à Gabriel de Bernes, alors qu'il était constant que la cité d'Avignon n'avait jamais refusé de se libérer [1]. Enfin, la ville se plaignait avec quelque apparence de raison que les officiers du roi s'opposassent, par vexation, à la construction de « pallières et taudis » sur la rive gauche du Rhône dont le courant impétueux ne cessait de menacer les remparts et fortifications qui garantissaient la sécurité de la ville et de son territoire.

Les conflits entre riverains prirent même, au cours de l'année 1475, un caractère tel de violence que le conseil de ville décida d'en référer au pape, avec menace des censures ecclésiastiques [2]. De leur côté les officiers du Languedoc, défenseurs des droits du roi, maintenaient

---

nomma une commission composée de l'archevêque de Vienne, de Pierre Arivel, président du Parlement de Grenoble, et du Bâtard de Comminges et Jean de Moncade, juge-mage, pour régler le différend, juin 1476. Arch. municip., B. 70.

[1] Les Valperge on Valpergue, d'origine lombarde (de Ropol près Verceil) étaient coseigneurs de Caumont. Gabriel de Bernes, seigneur de Ropol, réclamait à la ville 2,200 écus représentant le fonds et les arrérages de la pension qui lui était due. Les consuls ayant refusé de payer, les officiers royaux lancèrent des lettres de représailles contre Avignon (juin 1475). Le 27 du même mois, la ville s'acquitta d'une partie de la somme. — Cf. *Amplissima Collectio*, II, pp. 1509, 1511. — Délib. du Conseil de ville du 21 juin 1475.

[2] Arch. municip., *Reg. des délibérat.*, 19 juin 1475.

énergiquement leurs revendications et le juge-mage de Beaucaire écrivait à Jean Bourré, président des États du Languedoc, « touchant l'occupation que ceulx d'Avignon « veullent faire du Rosne et des isles d'icelluy [1] ». Il montrait pour le roi l'importance qu'il y avait à conserver la possession des terrains limitrophes du fleuve et des îles voisines, « et le bon droit que le roy a ». Le 9 juillet 1475[2], Sixte IV adressait à Louis XI une nouvelle lettre plus pressante, dans laquelle il l'engageait à donner des ordres immédiats pour que ses officiers du Languedoc cessassent d'inquiéter et de molester les vassaux du Saint-Siège. Le roi de France n'ayant pris aucune mesure pour donner satisfaction au souverain pontife, celui-ci fulmina contre les officiers royaux une sentence d'excommunication (9 décembre 1475)[3].

[1] Dom Vaissette, XII[2], *Preuves*, pp. 180, 181, 10 avril 1475.
[2] *Amplissima Collectio*, II, p. 1508.
[3] 9 décembre 1475. Arch. municip., B. 19, n° 17. — Les conflits entre les rois de France et le pape à propos de la délimitation de leurs droits sur les bords du Rhône durèrent plusieurs siècles et donnèrent lieu à d'interminables procès. En 1430-1431, sous Eugène IV, le cardinal de Saint-Eustache fut chargé de régler le différend (Voy. Dom Vaissette, IX, pp. 1111, 1112) ; — Chambaud, *Recueil sur Avignon* (mss. I, fol. 164, 165) ; — Ménard, *Hist. de Nîmes*, III, pp. 179, 377, 378 ; — Massillian, XXII, fol. 57, v°. — Voy. *Procès du Rhône*, mss., t. VI, fol. 150, 168, 169, 173.
En 1430, un notaire royal ayant voulu instrumenter à Avignon, reçut l'ordre de s'éloigner, et, détail curieux, il signa désormais ses actes du milieu du lit du Rhône : *datum supra Rhodanum, in quâdam barcâ ante turrim capitis pontis Villæ-novæ prope Avinionem*. Voy. *Procès du Rhône*, t. VI, fol. 154. Charles VI, par acte authentique de mars *1366*, avait reconnu au pape la possession du lit du Rhône jusqu'à la chapelle de Saint-Nicolas (Arch. municip., Orig., B. 68, n° 27), et lorsqu'il y avait des différends entre Avignonnais et sujets royaux, le conservateur des privilèges aposto-

Ces explications étaient indispensables pour montrer l'origine du conflit à propos des limites du Rhône, au moment où Sixte IV allait appeler son neveu à la légation d'Avignon, et permettent de démêler ce qu'il y a de fondé dans les accusations portées par les historiens contre Jules de la Rovère sur ce point. Lorsque donc, quelques mois plus tard, le cardinal de Saint-Pierre aux Liens se rendit à Lyon pour porter ses doléances à Louis XI, il ne faisait que lui exposer des griefs déjà anciens et qu'il n'avait en rien contribué à susciter. Enfin, s'il se plaignait au roi de la sévérité outrée du Parlement de Toulouse à l'égard des sujets pontificaux, lorsque quelque atteinte était portée par eux aux prérogatives royales, ces plaintes étaient de tout point fondées [1].

En réalité, toutes les explications données jusqu'ici, pour justifier le mécontentement du roi du retrait de la légation à Charles de Bourbon, ne sont que de peu de poids et ne suffiraient pas pour rendre plausible l'hostilité

---

liques devait se transporter à cette chapelle et y rendre ses jugements (Voy. *Enquête sur le Rhône*, Arch. municip., B. 67, n° 108); mais cette légitimité de possession du souverain pontife était très fréquemment contestée, et le Parlement de Paris dut intervenir pour trancher définitivement la question (Voy. Arch. nation., X¹ᵃ 8605, fol. 95, Ordonnance du 30 janvier 1443).

[1] On peut juger par un exemple de cette sévérité. En 1491 (septembre), quelques habitants d'Avignon ayant démoli les degrés d'une arche du pont (partie française), le maître des ports cita le légat, les consuls et citoyens à comparaître devant le Parlement de Toulouse qui, par arrêt du 7 septembre 1491, condamna lesdites personnes à rétablir les degrés démolis et à payer au roi une amende de 400 livres. Les Avignonnais en appelèrent à Charles VIII qui, par lettres patentes, donna suspension de l'exécution de l'arrêt. Le Parlement passa outre à l'ordre royal et décida que l'arrêt serait exécuté. Arch. municip., B. 64, n° 36.

de la Cour de France et le parti pris de recourir aux voies de fait contre le Saint-Siège dans la personne de son légat et dans son propre domaine. Ce que Louis XI ne pouvait pardonner à Sixte IV, c'était d'avoir manqué à ses engagements vis-à-vis du roi et d'avoir porté une grave atteinte à l'influence française dans les terres qui confinaient à la Provence, au moment où Louis XI espérait mettre la main sur l'héritage du roi René. Désormais, au lieu d'avoir à Avignon un représentant dévoué à ses intérêts, la France allait se heurter à un ennemi habile, implacable, que l'on accusait encore sans preuves d'entretenir avec le Téméraire des intelligences secrètes, et de favoriser la cession des domaines de la maison d'Anjou au duc de Bourgogne[1]. Tous les calculs politiques de Louis XI se trouvaient ainsi déjoués, par suite de la mauvaise volonté du pape, et on comprend qu'il en conçut une vive irritation.

Cependant l'administration du cardinal de Bourbon, ou plutôt de ses représentants à Avignon et à Carpentras, n'allait pas sans quelques difficultés. Absent depuis plusieurs mois du siège de sa légation, l'archevêque de Lyon avait délégué comme lieutenant à Carpentras l'évêque de Narbonne[2]. A Avignon, il avait constitué comme son fondé de pouvoir Édouard de Messiaco, abbé de l'Isle-Barbe (13 décembre 1475). Les rapports entre le conseil de ville et les délégués du légat étaient assez tendus par suite de

---

[1] Ce sont les raisons données par Legeay, *Hist. de Louis XI*, II, p. 200. — Cf. abbé Christophe, *Hist. de la Papauté au XVe siècle*, II, p. 248.

[2] Cottier, *Not. sur les Recteurs*, pp. 142, 143. — Cf. abbé Christophe, *Hist. de la Papauté au XVe siècle*, II, p. 248.

quelques questions d'ordre local. Le représentant du légat reprochait au conseil : 1º de n'avoir pas procédé, comme le voulait la charte municipale de 1411, au renouvellement annuel des conseillers[1] ; 2º de n'avoir pas voté au légat le présent annuel de 500 florins, qui selon la tradition lui était offert la veille de la Noël[2] ; 3º il se plaignait en outre de ce que des officiers avaient été créés directement par le Saint-Siège, sans autorisation du légat ; 4º de ce que les Florentins avaient obtenu du Saint-Siège une exemption, au mépris du légat ; 5º de ce qu'un bref apostolique avait interdit à l'évêque de Narbonne de s'immiscer dans les affaires intérieures du Gouvernement[2]. L'évêque de Cavaillon se fit, auprès du conseil, l'organe de ces plaintes. Celui-ci, qui louvoyait entre les deux influence, décida le 13 décembre de surseoir à toute décision jusqu'au retour des consuls et d'une partie des conseillers que la peste tenait pour le moment éloignés de la ville. Quelques jours après, l'assemblée municipale se réunit (le 18 décembre)[3] et la mutation des conseillers fut opérée en présence de l'abbé de l'Isle de Barbe, délégué du légat, et par son ordre. Le 10 janvier 1476, le conseil décida de prendre des informations à Rome au sujet de

---

[1] La charte communale de 1411 avait posé le principe du renouvellement annuel des conseillers par moitié ; mais divers faits montrent que dans la pratique et depuis nombre d'années on ne se conformait pas aux prescriptions de cette charte, puisqu'il est question de la subrogation de certains citoyens à des conseillers qui étaient morts dans leurs fonctions. Le légat ne faisait donc que demander le retour à la légalité. Le 21 avril 1476, Sixte IV approuve l'élection de deux conseillers à la place de deux qui étaient morts.

[2] *Amplissima Collectio*, II, p. 1514, *Epistol.* LXXX.

[3] *Reg. somm. des délibérat.*, décembre 1475.

la bulle concernant la mutation des conseillers, qu'une rature avait rendue suspecte de fausseté, et où le mois précédent on avait délégué à cet effet Pierre Baroncelli comme ambassadeur extraordinaire[1]. Le 24 janvier, le conseil procède à la nomination des capitaines des paroisses, en vertu d'un bref que Pierre Baroncelli avait rapporté de Rome avec des lettres de Jules de la Rovère, archevêque d'Avignon. Il est probable que Baroncelli avait été chargé par Jules de la Rovère d'une mission secrète pour le conseil et les États, peut-être de leur faire pressentir la prochaine venue du cardinal en qualité de légat, car dès son arrivée, et par ordre de l'évêque de Carcassonne, Pierre Baroncelli avait été jeté en prison. La ville députa aussitôt auprès de l'évêque Pierre de Merulis, primicier de l'Université, et Jean Martini, bourgeois, pour obtenir l'élargissement de l'ambassadeur. D'autre part, le 3 février, le conseil fit de pressantes instances auprès de l'abbé de l'Isle Barbe dans le même but. Sixte IV lui-même, dans un bref menaçant, informa les consuls qu'il avait donné l'ordre de relâcher sans délai Pierre Baroncelli[2], se réservant de faire châtier l'auteur de l'emprisonnement[3]. Le conflit était désormais inévitable entre le Saint-Siège et son légat à Avignon, et forcément la Cour de France allait être amenée à soutenir ce dernier contre le pape et contre son rival et successeur désigné, Jules de la Rovère. Louis XI, toujours à l'affût des desseins secrets de la Cour de Rome, s'efforçait de provoquer une certaine agitation dans le clergé de France et parmi

---

[1] *Reg. somm. des délibérat.*, janvier 1476.
[2] *Reg. des délibérat. du Conseil*, 1476. — Arch. municip., *Invent.*
[3] Arch. municip., *Invent.* imprimé.

les cardinaux du sacré collège. Au mois de mars 1476, pendant que Jules de la Rovère se rendait à Avignon, on trouva affichée à la porte de la basilique de Saint-Pierre une proclamation du roi de France enjoignant à tous cardinaux, prélats et évêques de se trouver à Lyon, le 1er mai, afin d'y délibérer sur la tenue d'un concile[1]. Une ambassade française fut même envoyée à Rome, à ce sujet, au mois d'avril 1476[2], mais Sixte IV refusa de la recevoir. Comme le fait justement observer Pastor, il y a une corrélation indiscutable entre ces tentatives de pression et d'intimidation que Louis XI cherchait à exercer sur les membres de l'Église et l'envoi en France de Jules de la Rovère[3]. Ce dernier avait quitté Rome le 19 février 1476.

La guerre devenait dès lors inévitable, et les partis commençaient à s'y préparer. Le 12 mars 1476, le conseil est avisé de la prochaine venue de Jules de la Rovère à Avignon, mais l'assemblée ignorait encore la nouvelle, tenue secrète, du remplacement de l'archevêque de Lyon à la légation. Celui-ci, mis au courant de ce qui se tramait à Rome contre son autorité, avait pris les devants, et le 17 avril[4] 1476, on annonçait l'arrivée à Avignon, par le Rhône, d'une grande barque chargée de douze ton-

[1] Pastor, *Hist. de la Papauté*, IV, p. 298.
[2] *Id.*, IV, p. 298.
[3] *Id.*, IV, pp. 296, 297. Pastor fait remarquer avec raison que cette mission si importante de Jules de la Rovère en France est ignorée de la plupart de ses biographes, notamment de *Brosch* (IV, p. 298). Pour la première fois, grâce aux Registres du Conseil de la ville d'Avignon, nous avons pu reconstituer le rôle et les agissements de Jules de la Rovère (de mars à septembre 1476) dans les affaires d'Avignon.
[4] *Reg. des délibérat. du Conseil*, 1475-1476.

neaux de vin et de vingt à vingt-cinq salmées de blé, destinés à l'approvisionnement du grand palais. Avisé aussitôt, le conseil décide que le tout sera mis en entrepôt et en lieu sûr, *attendu que cette affectation de se servir d'une voie étrangère pour les denrées dont il a besoin ne fait rien augurer de bon pour la ville, d'autant plus qu'on sait qu'il donne certains signaux par des feux allumés du haut de la tour de Trolhas*[1].

Le 19 avril 1476, le conseil est informé de l'approche de Jules de la Rovère, neveu du pape, archevêque d'Avignon, en qualité de *légat gouverneur d'Avignon et du Comtat*, et de son intention d'occuper le grand palais, et d'en faire sortir incontinent ceux qui le détiennent pour le compte de l'archevêque de Lyon. Le conseil délibère aussitôt que les consuls et douze députés des plus notables auront plein pouvoir pour établir une garnison aux portes et aux autres points de la ville où besoin sera, et que des mesures seront prises incessamment pour pourvoir à la sécurité de la ville et de ses habitants. Les députés désignés furent : Louis Merulis, primicier de l'Université; Guillaume Ricci, docteur; Antoine Ortigues, Girard de Sades, François Malépine, Baptiste de Brancas, Pierre Baroncelli, Louis Pérussis, Antoine Simonis, Veran Malhardi, Étienne de Gubernatis et Jean Martini. Le 29 avril suivant[2], le conseil décide de notifier cette décision à l'archevêque de Vienne, pro-lieutenant du cardinal de Bourbon, et député une ambassade au seigneur de Beaujeu[3], et à l'archevêque de Narbonne, qui étaient au pont

---

[1] La tour appelée aujourd'hui « Trouillas ».

[2] Arch. municip., *Reg. des délibérat.* (avril 1476).

[3] Pierre II de Bourbon-Beaujeu était le frère de Charles, archevêque de Lyon, et gendre de Louis XI. Voy. Delachesnaye des Bois, III, p. 476; — Anselme, I, p. 315.

de Sorgues, pour tâcher de pacifier les choses. C'est au milieu de cette agitation que le nouveau légat pontifical arriva à Avignon, où il fut reçu avec la déférence que commandaient ses nouvelles fonctions et sa parenté avec la personne du souverain pontife.

De son côté, Louis XI n'était pas resté inactif, et son intervention, à ce moment, avait, s'il faut en croire Belleforest[1], un double but ; intimider le pape et peser sur l'esprit du roi René dont les ambassadeurs étaient partis secrètement pour aller offrir au duc de Bourgogne son héritage, après avoir rejeté et divulgé audit duc toutes les propositions à lui faites par Louis XI[2]. Mais on sait comment la défaite du Téméraire à Granson détacha du duc de Bourgogne tous ses alliés, et René, dont les ambassadeurs avaient été pris et les projets dévoilés, n'avait plus qu'à solliciter son pardon. Ce fut l'épilogue du combat de Granson (1476).

Mais Louis XI n'avait pas attendu une solution que donnât à ses visées politiques le sort des armes. Au mois d'avril 1476, par ordre du roi, des troupes du Languedoc furent mises en mouvement et portées sur la rive droite du Rhône, avec ordre d'amasser une grande quantité de vivres et d'approvisionnements de toutes sortes à Villeneuve-lès-Avignon[3]. L'avant-garde de l'armée royale,

---

[1] Belleforest, II, p. 126.

[2] Commines, *Édit. Chantelauze*, V, c. I, p. 306, et V, c. II, p. 311. — Cf. Muller, *Hist. des Suisses*, X, p. 127 ; — Raynald, *Annal. ecclésiat.*, 1476, §§ 1, 3 ; — César de Nostredame, *Hist. de Provence*, VI, p. 640 ; Sismondi, *Hist. des Français*, XIV, p. 476.

[3] Ménard, *Hist. de Nîmes*, III, p. 253. — Ménard, *Preuves*, III, p. 328. « A noble homme Guisarnaut de Gaube par mandement du « Roy nostre Sire, en faisant mettre sus gens de guerre, assembler

commandée par le capitaine Bertrand de Codolet, se présenta au pont du Rhône pour attaquer le terroir d'Avignon. Quant au représentant du légat, l'archevêque de Lyon, il avait fait occuper le palais apostolique par une garnison de soixante hommes, archers et arbalétriers, fournis par le roi de France et à la solde de 4 livres par jour. Dans cette forteresse inexpugnable la petite garnison française entretenait des signaux avec les soldats de l'armée royale campés sur la rive droite du Rhône, et leur fournissait des renseignements utiles pour l'attaque des remparts. Vers la même date, et pour appuyer les troupes massées sur la rive droite du fleuve, Louis XI faisait diriger par voie rapide toute son artillerie disponible, traînée par plus de quarante-quatre chevaux, sur Avignon [1]. L'amiral de Bourbon, frère de l'archevêque de Lyon, avait été chargé du commandement de l'armée « laquelle nous avions envoyée ès marches de par dellà « et près de la dite ville pour obvier à la mauvaise en- « treprinse du dit cardinal alyé à nos ennemis [2] ».

« et mettre sus aussy porter vivres de plusieurs contrées du dit
« diocèse au dit lieu de Villeneuve-lès-Avignon pour secourir à
« l'armée que le Roy nostre dit seigneur y avoit envoyée contre ceux
« d'Avignon au moys d'avril passé, etc.. LXXVIII, livr. tournois. »
« A Monseigneur Messire Philippe Gervais au moys d'avril der-
« nier passé par plusieurs journées à fere assembler et porter
« vivres et artillerie de plusieurs lieux et contrées du dit diocèse
« aux gens de guerre pour lors de par le dit seigneur envoyez à
« Villeneuve-lès-Avignon contre ceulx d'Avignon. X livres. »
Preuves, III. p. 328.

[1] Toute cette artillerie fut reconduite vers Lyon le 4 mai 1476. *Comptes de la Ville*, C.C., 1476.

[2] *Lettres patent. de Louis XI*, Origin., Arch. de l'Isère, du 4 septembre 1476, série B.

Aucun des historiens, en mentionnant cette prise d'armes du roi de France contre les domaines du Saint-Siège, n'a connu réellement les faits tels qu'ils se sont passés. Presque tous affirment que Louis XI occupa Avignon et le comté, et ne sont pas éloignés de croire que, dans la pensée du roi, cette tentative d'occupation à main armée n'était que le prélude d'une annexion définitive, et que le Saint-Siège fut même menacé de perdre Avignon par la faute de son légat[1]. Il y a là une exagération évidente, conséquence de l'ignorance des archives locales, qui vont nous permettre de mettre, pour la première fois, sous leur vrai jour, les événements politiques et militaires si peu connus de cette période de l'histoire des États citramontains de l'Église.

Un document inédit et de la plus incontestable authenticité, renfermé dans la caisse d'Avignon, parmi les papiers constituant le fonds de l'inventaire de la Chambre des Comptes de Grenoble, nous apporte sur les agissements de Jules de la Rovère, dans les événements qui vont suivre, des renseignements forts curieux, que quelques historiens ont soupçonnés, et qui n'expliquent que trop les griefs de Louis XI contre la curie romaine et son représentant, le cardinal de Saint-Pierre ad Vincula. Un certain Jean Aubert, dit de Montclus, seigneur et chevalier de Montclus, avait été laissé à Avignon comme agent secret du légat Charles de Bourbon, avec mission de le renseigner sur tout ce qu'il pourrait saisir des desseins

---

[1] Fantoni, *Liv. cit.*, p. 345. — Cottier, *Notes sur les Recteurs*, pp. 142, 143. — Cf. Morenas, *Lettr. histor.*, p. 12. — Charpenne, I, préface. — Cf. notamment Pastor (IV, p. 297) qu'on est étonné de voir partager cette opinion fausse.

de Jules de la Rovère. Grâce à un espionnage savamment dissimulé, ledit de Montclus ne tarda pas à apprendre que le nouveau légat avait envoyé auprès de Charles le Téméraire, duc de Bourgogne, son vicaire à Avignon, le sieur de Lyennans, « lequel était revenu porteur de « certaines lettres de créance et instructions signées et « scellées du seing et scel du dit duc de Bourgogne adre- « çans au pape et au dit cardinal lesquelles lettres et ins- « tructions estoient au grand dangier et préjudice [1] » de la personne du roi et du royaume de France ; que, pour mettre à exécution ces mauvais desseins et entreprises, certaine alliance avait été contractée entre ledit cardinal, le duc de Bourgogne et d'autres ennemis du royaume (et ce disant, Louis XI fait évidemment allusion au roi René). Au dire de Louis XI, le cardinal de Saint-Pierre aux Liens était venu en Avignon pour mettre la main sur le palais apostolique, en chasser la garnison française que le légat Charles de Bourbon avait préposée à sa garde, et par la possession de cette forteresse inexpugnable, barrer aux armées royales la route de Provence. On ne saurait, en cette occurence, mettre en doute les accusations de Louis XI contre le cardinal de Saint-Pierre ad Vincula, car ce sont ces projets secrets que Baroncelli avait dû communiquer aux différents corps élus d'Avignon et du comté, et qui motivèrent la délibération du conseil de ville d'Avignon du 17 avril 1476 [2].

Louis XI, informé de ce qui se tramait à Avignon par

---

[1] Arch. de l'Isère, *Titres du Comtat Venaissin*, série B. — Voy. Pilot. *Catalog. des Actes du roi Louis XI*, II, p. 248. n° 1667. — Tours, 4 septembre 1476.

[2] Délibérat. du 17 avril 1476, *Reg. des Conseils*, IV.

ledit seigneur de Montclus, voulut intimider la curie romaine en mandant à Lyon, où il se trouvait (mai 1476), le sieur de Montclus et le propre vicaire de Jules de la Rovère, de Lyennans, les invitant à venir se justifier auprès de lui. Le cardinal de Saint-Pierre aux Liens, dont la trahison à l'égard de Louis XI n'était pas douteuse, pour empêcher son vicaire de rien divulguer de la mission secrète qu'il avait remplie auprès du duc de Bourgogne, s'empressa de faire incarcérer ledit de Lyennans, comme témoin compromettant. Puis, sachant que le seigneur de Montclus, en sa qualité de représentant de Charles de Bourbon, avait des intelligences avec le capitaine qui gardait le palais, il tenta par des promesses et toutes sortes de moyens de le gagner à sa cause. N'ayant pu réussir dans son dessein, Jules de la Rovère, très irrité contre le sieur de Montclus, le fit venir au petit palais[1], en présence de l'évêque de Cavaillon, des évêques italiens qui avaient accompagné le nouveau légat, des consuls et autres personnages notables de la ville, et devant tous les assistants le cardinal entra dans une violente colère, déclarant au sieur Montclus que s'il ne lui faisait pas remettre incontinent le palais apostolique en obligeant les gens de Charles de Bourbon à l'évacuer, « il luy feroit coupper la teste et « qu'il ne luy tenoit à guères qu'il ne le fist gecter par la « fenestre en la rivière du Rosne et que c'estoit le dit « suppliant qui les y avait mis et que par luy se condui-

---

[1] Le petit palais, dont il est souvent question, était la résidence des évêques d'Avignon, après que les papes et, après eux, leurs légats se furent établis dans le grand palais, ou palais des papes actuel. Il fut reconstruit par Jules de la Rovère sur le même emplacement et sert aujourd'hui de petit séminaire. Le Rhône coulait sous les fenêtres du palais.

« soient [1] ». De Montclus, sans s'intimider des menaces du cardinal, répondit que c'était à tort qu'on l'accusait de maintenir dans le palais la garnison française ; qu'il n'avait point charge de traiter cette question, et que le mieux était pour le cardinal de s'entendre avec les ambassadeurs du roi de France, qui se trouvaient en ce moment à Avignon. Mécontent de cette réponse et aveuglé par la colère, Jules de la Rovère donna l'ordre de s'emparer sur-le-champ de la personne dudit de Montclus, et de l'enfermer dans la prison du petit palais ; il le fit lier et attacher avec de gros fers aux pieds, et « loger en une grosse tour
« estroitement et durement detenu en grant detresse de
« sa personne, couchier sur le plastre comme s'il estoit
« ennemy de la foy et mecréant, garder par certains
« habitans de la dite ville, piller et desrober tous ses biens
« meubles qui estoient de bonne valeur estans en certaine
« maison qu'il avoit au dit Avignon. Et contre toute forme
« de justice inhumainement et cruellement feist tourmen-
« ter et mettre en gehayne et torture le dit suppliant cui-
« dant par ce moyen recouvrer le dit palais et que pour
« éviter la mort du dit suppliant le capitaine et autres
« estans de dans le dit palais eussent rendu au dit cardinal
« le dit palais et que faire ne vouloirent [2] ».

Cependant, comprenant que la détention dudit Montclus était illégale, et que la ville et les habitants d'Avignon pourraient supporter les conséquences d'un aussi grave abus d'autorité, au moment où l'armée envoyée par Louis XI approchait de la ville [3], Jules de la Rovère laissa

---

[1] *Lettres de Louis XI*, Docum. cité. — Arch. de l'Isère, série B.
[2] *Lettres de Louis XI*, Docum. cité.
[3] Avril 1476.

entendre que de Montclus n'avait été mis en prison que pour obtenir le recouvrement du palais indûment retenu, puisque, en exécution des engagements pris par le roi et le légat en 1472, ledit palais devait être rendu à première réquisition du Saint-Siège. Il ajoutait, en outre, que ce faisant il avait voulu complaire à un certain nombre d'habitants d'Avignon, ennemis du roi de France, qui étaient débiteurs vis-à-vis de lui de certaines sommes qu'il avait donné charge d'aller recueillir, en vertu d'une obligation déjà ancienne, et après sommation faite par lettres patentes aux officiers du Saint-Siège. Sous ce dernier prétexte, Jules de la Rovère fit appliquer la torture audit sieur de Montclus, pour le forcer à déclarer que lesdites lettres obligatoires adressées par Louis XI à la ville « estoient « induement faictes et forgées », alors que lesdites obligations avaient été souscrites par la ville avant la naissance dudit de Montclus et ne le touchaient en quoi que ce soit [1]. La torture, appliquée avec tous les raffinements en usage chez les bourreaux du Saint-Siège, alla jusqu'à la séparation des membres pour contraindre Montclus à dire des choses « à l'appétit et vouloir » de ses persécuteurs. Le malheureux prisonnier faillit en mourir. Ce que voyant, le cardinal de Saint-Pierre *ad Vincula,* les habitants et consuls de la ville d'Avignon, émus sans doute à l'idée qu'un traitement aussi barbare et le trépas qui s'en suivrait

---

[1] Louis XI fait certainement allusion à l'obligation que la ville avait contractée vis-à-vis du seigneur de Ropol, Louis de Valspergues, représentant de Michel et de Jean de Valspergues, coseigneurs de Caumont, à qui il était dû une somme assez forte par la ville (soit 3,000 écus) et par un citoyen, Allemand de Pazzis, qui avait fait faillite. Louis XI avait écrit aux consuls pour réclamer le paiement de cette dette en faveur de Louis de Valspergues.

engageaient gravement la responsabilité de la ville aux yeux du roi de France, cessèrent de torturer leur prisonnier. Quant à Jules de la Rovère, il trouva moyen de parlementer avec l'amiral de Bourbon, commandant l'armée royale, et partit d'Avignon pour venir à Lyon trouver le roi.

Mais les consuls et les habitants d'Avignon comprenant enfin tout l'odieux de leur conduite, afin d'apaiser la colère du roi « et les dites deshonnestes faultes assoupper », envoyèrent auprès dudit de Montclus, enfermé dans la tour de l'auditeur, une délégation qui se composait de maître Tulle, docteur et juge de ladite ville, de maître Accurse Meynier et d'Etienne Sedile, notaire de la cour de Saint-Pierre et autres officiers, et de plusieurs autres notables citoyens. Le juge de Saint-Pierre délivra sur-le-champ ledit de Montclus comme innocent et sans charge aucune, en lui en donnant acte par lettres que ledit suppliant avait requises « pour sa descharge et s'en aider en temps et lieu ». Tels sont les événements qui se passaient à Avignon au moment où Louis XI, déjà très mécontent, dirigeait des forces sur les terres du Saint-Siège, et on comprend dès lors que l'accueil fait par lui à Jules de la Rovère n'ait pas été précisément très amical.

A l'annonce des mouvements de troupes qui se dessinaient de l'autre côté du Rhône, et des préparatifs de siège du palais apostolique, le conseil de ville d'Avignon décida de faire garder les portes et les remparts par une garnison de soixante hommes d'armes pendant huit jours, et de leur payer à cette occasion 60 florins. Le soin de constituer cette force armée fut confié à Marot Borgognon qui, ne trouvant personne dans le pays, fut obligé d'envoyer quérir à Tarascon, à Aix et à Marseille, des aventuriers pour concourir à la défense de la ville [1]. Gaspard de Sarrachani et son frère Thomas furent chargés de couvrir tous les passages du Rhône qui mettaient en communication le terroir d'Avignon avec la rive languedocienne [2]. Les bacs à traille notamment devaient être l'objet d'une surveillance rigoureuse. Quant à l'intérieur de la ville, les consuls avaient pris toutes leurs mesures pour la mettre à l'abri d'un coup de main. Le conseil avait fait fabriquer neuf couleuvrines qu'il avait placées dans l'hôtel de ville [3], en refusant énergiquement de les laisser transporter au grand palais [4]. Comme le bruit s'était répandu qu'un assaut devait être livré au palais, les consuls donnèrent charge à Marot Borgognon et à Antoine Simon, avec un certain nombre de compagnons, de garder les passages près de la tour Trolhas par où pouvaient s'introduire des troupes royales destinées à renforcer la petite garnison fidèle à Charles de Bourbon. Borgognon et Simon avec leurs hommes d'armes veillèrent pendant quinze jours et quinze nuits, et outre les désagréments d'une pareille faction, ils encoururent la disgrâce du seigneur de Lyon (Charles de Bourbon) [5].

---

[1] Comptes de la Ville où se trouve le détail de la dépense, n° 283 du Compte de 1476.

[2] Comptes de la ville, annexe du 58e mandat. Comptes de 1477, 1478.

[3] 26 juin 1477. Mandat de 16 florins à Albergas Basilic, marchand d'Avignon, pour neuf couleuvrines qu'il avait vendues à la ville sous le consulat de Thomas Busaffi. Arch. municip., Comptes, C.C., Mandat n° 101, 1477, 1478.

[4] *Reg. des délibérat.*, du 1er mai 1476.

[5] « Item quant es vengut au bruch del siège del Palais, les « consols en la compaignie de Messires Anthony Symon me doneron « charge ambe « certans » compaignons de guarda los passaiges

Tels sont, dans toute leur simplicité, les événements militaires dont les États du Saint-Siège furent le théâtre en avril-mai 1476, et auxquels on avait donné une portée et un caractère contraires de tous points à la vérité historique. S'il n'y eut pas, en réalité, occupation *manu militari* du comté et d'Avignon par les troupes du roi de France, toutes les mesures furent prises pour l'effectuer. L'attitude du roi René[1] d'abord, et de Jules de la Rovère ensuite, suspendit les préparatifs belliqueux de Louis XI et donna aux événements une tournure pacifique. Dès le 11 avril 1476, René d'Anjou promit aux ambassadeurs du roi de n'avoir jamais plus d'intelligence avec Charles le Téméraire, ni avec les autres ennemis de la couronne. Il prit l'engagement de se rendre à Lyon pour assister à l'entrevue à laquelle l'avait convié Louis XI, et prépara l'entrevue de Jules de la Rovère avec le monarque. Les troupes royales furent incontinent rappelées[2], et nous voyons quelques jours après les Avignonnais se porter caution pour l'archevêque de Lyon, Charles de Bourbon, d'une somme de 3,200 livres que ledit cardinal devait

---

« au pres de la torre de Troulhas la hout ieu ay demorat xiiii ou
« xv jours et jor et nuyt. Et oltre los malo jors et malas nuytz enay
« aquestat la mala gracia de monsegnor de Lyon comme tout lo
« mont sap. » *Comptes de la Ville,* C.C., n° 283.

C'est à cette occasion qu'il y eut quelques escarmouches entre les assiégés et les soldats placés par la ville autour du palais. Il n'est parlé que de blessures légères, du reste. Le 14 mai 1478, les consuls payèrent un mandat de 3 florins à Antoine Massebon « pro vulnere illato et facto per illos de magno palacio, tempore guerre domini Lugdunensis. » G. G., n° 405. Il n'y eut donc pas à proprement parler de siège du palais en avril-mai 1476, mais seulement quelques arquebusades échangées sans grand dommage.

[1] Lecoy de la Marche, *Le Roi René,* II, p. 359.
[2] Legeay, II, p. 200.

payer au roi de France. Charles de Bourbon figure dans l'acte avec les titres de *gubernator civitatis Avinionensis et Comitatûs* et avec le titre de *legatus a latere*[1]. Le 9 mai, le roi René qui, en passant, avait eu un entretien avec Jules de la Rovère, arrivait à Lyon, où Louis XI lui fit les honneurs d'une hospitalité vraiment royale. Les deux rois vécurent dans la plus grande intimité, se montrant ensemble à la foire avec les plus belles dames de la ville[2], et parurent parfaitement réconciliés. Les compagnons du roi René, entre autres Palamède de Forbin, reçurent des cadeaux des deux côtés. Celui-ci eut même du roi René 4,000 livres de pension annuelle, et c'est en reconnaissance de ces gracieusetés que les ambassadeurs provençaux s'employèrent de leur mieux pour amener une cessation d'hostilités entre Louis XI et Sixte IV[3].

C'est au milieu de ces démonstrations d'amitié sincère entre les deux rois que Jules de la Rovère arriva à Lyon, pour s'entretenir avec Louis XI des difficultés pendantes avec le Saint-Siège. Le roi le reçut fort mal d'abord[4], mais finit par l'écouter, sur les instances du roi René, et

---

[1] Instrument relatant un contrat passé entre Jehan de Foix, seigneur de Maille, pour le roi Louis XI, et Edouard de Messiaco, abbé de l'Isle-Barbe, lieutenant de Charles de Bourbon. Arch. municip., B. 77, Origin. parchemin.

[2] Commines, V, II, p. 311. — Cf. Lecoy de la Marche, I, 412, 413.

[3] Lecoy de la Marche, I, p. 554.

[4] Aubéry, *Vie des Cardinaux*, p. 469. Pendant les mois qui précèdent, Jules de la Rovère recevait de Sixte IV, son oncle, une pension de 104 ducats d'or par mois (mars-mai 1476). Arch. vat., *Reg.* 492.

Le 11 juin 1476, une somme de 40 florins d'or est payée par le trésorier de la Chambre apostolique à Christophe de Bergame, *maître coureur*, qui est envoyé auprès du légat Jules de la Rovère avec les brefs. Arch. vat., *Reg.* 493, fol. CLXXXD, etc.

exigea en premier lieu : 1º que Jules de la Rovère renoncerait à sa légation et restituerait à Charles de Bourbon la provision que le pape lui avait retirée au mois de mars 1476, et 2º que les Avignonnais enverraient à Lyon une députation chargée de prêter, au nom de la ville, serment de fidélité à la couronne [1].

L'orgueilleux cardinal-légat s'humilia pour ménager le Saint-Siège et les domaines de l'Église, et le 10 juin il fit tenir aux consuls d'Avignon des lettres patentes leur enjoignant de reconnaître pour légat Charles de Bourbon, archevêque et comte de Lyon [2]. Quelques jours plus tard, le 18 juin 1476, Jules de la Rovère écrivait de nouveau aux consuls pour les informer que le serment de fidélité exigé par le roi avait été prêté suivant la formule convenue, mais que sa majesté entendait qu'il fût prêté en outre par le conseil de ville comme représentant de la collectivité des habitants. En conséquence, il leur faisait tenir une copie dudit serment, qui devait être adressée à luimême, revêtue de la signature des membres du conseil, avec défense expresse d'y introduire la moindre variante [3].

« Et ont juré Guillaume Ricci, François Peruzzi, Antoine
« Ortigues, Antoine de Damiani, en présence de l'arche-
« vêque de Lyon, de M. l'admiral de France, son frère,
« que dans la ville d'Avignon on ne souffrira aucune
« personne qui puisse nuire au roi et à ses États, et on
« n'y prendra point parti pour ses ennemys déclarés qui
« sont le duc de Bourgogne, le roi Fernand, le roi d'Ara-

---

[1] Chambaud, *Ann.*, mss., fol. 390.

[2] Copie en latin de la lettre du 18 juin 1486. Arch. municip., série A.A.

[3] Lettre de Jules de la Rovère aux consuls de Lyon, 18 juin 1476.

[4] Voici la formule du serment en latin : « Forma juramenti.

« gon et le roi d'Espagne, son fils, au moyen de quoy le
« dit amiral et le vice-chancelier ont promis au nom du
« roi de France de garantir la ville d'Avignon de toute
« oppression qu'on pourrait vouloir faire aux sujets de No-
« tre Saint Père, ainsi que des attaques de ses ennemis ».
Les consuls et conseillers firent également le même serment, sauf toutefois certaines réserves en ce qui touchait
l'obéissance et la fidélité au pape et son droit de souveraineté. Bien que cette condition ne fût point stipulée dans
l'acte, le grand palais d'Avignon devait être occupé provisoirement, au nom du légat Charles de Bourbon, par
une garnison de soldats royaux, ce qui était pour la cité
papale une humiliante obligation, en même temps qu'une
perpétuelle cause de conflits. Quant au caractère même et
à la portée du serment des Avignonnais prêté à un souverain qui n'était pas le leur, il ne faut pas s'y méprendre ; il
liait l'un vis-à-vis de l'autre les contractants par acte pu-

« Juraverunt Guillelmus Ricii, Franciscus Peruzzi, Antonius
« Urtice, Antonius de Damianis oratores, Regi clarissimo, in ma-
« nibus domini vice cancellarii, presentibus reverendissimo domino
« Lugdunensi et domino admirato, quod in civitate Avinionensi
« nullum recipient exercitum inimicorum prefati clarissimi regis
« qui possit nocere persone nec statui ipsius clarissimi Regis.
« Inimici autem declarati sunt dux Burgundie, Rex Ferdinandus,
« rex Aragonum et Rex Yspaine, filius ipsius regis Aragonum, hoc
« mediante quod prefati domini admiratus et vice cancellarius,
« nomine prefati clarissimi domini Regis, promiserunt etiam civi-
« tatem Avinionis conservare ab omnibus oppositionibus, illamque
« defendere contra omnes emulos Sanctissimi domini nostri Pape
« et civitatis predicte ac inimicos eorumdem et ita facere firmave-
« runt Simile juramentum prestabunt consules et consiliarii dicte
« civitatis et literas illius expedient in forma patento sub sigillo
« dicte civitatis quas ad primum mandabunt reverendissimo do-
« mino. » Arch. de la ville, série A.A.

blic, et les Avignonnais ne manqueront pas de s'en prévaloir dans une circonstance où la tranquillité de la ville et la sûreté de ses citoyens se trouvent menacées par les attaques du sacrilège Bernard de Gorland (1479-1480). Et il faut dire, à l'éloge de Louis XI, que le roi de France ne faillit pas aux engagements pris à Lyon [1].

La question de la légation elle-même était laissée en suspens, mais Jules de la Rovère promettait tacitement au roi et à son rival, l'archevêque de Lyon de se rendre prochainement à Rome pour solliciter de son oncle Sixte IV le chapeau de cardinal en faveur de Charles de Bourbon, qui ne demandait rien de plus. L'entrevue de Lyon (mai-juin 1476) fut pour la politique de Louis XI un triomphe complet. Il avait obtenu du roi René, sinon la substitution du roi de France à Charles du Maine comme héritier de la Provence, au moins un engagement tacite dont Palamède de Forbins fut le garant [2]. René ne voulut pas se lier par un acte, contrairement à ce qu'affirme l'auteur de l'histoire des Célestins [3], mais c'était le bruit public que le vieux roi avait donné à Louis XI la promesse formelle de la cession de la Provence à la couronne, à la mort de Charles du Maine, institué héritier par testament du 28 juillet 1475 [4]. Comblé de présents et d'honneurs, René avait quitté Lyon

---

[1] Lettre des Avignonnais à Monseigneur du Bouchage, 30 janvier 1479, Origin., B. nation., *Anc. fonds franç.*, mss., n° 2896, fol. 90. — Cf. Bernard de Mandrot, pp. 320, 321.

[2] Lecoy de la Marche, *Liv. cit.*, I, pp. 412, 413.

[3] « Alii scribunt quod Renatus rex dùm esset Lugduni, Ludovi-
« cum regem nepoti suo Carolo substituit, substitutionem suam
« scripsit litteris miro picturæ artificio azureo colore conspicuam. »
Historia Cœlestinorum., mss., Bibl. Avignon, t. I, fol. 697.

[4] Mathieu, *Hist. de Louis XI*, p. 345 ; — Legeay, *Hist. de Louis XI*, p. 204.

le 9 juin 1476, laissant Jules de la Rovère débattre avec Louis XI les questions qui intéressaient spécialement les états pontificaux et la légation [1].

Le rusé cardinal n'eut pas lieu de se plaindre des procédés de Louis XI à son égard, car il obtenait de lui plus qu'il ne pouvait espérer, surtout après la réception qui lui avait été faite. Son ton résolu et prompt à la risposte, sa rouerie diplomatique, dissimulée sous une apparente soumission, avaient produit sur l'esprit du roi une impression très favorable, et Louis XI, après ces quelques semaines d'entrevue, n'hésitait pas à appeler le cardinal de Saint-Pierre aux Liens son « très cher et grant amy ». Par lettres patentes données à Lyon le 15 juin 1476, le roi « voulant mettre un terme aux grans faultes, fraudes, « abuz, déceptions et exactions de toute espèce qui se « commettoient à la Cour de Rome au détriment de tous « ceux qui venoient à besougner à cause de la diver- « sité des personnages auxquels ils s'adressaient, déclare « que désormais toutes les personnes qui auront à se pour- « voir en Cour de Rome se addressent a son très cher et « grant amy le cardinal de Saint-Pierre *ad Vincula* [2] ». Louis XI accordait en outre à Jules de la Rovère l'autorisation d'exercer dans le royaume ses facultés de légat, bien que ledit légat « ne luy en ait demandé la permission, « comme il est de coutume, et sans qu'il soit tiré à consé- « quence [3] ». En outre, par d'autres lettres patentes, données à Lyon le 21 juin 1476, Louis XI autorisait le car-

---

[1] Lecoy de la Marche, II, p. 483.
[2] Bibl. nation., *Ancien fonds franç.*, n° 3882, fol. 209 ; — *Musée des arch. nation.*, p. 286.
[3] Bibl. nation., *Ancien fonds franç.*, mss. 294 ; — *Catalog.*, I, p. 538.

dinal de Saint-Pierre ad Vincula à posséder dans le royaume de France tous les bénéfices dont il avait été ou pouvait être pourvu, archevêchés, évêchés, abbayes et autres dignités et bénéfices quelconques, et à quelque valeur et estimation qu'ils pussent monter. Dans les raisons qui poussaient le roi à octroyer cette faveur, Louis XI parlait « de la grant et singulière amour et amitié que avons a « lui. Et en faveur de plusieurs grans louables et nota- « bles services dignes de recommandacion qu'il nous a « faiz et espérons qu'il nous face au temps advenir [1] ». Enfin, six semaines après l'entrevue de Lyon, Jules de la Rovère affermissait encore ses bons rapports avec le roi de France en accordant la dispense pour le mariage de Louis d'Orléans (futur Louis XII) avec Jeanne de France, fille de Louis XI [2].

L'entrevue de Lyon, grâce à l'influence du cardinal de Saint-Pierre aux Liens sur l'esprit du roi, fut féconde en résultats heureux pour les Avignonnais. Par lettres patentes données à Lyon le 21 juin 1476 [3], Louis XI accorda aux sujets du pape le droit de construire des « palières » pour protéger leur terroir contre les débordements périodiques du Rhône. Ce droit, qui avait déjà été consacré par lettres données à Compiègne, le 7 février 1470 et le 26 janvier 1474 [4], était contesté par les officiers de la couronne, et à diverses reprises les Avignonnais avaient fait appel à

---

[1] Extrait des minutes de Jean Robini, notaire (Lettres vidimées le 13 juin 1485). Voy. aux pièc. justificat., n° XXI.
[2] De Mauldes, *Collect. des Docum. inédits; Les Procédures politiques sous Louis XII*, pp. 926, 929.
[3] Donné à Lyon sur le Rosne, le XXIe jour de juing 1476. Orig. Arch. municip., B. 64, n° 44, Cott. V.V.
[4] Bibl. nation. *Invent.*, III, 3882, fol. 16.

la justice du roi pour la sauvegarde de leurs propriétés.
« Pourquoy nous les choses dessus dictes considérées,
« inclinanz liberallement à la supplicacion et requeste que
« sur ce nous a este faite par nostre tres chier et grant
« ami le cardinal *Sancti Petri ad Vincula*, légat du Saint-
« Siège apostolique estant nagueres par devers nouz à
« Iceulx supplianz pour ces causes et considéracionz et
« autres à ce nous mouvanz avons octroye et octroyons
« de grace espécial par ces presentes que la sus dite pa-
« lière, taudiz, et reparacionz par eulx ainsi faictes du
« coste de leurs terres sur le rivage de la dite rivière du
« Rosne soient et demeurent en l'estat quelles sont de
« present tant quelles pourront durer, sanz que Iceulx sup-
« plianz soyent ou puissent estre contrainz à Icelles dé-
« molir ne abatre, ne que pour icelles avoir faict faire, ils
« en soyent molestez ne travaillez par aulcunz noz offi-
« ciers soubz umbre des sus dites multes ou peines déclai-
« rées ou à declairer en quelque manière que ce soit ou
« puisse estre. Et lesquelles peines et multes saucunes
« estoient declairées nous voulons au cas dessuz dit estre
« nulles et de nulle valeur. Et icelles avons abolies et
« abolissons par ces présentes pourveu toutes foys que
« les ditz d'Avignon ne feront faire doresenavant sur la
« dite palière aucunes reparacions en quelque manière
« que ce soit. Et quant la dite palière sera rompue et des-
« molie iceulx de Avignon ne la feront ne pourront reffaire
« sanz noz vouloir congié et licence [1]. » Cette concession
royale avait aux yeux de la ville bien plus d'importance

---

[1] 21 juin 1476, à Lyon. On trouve des lettres ayant le même objet du 7 février 1470 (B. 65) et de janvier 1474 (B. 65) et de Selles en Poitou du 20 avril 1469 (B. 64).

qu'on ne le croirait généralement, car outre la nécessité de pouvoir élever des « pallières et taudis » en vue de préserver les terres des débordements subits, au moment de la fonte des neiges et des orages dans la région cévénole, il y avait encore à sauvegarder l'intérêt même de la navigation, qui était au xve siècle l'unique voie de communication entre le nord et le midi de la France. Or, le Rhône ayant toujours eu une tendance bien marquée à se jeter vers la rive droite, les Avignonnais attachaient la plus grande importance à pouvoir effectuer en toute liberté des digues en terre et en fascines dites, « pallières », pour ramener sur la rive gauche le courant principal du fleuve, que suivaient les barques de marchandises allant d'Arles et de Tarascon sur Lyon. La ville accueillit la décision de Louis XI comme un grand bienfait, et c'est une des mesures que Gilles de Berton et Louis de Merulis, de retour d'une ambassade auprès de Louis XI, feront valoir auprès des membres du conseil de ville pour marquer la bienveillance du roi à l'endroit de la cité [1].

A la question de droit de pallières était liée celle du pontonage du Rhône. Cette dernière avait pour Avignon un intérêt capital, car c'est par le grand pont de pierre, construit sur le Rhône vers la fin du xiie siècle, que se faisaient les échanges de denrées et de marchandises entre les Avignonnais et la rive languedocienne. Beaucoup d'Avignonnais possédaient des domaines sur la rive droite, dans les limites du diocèse d'Avignon, et c'est du Languedoc que la ville recevait une bonne part des céréales, du vin et du bétail nécessaires à l'alimentation de ses habitants. La rupture ou l'interdiction du pont était, pour

---

[1] *Reg. des délibérat. du Conseil,* 19 mai 1479.

la ville, une cause de ruine et de disette[1]. Or, la cité d'Avignon, aux termes des lettres patentes du roi Charles V[2], n'avait la propriété du pont que jusqu'à la chapelle, aujourd'hui encore existante, de *Saint Nicolas*[3], c'est-à-dire après la deuxième arche; l'autre partie, de beaucoup la plus longue, était terre royale, et les officiers du roi et maîtres des ports de Villeneuve en avaient la surveillance et la garde. Les Avignonnais, dès 1451[4], avaient prié le cardinal d'Estouteville d'intervenir auprès de Charles VII, pour faire savoir au roi que la ville étant dans l'intention de reconstruire quelques parties du pont qui menaçaient ruine, priait sa majesté de donner un avis favorable à la requête et d'autoriser l'affectation du produit des péages à la reconstruction et à l'entretien dudit pont. C'est à Lyon encore que Louis XI, par lettres patentes du 21 juin 1476[5], décida que le produit du péage du pont d'Avignon, tant du côté de la ville que du côté du royaume, appartiendrait aux officiers royaux, lesquels seraient tenus d'en employer les sommes à l'entretien du pont, conformément à un tarif convenu[6].

Mais le plus grand acte de la générosité royale à l'égard

---

[1] On peut en juger par l'affolement de la ville sous Henri IV, lorsque Montmorency, gouverneur du Languedoc, en réponse aux mesures de rigueur du vice-légat, avait fait fermer le passage du côté de la rive droite. Voy. Barbier de Xivrey, VII, p. 117, *Lettres de Henri IV*.

[2] Arch. municip., Origin.; — *Bullar. Avinion.*

[3] C'est au-dessous de cette chapelle que dès le xvi⁰ siècle fut installée la douane chargée de plomber les étoffes de soie sortant d'Avignon.

[4] *Annal. d'Avignon*, mss. Chambaud, fol. 173.

[5] *Rec. des Ordonnances*, XVIII, pp. 197 et suiv.

[6] Il y a également d'autres lettres de Louis XI pour le même objet du 21 juin 1476. Arch. municip., B. 68.

des Avignonnais et Comtadins, au xv⁰ siècle, fut sans contredit signé à Lyon, sur la demande de Jules de la Rovère ; des lettres patentes du 21 juin 1476 portaient suppression de toutes lettres de marques et de représailles taxées à l'encontre des Avignonnais et autres sujets du Saint-Siège par les officiers de la couronne. Et il faut reconnaître que ces derniers en abusaient quelque peu, et souvent pour des causes non justifiées. Ce droit barbare, qui donnait à la partie lésée, ou soi-disant lésée, le droit de se saisir des biens meubles et immeubles et des personnes originaires du même pays que la partie offensante, jusqu'à concurrence de la valeur estimative du dommage causé, était pour les états citramontains du Saint-Siège une vraie mise en quarantaine qui suspendait la vie même de la cité papale et de ses annexes. Ces moyens de coercition étaient d'autant moins admissibles que l'Église répugnait à les employer[1]. Or, il n'y avait pas d'année où les Avignonnais ne fussent frappés de représailles, à la demande de quelque créancier dont les titres étaient parfois contestables, comme nous l'avons vu pour Gabriel de Bernes, ou de marchands de passage, qui se plaignaient d'avoir été volés par quelque filou, au moment des grandes foires, et obtenaient des lettres de représailles contre la ville et ses habitants. Bien misérable alors était la condition des sujets du pape. Tout commerce était suspendu, toute transaction avec le dehors interdite. Bien plus, pour les états pontificaux de France, leur condition, par suite de la délimitation topographique, était intolérable. La

---

[1] Voy. René de Mas Latrie, *Les droits de marques et de représailles au moyen âge*, Bibl. de l'École des Chartes, 27⁰ ann., 6⁰ série, t. II, 1865, p. 541.

plupart des terres cultivables des Avignonnais étant situées au delà de la Durance, c'est-à-dire en Provence, ou par delà le Rhône, c'est-à-dire en Languedoc, les propriétaires ne pouvaient transporter leurs produits chez eux sans risquer de voir les officiers royaux en opérer la saisie sur la demande d'un simple particulier, qui avait obtenu contre la collectivité des citoyens avignonnais des lettres de représailles. L'abus était tellement monstrueux que déjà, à diverses reprises, Charles VII avait suspendu, en 1442[1] et le 13 juin 1443[2], les lettres de marques délivrées contre Avignon. Il arriva même que des officiers royaux peu délicats trafiquaient de leur autorité pour laxer des représailles contre les Avignonnais inoffensifs, sous les prétextes les plus futiles, et partageaient avec le demandeur une partie de la prise. Le 10 novembre 1456, Charles VII délivre des lettres patentes par lesquelles il révoque les représailles laxées par le viguier de Villeneuve contre les habitants d'Avignon, « attendu
« que ledit Viguier a faict sous vans abuz et exploiz volun-
« tairement de son auctorité privée sans auctorite, com-
« mission ne mandement[3] ».

En accordant aux sujets pontificaux les lettres patentes du 26 juin 1476, Louis XI mettait les Avignonnais à l'abri de l'arbitraire des agents subalternes de la couronne, mais il ne se gêna pas, pour cela, d'y recourir lui-même, lorsqu'il jugea les Avignonnais, ses amis, coupables d'avoir attenté à la toute-puissance royale. « Attendu que
« matière de marques est une espèce de guerre, et que

---

[1] Arch. municip., B. 51, n° 64.
[2] *Id.*, B. 50. Voy. X¹ᵃ 8605, Arch. nat., pièces justificat.
[3] *Id.*, B. 50.

« la continuacion d'icelle est une destruction de ce païs et
« subjectz et de la chose publique, d'autant que les ditz
« habitanz d'Avignon et seigneurie, et ont bonne inten-
« tion et voulonté de touzjours ainsy faire et continuer, et
« que si aulcunz abuz de justice ont este faiz et commis,
« par cy devant par les ditz d'Avignon à l'encontre de
« nos ditz officiers et subjectz ce a été par ceulx qui ont
« eu par aucun temps administration de la justice et
« aultres particuliers du dit lieu au desceu et sans le con-
« sentement du corps et communauté de la dicte ville. Il
« nous plaist les dites marques et représailles mettre au
« néant affin que marchandise se puisse remettre entre
« nos subjectz et eulx, et que noz ditz subjectz et ceulx
« du dit Avignon et conte de Venissy puissent fréquenter
« et commerser ensemble comme ils souloient faire le
« temps passé. Savoir faisons que nous, considérant les
« choses dessus dites et mesmement que la dite ville
« d'Avignon et conte de Venissy est « neument » de la
« terre de l'Église et à nostre saint père le pape, parquoy
« vouldrions les habitans et subjectz d'icelle estre favora-
« blement traictez. Eu sur ce advis conseil et meure déli-
« béracion avec les gens de nostre grant conseil avons
« declairé et ordonné déclairons et ordonnons par ces
« presentes que aucune marque ne soyt desormais
« extraite à l'encontre des dits d'Avignon et conte de
« Venissy, ne aulcun deux et non quelle soyt adjugiée et
« declairée par nous et les gens de nos grant conseil ou
« par l'une de nos courtz de Parlement en quelque
« manière ou pour quelconque cause ou occasion quelle
« soit ou puisse estre octroyée[1]. » En accordant cette

---

[1] Origin., Arch. municip., B. 50. — Ces lettres furent enregistrées par le Parlement de Grenoble le 15 juin 1479. Arch. départ. de

immunité aux sujets du Saint-Siège, Louis XI donnait satisfaction au pape qui avait déjà fait entendre maintes fois à ce sujet ses protestations; il mettait un terme aux vexations et aux insolences de ses agents subalternes; malheureusement, comme toutes les faveurs royales, les lettres de Lyon comportaient des restrictions dont les bénéficiaires ne devaient pas tarder à pâtir.

En se séparant, après une entrevue de plusieurs semaines (mai-juin 1476), chacun des contractants emportait des concessions ou des promesses inespérées; le vieux roi René, une pension viagère, 40.000 écus et l'assurance de la mise en liberté de sa sœur, prisonnière en Angleterre [1]; Louis XI avait la perspective de mettre bientôt la main sur la Provence et de préparer à la couronne la domination de la Méditerranée [2]. Il avait aussi la satisfaction de voir régler d'une façon pacifique son conflit avec Rome. Quant à Jules de la Rovère, tout en reconnaissant à Charles de Bourbon la qualité de légat *a latere*, il était maintenu dans sa légation d'Avignon et obtenait pour ses administrés de précieux privilèges. Le conseil de ville reconnaissant, délibéra, le 7 août 1476, de voter 2,000 florins au cardinal légat pour le remercier de ses bons offices [3]. Jules de la Rovère rentra de son voyage en France au commencement de l'automne, le 4 octobre 1476. Il arriva à Foligno, où le pape et les cardinaux

---

l'Isère, *Reg.*, Cott. I, fol. 326. *Invent. de la Chambre des Comptes.* Voy. Pilot. *Catalog.*, 1665, p. 247, 21 juin 1476. — *Id.* II, n°ˢ 1747-1748, p. 291. De Montargis, 8 mai 1479.

[1] Marguerite d'Anjou libérée au traité de Pecquigny, 1475.

[2] Mathieu, *Hist. de Louis XI*, p. 345. « Avant que de partir con-« tenta le Roy des asseurances qu'il desirait pour adjuster la Pro-« vence à la couronne. »

[3] *Reg. des délibérat. du Conseil*, 1476.

le complimentèrent sur le succès de sa mission [1]. Désireux de tenir ses engagements, Sixte IV créa Charles de Bourbon cardinal le 18 décembre 1476.

Quant aux Avignonnais, ils reçurent les compliments les plus flatteurs du Saint Père, pour la correction de leur attitude dans le conflit qui avait un instant mis aux prises le Saint-Siège avec la Cour de France. « Vous
« avez fait, leur écrivait le souverain pontife, ce qu'il
« convenait et ce que nous attendions de vous. Nous
« vous exhortons à persévérer dans ces sentiments, et
« vous pouvez comprendre que les dispositions du Saint-
« Siège et les nôtres vous seront de plus en plus favora-
« bles [2]. »

Mais des événements autrement graves allaient détourner Louis XI des affaires de Rome. A ce moment, en effet (janvier 1477), toute son attention était portée sur la lutte décisive qui se livrait sous les murs de Nancy, et où son plus redoutable ennemi, Charles le Téméraire, devait périr si misérablement, enseveli dans sa défaite. On comprend que les historiens de ce grand règne aient passé sous silence des faits d'un ordre secondaire, au milieu de cet ébranlement général du royaume, et c'était une raison de plus pour nous de les faire revivre d'après des documents nouveaux.

[1] Pastor, *Hist. de la Papauté*, IV, p. 297 et note 6.
[2] « Fecistis enim quod decuit et quod de vobis sperabamus.
« Perseverate igitur, vos hortamur in dies magis, ex quo nos et
« sedem ipsam semper fieri poterit, in rebus vestris propitios
« sentietis. » Datum Rheate, XVII, octobre 1476. Arch. municip ·
Origin., B. 50.

CHAPITRE VII

Les dernières années de Louis XI (1476-1483).
Caractère général de la politique
à l'égard d'Avignon.
Bernard de Guerlands et Jehan de Tinteville.
Faveurs royales.

Les dernières années de Louis XI. — Les tentatives des Routiers et des Florentins sur Avignon et le Comté. — Le sacrilège Bernard de Guerlands (1478-1479). — Les consuls s'adressent à Monseigneur du Bouchage. — Intervention de Louis XI qui protège les sujets du Saint-Siège (février-mars 1479). — Nouvelle attaque de Jehan de Tinteville ou Dinteville (1480-1481). — Petitjean maître d'hôtel du roi à Avignon (1481). — Politique équivoque de Louis XI. — Il désavoue Tinteville (janvier 1483). Mort de Louis XI. — Sentiments des Avignonnais. — Funérailles du roi célébrées à Avignon (24 septembre 1483). — Privilèges divers accordés par Louis XI aux Avignonnais. — Il protège le commerce et la navigation. — Lettres des 24 mai 1482 et avril 1480. — Il confirme les privilèges du péage à sel (26 janvier 1478). — 27 janvier 1481. — Résumé et conclusion.

Forts de l'appui du roi et des engagements pris à Lyon, les sujets du pape, dès 1478-1479, font appel aux promesses du roi et sollicitent son intervention pour rétablir l'ordre et la sécurité dans le pays qu'il a pris sous sa protection. Voici dans quelles circonstances. La conspiration des

Pazzi, qui avait éclaté à Florence [1] contre les Médicis, 26 avril 1478, et amené la pendaison de l'archevêque de Pise et du comte Riario, neveu de Sixte IV, eut pour conséquence de pousser à l'exil un grand nombre de familles florentines qui, redoutant des représailles de leurs ennemis politiques, vinrent se fixer à Avignon, où étaient, depuis longtemps déjà, établis bon nombre de leurs compatriotes occupant de hautes situations dans le commerce, dans la finance et dans l'industrie. Les nouveaux venus espéraient à leur tour trouver dans la cité papale un refuge contre les persécutions [2]. Malheureusement, les rapports commerciaux, si fréquents entre Avignon et Florence [3], ouvraient une route commode aux ennemis des familles émigrées, et dans les derniers mois de 1478, des bandes armées, composées en grande partie d'aventuriers florentins, faisant cause commune avec les routiers de Provence, envahirent le comté, sous la conduite d'un certain Bernard de Guerlandz ou Gorlands [4], originaire de l'Isle en Venisse, et s'inspirant des exploits légendaires de feu Raymond de Turenne, commirent dans les terres de l'Église tous les excès imaginables dont étaient coutumières en pareille occurrence les vieilles bandes de routiers. Les documents que nous produisons sont d'accord pour fixer le nombre de ces malandrins à xv^c (1,500)

---

[1] Guillaume Pazzi se réfugia à Lyon où il y avait déjà beaucoup de Florentins établis à demeure. D'autres Florentins plus ou moins compromis vinrent les y rejoindre. Voy. Perricaud, *Rev. du Lyonnais*, 1855, IX, X, p. 457.

[2] Chambaud, *Hist. d'Avignon*, mss., III, fol. 149. Fantoni, *op. citat.*, p. 344.

[3] Desjardins, *Nég. avec la Tosc.*, V, chap. II, 69.

[4] On trouve *Gorland, Guerland, Guerlands*.

« tant à pied qu'à cheval ». Tout d'abord Guerlands et ses compagnons de pillage, suivant la coutume d'alors, se donnaient pour des Anglais envoyés par le roi « en ses marches » « soy disant estre en nostre service soubz umbre « de nous, comme si a icelluy (Guerlands) en ussions « donné congié et un exprès mandement[1] ». A cet impudent mensonge, les brigands ajoutaient qu'ils étaient envoyés au secours des Florentins et qu'ils avaient la permission de traverser le pays. A la tête de ces routiers se trouvait, avec Bernard, Luc de Cambis, banquier florentin depuis longtemps établi à Avignon. Le point de concentration de cette expédition fut Lyon, et le pourvoyeur des aventuriers un certain Florentin, Bundelmunti, qui fit les avances d'argent en passant au Pont-Saint-Esprit. Si l'on donne crédit au récit des doléances portées par les consuls d'Avignon dans leur lettre à Monseigneur du Bouchage[2], chambellan et conseiller du roi, ces aventuriers d'au delà des Alpes dépassèrent en cruauté et en dévastations tout ce que l'on avait vu jusque-là. « Pris par « force cinq ou six places fortes où ils ont fait et font in-« cessamment beaucoup de maulx, tuer genz, violler « femmes et filles pucelles de quelque aige qu'elles « soyent, brûler maisons et genz, desrober marchans sur « chemin, prendre bestial et mesnaige des pouvres gens

---

[1] Lettre de Louis XI au Maistre des Ports, Bastard de Comminges ; piéc. justificat., XIX.

[2] Lettre des Avignonnais à Monseigneur du Bouchage. — Cf. *Imbert de Batarnay*, par Bernard de Mandrot, p. 320. — Imbert de Batarnay, seigneur du Bouchage, conseiller des rois Louis XI, Charles VIII, Louis XII et François Ier. C'est ce personnage qui fait l'objet du livre de M. Bernard de Mandrot, Paris, 1886, in-f°. — Voy. pour ce personnage, Pilot, *Catalog.*, 1290, p. 4, not. 3.

« et les vendre de fait et tant de maulx que l'on n'en
« debvroit pas faire tant en terres de Turcz. » Les consuls
d'Avignon insistent très vivement auprès du favori de
Louis XI pour obtenir sans délai l'appui de sa majesté en
hommes de guerre: « en vous suppliant que vostre plaisir
« soit de addresser le dit pourteur au roy et luy remons-
« trer les susdites oppressions et violences et luy recom-
« mander tres humblement la cité, terres et subgectz de
« l'Église, comme ses tres humbles et bons serviteurs et
« alliez et luy supplier qu'il plaise en commandant le dit
« Bernard estre pugny de ses grans forffaitz pour en
« donner exemple aux autres et luy plaise de nous garder
« de toutes offences et oppressions ainsi que sa dite Ma-
« gesté nous a promis au moyen du serrement que derre-
« nièrement luy feismes à Lyon[1]. » Pour montrer leurs
sentiments d'obéissance et de fidélité à l'égard de sa majesté, les consuls ajoutent que si ledit Bernard de
Guerlandz avait eu mandement du roi, la ville certainement se serait empressée de lui donner passage, comme
elle l'a toujours fait pour ceux des capitaines qui étaient
porteurs d'un ordre royal.

La diplomatie de Louis XI a des côtés tellement ténébreux qu'il est parfois difficile d'en suivre les trames et
que, dans tous les cas, on a quelque raison de douter de
sa bonne foi politique. Or, à ce moment, la question des
guerres civiles qui déchiraient la république florentine
avait fait de Sixte IV et du roi de France deux champions

---

[1] Lettre inédite, Origin., B. nat., fonds français, mss., n° 2896, fol. 90. — Cette lettre ayant été donnée par M. Bernard de Mandrot (Voy. Imbert de Batarnay, pp. 320, 321), nous n'avons pas cru devoir en reproduire le texte aux pièces justificatives.

prenant parti pour l'un des deux adversaires. En apprenant la mort violente de son neveu Riario, le pape, furieux de cet acte de justice sommaire, déclara la guerre aux Florentins. Une bulle de juillet 1479 portait que lesdits Florentins ne pourraient être admis à aucun office séculier ni dans aucun conseil élu ; que s'il y en avait quelqu'un dans les États du Saint-Siège, il devait s'en démettre sur-le-champ, menaçant d'excommunication ceux d'Avignon qui leur commettraient lesdits offices. Finalement, la bulle interdisait aux Florentins fugitifs l'accès d'Avignon et de son territoire [1].

Louis XI, au contraire, en relations depuis longtemps très suivies avec les Médicis, « Lyonnet de Médicis, son compère [2], » désireux de voir s'apaiser le conflit, proposa sa médiation, offrant de convoquer à Lyon un concile qui servirait d'arbitre entre les deux partis et où l'on s'occuperait également de préparer une croisade contre les Turcs [3]. A ces avances, Sixte IV n'avait répondu que d'une façon très évasive et formulant à l'égard des Florentins des exigences inacceptables. En recevant la nouvelle des ravages commis par les aventuriers florentins dans le comté et le terroir d'Avignon, Louis XI ne montra pas une grande surprise, mais plutôt l'attitude d'un homme qui connaît les dessous secrets de cette chevauchée et qui,

---

[1] Arch. municip., Origin., B. 31. — Les Florentins ne purent occuper d'emploi public que par bulle de Sixte IV du 10 mars 1484. Ils en avaient été exclus en 1478.

[2] Lettre de Bézégat aux consuls d'Avignon, du 9 février 1479. Voy. pièces justificat., n° XX. — Cf. Huillard-Breholles, *Rev. des Soc. sav.*, 1861, p. 314.

[3] Dareste, *Hist. de France*, III, pp. 298, 299. — Cf. Huillard-Breholles, Louis XI protecteur de la Confédération italienne, *Rev. des Soc. sav.*, 1861, 2ᵉ série, p. 317.

tout en étant complice, s'empresse de la désavouer et de décliner toute participation à des actes de brigandage à main armée. Comme l'envoyé de la ville lui expliquait que c'étaient des Anglais qui disaient aller au service des Florentins, le roi répondit « que c'estoient des trez (traits)
« de son compère Lyonnet de Médicis et qu'il avoit faict
« faire tout cecy sans son sceu dont il monstra n'estre pas
« contant et me dit qu'il vouldroit garder ceulx d'Avignon
« et du comté de Venisse comme ses propres subgectz et
« mieulx, se mieulx povait. Et, en effet, dist quil vouloit
« que tous ses officiers tant du royaume que de Dalphiné
« vous donnassent tout l'ayde et faveur que leur voul-
« driez demander pour leur faire reparer les dommaiges
« faitz et faire vuyder hors de la terre de l'Esglise, car
« il n'entendit oncques quils y entrassent ne feissent nul
« dommaige et quil ne les advouoit ne vouloit soutenir
« en façon quelconque[1]. » Et en effet le roi donne aussitôt des ordres à Monseigneur du Bouchage et au comte de Castres pour que les lettres nécessaires aux consuls et habitants d'Avignon fussent expédiées le plus promptement possible. On remarquera qu'au cours de cette lettre, qui ne fait que reproduire en termes brefs la conversation échangée sur ce sujet entre Louis XI et Baptiste Bézégat, chargé de représenter les intérêts de la cité, le roi parle à peine du Saint-Siège et qu'il n'envisage au contraire que les justes doléances des Avignonnais. Son langage vis-à-vis d'eux pouvait ne pas manquer de sincérité, mais l'empressement qu'il met à désavouer les exploits des bandes de Bernard de Guerlands, son insis-

---

[1] Lettre de Baptiste Bézégat aux consuls, 7 février 1479. Pièces justificat., XX.

tance à laisser croire que tout s'est fait à son insu, donnent facilement créance à cette hypothèse que Louis XI, s'il n'a pas favorisé la tentative de Guerlands, ne l'a pas désapprouvée, s'applaudissant peut-être de voir une bande d'aventuriers saccager les terres du Saint-Siège pour amener Sixte IV à composition[1]. La lettre de Bézégat aux consuls est du 9 février 1479. Dès le 7 du même mois, Louis XI écrivait à Bernard, bâtard de Comminges[2], maître des ports, une lettre où il relatait tous les excès commis par Guerlands et ses hommes et en reproduisant le texte même de la supplique adressée, le 30 janvier précédent, par la ville d'Avignon à Monseigneur du Bouchage. « Et pour ce que n'entendons aucunement la dite
« cite ne les habitans d'icelle et du dit conte, *comme noz*
« *confédérés, aliez et dévotz de nostre couronne,* soient
« vexez ne opprimes en quelque manière que ce soit
« mesmement comme à terre de saincte mère Esglise a
« cuy nostre désir ne serche que servir, obeyr et complaire
« et que aussi en justice tous excès, violences, forces et
« aultres maulx et roberies ne se doibvent souffrir, vous
« mandons que veues ces presentes sur tant que desirez
« nous complaire que incontinent et sans delay, faictes
« vuyder le dit Bernard avec ses dits complices hors la

---

[1] En janvier 1479 une ambassade composée de Guy d'Arpajon et d'Antoine de Morlhon, premier président au Parlement de Toulouse, envoyée par le roi auprès de Sixte IV dans un but pacifique, échoua dans sa mission. La paix ne fut définitive qu'en décembre 1482. — Cf. H. Bréholles, *Rev. des Soc. sav.*, 1861, p. 331.

[2] Le Bastard de Comminges, maître des ports de Languedoc, figure parmi les commissaires royaux chargés (en 1476, juin) de régler les différends au sujet des limites du Rhône. Voy. Arch. municip., *Invent.*, B. 70, n° 2351.

« dicte conte[1]. » Mais quelque activité que montrât le roi dans cette circonstance, l'occupation des terres papales se prolongea jusqu'au mois de mai 1472. Dans l'intervalle, la ville dut se défendre elle-même et faire garder les portes et les remparts pour éviter une surprise des routiers[2]. Enfin, au mois de mai 1479, Louis XI, à la suite d'une nouvelle ambassade que lui avait envoyée la ville, composée de Gilles de Berton, premier consul, et de Louis Merulis, deuxième consul, intima l'ordre au parlement de Grenoble de faire poursuivre avec la dernière rigueur les partisans de Guerlands, prescrivant par lettres patentes datées de Montargis, le 8 mai 1479[3], de donner aux sujets du Saint-Siège tous les secours dont ils auraient besoin. Quelques compagnies de troupes royales envoyées du Dauphiné poursuivirent les routiers de Guerlands et les expulsèrent du territoire pontifical.

L'enquête faite sur cette entreprise avortée, par les officiers pontificaux et les représentants de l'autorité municipale, n'amena aucune découverte sur les vrais mobiles de l'expédition, et on ne trouva aucune trace de la main de Louis XI dans cette mystérieuse tentative dirigée contre la ville. Le vendredi 12 février 1479, les

---

[1] Louis XI au Bastard de Comminges, 7 février 1479. Orig. inéd., Arch. municip., série A.A., pièc. justifical., XIX.

[2] Mandat de 27 florins 1/2 à Thomas de Sarrachino « pro custodia « dicti portalis (Saint-Lazare) pro timore guerre Bernardi de « Gorlans ». Arch., Comptes C.C., ann. 1479, mandat n° 76.

[3] Arch. de l'Isère, *Reg.*, Cott. I, fol. 320. L'arrêt de l'Enregistrement est du 15 juin suivant. *Invent. de la Chambre des Comptes.* — Pilot, *Catalog.*, II, p. 291, n° 1749 — M. de Mandrot (*Imbert de Batarnay*, p. 320) place par erreur en 1483 cette ambassade qui est bien, nous en avons la preuve, en 1479. Voy. Pilot, *Catalog.*, II, p. 292, not. 1.

juges, assistés des consuls Antoine Lartessuti, Gilles de Berton et Paul Ayduci, et de plusieurs conseillers, procédèrent *manu militari* à l'arrestation de François Perussis, de Michel Dini, chez qui on apposa les scellés, de Jean Bisquiri, de Boniface Pérussis, dont on fut obligé d'enfoncer la porte pour le prendre, de Jean Syriasi, facteur de Bundelmunti, qui menaça de tuer tout le monde en criant : « Al sanguo del Dio, se non lassate la mya porta, vy tuaro ! » Il fallut briser sa porte et le faire ligotter par les soldats. Luc de Cambis fit de même, jetant des pierres par les fenêtres, il cassa le bras d'un soldat de l'escorte. Il fallut l'enchaîner pour le porter à la prison où on l'enferma avec ses complices[1].

Les lettres saisies chez les conjurés révélèrent les préparatifs faits à Lyon. Allemand de Pazzis, témoin important, refusa de parler, même sous la menace de voir sa maison occupée par des garnisaires. Quant à Cambis, il répondit qu'il n'ignorait pas que Bernard de Guerlands était un aventurier chassé des compagnies du roi de France, mais il refusa de dire qui l'avait armé contre le Comtat et qui lui avait fourni l'argent. Tous ces prisonniers devaient être mis au secret, de manière à ne pouvoir s'entendre, mais la consigne ne fut pas observée, et les juges les trouvèrent conversant avec le vicaire général de l'archevêque et d'autres Florentins, citoyens avignonnais. Il est difficile, en l'absence de preuves, d'accuser Louis XI d'avoir contribué de son argent à encourager

---

[1] Achard, *Rec. sur Avignon*, mss., vol. I, A.D. — La famille de Cambis, d'origine florentine, s'était fixée à Avignon vers 1448, dans la personne de Luc de Cambis, qui avait épousé Marie Pazzi de la famille ennemie implacable des Médicis. Voy. Barjavel, *Diction. biograp.*, I, p. 333.

les projets de Guerlands et de ses alliés les Florentins. Mais, en écartant l'hypothèse d'une intervention directe, il n'est pas possible d'admettre que le roi ait pu ignorer la formation d'un corps d'aventuriers à Lyon, destiné à molester les sujets du pape et à inquiéter la papauté elle-même à un moment où la mésintelligence régnait entre les deux cours ? Si donc, au début, Louis XI ne prêta aucun appui matériel à l'expédition, il ne fut peut-être pas sans en éprouver quelque satisfaction intérieure.

Les dernières années de Louis XI sont marquées, dans l'histoire des États pontificaux de France, par un redoublement d'attaques de la part de routiers et d'aventuriers dont l'audace paraît défier toute répression, et que l'attitude du roi semble encourager secrètement. Dans le cas de Jehan de *Tinteville* ou *Dinteville* (1480-1482), chef d'une bande qui saccagea le terroir d'Avignon et de Carpentras, et mit en péril l'existence même de la ville, Louis XI, comme pour Bernard de Guerlands, garde une réserve de nature à faire naître bien des soupçons. Jehan de Tinteville, sur lequel nous ne possédons que de rares documents, paraît avoir été d'origine champenoise[1]. Était-ce un agent secret de Louis XI, comme on

---

[1] On trouve un Gaucher de Tinteville ou d'Inteville mentionné dans les mémoires de Philippe de Commines (1495, p. 199); un Pierre de Tinteville chargé d'une mission par Louis XI auprès des habitants de Troyes (2 juin 1465). Voy. Anselme, VIII, 719 — Cf. *Lettres de Louis XI*, II, p. 313. — Les archives de l'Aube font mention (liasse G, 831) d'un mandement de Charles VII du 12 août 1437, où il est question des habitants de Saint-Lyé, maltraités par des gens de guerre envoyés par *Jean de Dinteville*, menés au château de Payns et rançonnés. Il nous paraît difficile d'admettre que ce soit le même personnage dont il est parlé ici, mais il paraît probable qu'il s'agit de la même famille. Voy. pour un autre Din-

a pu le supposer ? Était-ce un de ces soldats d'aventure, que les hasards de la guerre avaient conduit dans le midi ? On ne peut répondre que par des conjectures. Quoi qu'il en soit, nous le trouvons à Avignon vers 1480. Là, ledit sieur de Tinteville, menant joyeuse vie, avait contracté de nombreuses dettes, si bien que ses créanciers firent saisir ses biens, après quoi il fut expulsé de la ville. Tinteville, sujet du roi de France, porte ses doléances à Louis XI, en accusant les Avignonnais de lui détenir injustement ses biens. « Ce neantmoings iceluy de Dinte-
« ville s'estoit puis naguères tiré par devers nous et soubz
« couleur de ce quil nous avoit donné entendre que les
« ditz habitanz lui detenoient ses ditz biens par force
« sans les luy voloir faire rendre ne restituer avoit obtenu
« comme il disoit noz aultres lettres en forme de marque
« à l'encontre des ditz habitanz et autres subgectz de
« nostre tres saint père le pape au moyen desquelles le dit
« de Dinteville avoit fait grande assemblée de gens de
« guerre descholles et aultres armes et bastons et entrera
« par force et en puissance darmes en la dite ville et
« autres places de nostre sainct père ou prendera par
« force des biens des dits habitantz jusqua la valleur de ses
« ditz biens[1]. » Mais les consuls d'Avignon, prévenus, avaient pris toutes leurs mesures pour résister à un assaut imprévu. Les remparts avaient été garnis de plusieurs bombardes et couleuvrines[2], une garde composée

---

teville (*Catalog. des actes de François Ier*, 4 décembre 1516-28 novembre 1520).

[1] 15 octobre 1482. Arch. municip., B. 51, n° 52.

[2] Détail des dépenses d'artillerie « pro honore et utilitate ac deffensione dicte civitatis ». Comptes du 12 octobre 1480-82, mandat n° 14, et détail des dépenses faites pour les gens d'armes, 6e mandat, 1481-82.

de gens d'armes et de citoyens défendait chaque porte, si bien que Tinteville et ses compagnons durent se borner à ravager les environs d'Avignon [1]. Fatigués de ces incursions, les habitants se constituèrent en corps de troupes, donnèrent la chasse à Tinteville qui, battu et fait prisonnier, fut amené à Avignon où on le jeta, chargé de chaînes dans les basses fosses du palais apostolique.

C'est alors qu'intervient Louis XI, et c'est pour cette raison peut-être qu'on a voulu voir dans cette intervention la poursuite d'un dessein secret du monarque dont ledit de Tinteville n'aurait été que l'instrument. Louis XI dépêcha à Avignon à quelques semaines d'intervalle deux ambassadeurs avec des instructions pour les consuls. Un maître d'hôtel du roi, Petit-Jean, arriva dans cette ville au mois de mai 1481, porteur de lettres de sa majesté, pour le fait de Tinteville [2]. Les lettres furent communiquées au conseil. Louis XI désavouait ledit Tinteville publiquement, condamnait tous ses méfaits, mais tout en le désavouant, il demandait l'élargissement immédiat du prisonnier, qui était son sujet et vassal : « Sans avoir
« regart qu'il feust nostre vassal et subgect et qui pis est
« votre legat a fait pendre et noyer plusieurs des gens et
« autres gitter de la roche au Rosne tres deshonneste-
« ment sans avoir consideracion quilz feussent de nostre

[1] En 1481, le même *Tinteville* fut fustigé à Carpentras, Arch. municip., B.B. 98.

[2] Comptes de la ville, G.G,, 1481, 1482. — Le 26 septembre 1481 fut fait mandat de deux écus d'or au coin du roi à Guillaume Anequin, un des courriers de l'hôtel de ville, pour les donner à Petit-Jean envoyé du roi de France, qui avait apporté de sa part des lettres à la ville au sujet de Jean de Tinteville, détenu dans le palais apostolique. — Comptes de la ville, mandat n° 59.

« royaume, dont sommes tres mal contens[1]. » Le conseil s'excusa auprès de l'envoyé du roi en se retranchant derrière l'autorité du légat, sous la juridiction duquel était placé le détenu. Petit-Jean fut bien traité, choyé ; la ville lui fit remettre deux écus d'or par Guillaume Anequin, courrier de la maison de ville, et lui offrit, le 31 mai 1481, un banquet somptueux qui coûta 95 florins à la caisse municipale[2].

L'ambassadeur rentra à la cour sans avoir obtenu ce qu'il avait charge de solliciter; mais, le 19 novembre 1481, un nouvel émissaire de Louis XI, Jean de Loqueto[3], conseiller du roi, arrivait en solliciteur auprès du légat qui, après divers pourparlers, accorda l'élargissement de Tinteville.

Ce furent le comté et les terres voisines qui en pâtirent, car à peine rendu à la liberté, Tinteville appela à lui ses anciens compagnons de pillage et commit, soit en Dauphiné, soit dans les terres de l'Église, de tels excès que Louis XI dut intervenir une deuxième fois : « Comme
« nous avons été presentement advertiz que Jehan de
« Tinteville et plusieurs autres gens de guerre tant de
« nos ordonnances que de ceulx qui ont été cassez et
« aultres pillars et gens de mauvais gouvernement se
« soyent transportez et transportent encores de jour en
« jour en noz pais et illec proumenent à grans despens
« eulx, leurs gens et chevaulx sans vouloir aucune chose
« paier de leurs despenses, mais qui pis est, battent, ran-

---

[1] Lettr. origin. inédit. du 7 septembre 1481. Pièces justificat., n° XXI.

[2] Comptes de la ville, ann. 1481, mandat n° 293.

[3] Jean de Loqueto était descendu à l'hôtellerie de la Fleur de Lys où la ville paya toutes ses dépenses. Ann. 1481, mandat n° 105.

« çonnent, pillent, fourragent, destroussent gens et font
« plusieurs autres maulx et exactions indines (indignes).
« Aussi ledit *Detinteville* et aultres complisses menacent
« chascun jour destourber, piller et dégaster les dits biens
« circonvoisins de la cité d'Avignon et aultres pais enco-
« res et seigneuries de nostre sainct père le pape avec
« tres grand desplaisance et tres grand foulle, grief, pré-
« judice et dommaige de nous et de la chose publique, à
« nostre pais et aussi des ditz [1]. » Dans ses lettres patentes datées du Montilz-les-Tours, le 31 janvier 1483, Louis XI donnait des ordres très sévères à ses officiers pour que l'entrée des terres de l'Église, comme des provinces de la couronne, fût interdite à Tinteville et à ses gens d'armes et qu'on prît de promptes et énergiques mesures pour leur faire évacuer sans délai les lieux qu'ils occupaient. Les ravages n'en continuèrent pas moins, et ce fut sous le règne de Charles VIII seulement que, sur les nouvelles instances des consuls d'Avignon, le duc de Longueville[2], gouverneur du Dauphiné, donna des ordres à tous les officiers royaux pour que l'on s'emparât de la personne de Tinteville. Celui-ci, après de longues pérégrinations, fut, en dernier lieu, capturé et conduit, enchaîné, à Grenoble par Aymar de Viro, qui reçut de la ville d'Avignon, à titre de présent, une somme de 100 florins et 2 gros pour les dépenses qu'il avait faites (1484)[3].

---

[1] Donné à Montilz-les-Tours le pénultième de janvier 1483. Arch. municip., B, 19, nos 23 et 24.

[2] Arch. municip., B. 19, n° 30.

[3] *Id.*, B. 19, n° 29. — Voy. Lo *Libre de la guerra de Tinteville*, n° 261 du Compte de 1483. Le 14 février 1484, la ville fait payer 153 florins à Gaspar de *Sarrachano*, pour la solde de 9 hommes qui avaient gardé le château de Mornas pour voir si Tinteville et

Les lettres du 31 janvier 1483 constituent le dernier acte de l'administration de Louis XI qui ait quelque rapport avec les terres du Saint-Siège et les habitants d'Avignon.

A la mort du roi (30 août 1483), les Avignonnais et les Comtadins voulurent rendre un dernier et pieux hommage à la mémoire d'un monarque dont l'activité infatigable s'était portée, à diverses reprises, sur les affaires intérieures de leur pays, mais qui, en somme, avait usé dans ses rapports d'une politique plus bienveillante que tracassière et qui, tout en voulant gouverner à son gré les événements dans les domaines du Saint-Siège, avait fait sentir aux vassaux du souverain pontife, autant, sinon plus, qu'à ses propres sujets, les bienfaits de sa royale protection. Les obsèques de Louis XI furent célébrées à Avignon en l'église des Cordeliers, le 24 septembre 1483. La ville fournit de ses deniers cent torches neuves, à quatre florins la douzaine. Sur chaque torche étaient appliquées à la cire rouge les armes du roi de France à côté de l'écusson de la ville ; quatre cents grandes armes du roi servirent à décorer l'autel. La dépense totale s'éleva à 65 florins 17 sols [1].

Au cours de son règne, Louis XI avait accordé aux Avignonnais et aux Comtadins divers privilèges qui dénotent chez lui le dessein bien arrêté de faire pour les sujets du pape ce qu'il faisait pour les siens, et « mieulx, « se mieulx povoit ». Suspension de lettres de marques et de représailles, liberté d'édification des « pallières »,

---

ses compagnons descendaient par la vallée du Rhône pour surprendre Avignon, mandat n° 168.

[1] Comptes de la ville, C.C., 1483-1484, mandat n° 110.

application du produit du pontonage à l'entretien du grand pont du Rhône, tels sont les bénéfices directs de l'entrevue de Lyon (juin 1476). Peu après, par lettres du 26 janvier 1478[1], Louis XI confirme le privilège qu'avaient vingt-trois particuliers et quelques couvents et monastères d'Avignon[2] de prélever sur le sel apporté d'Aigues-Mortes et remontant le Rhône par bateaux un certain nombre de minots sans payer les droits de gabelle aux

---

[1] Arch. municip., B. 69, n° 16 (copie).

[2] Charles VI avait accordé ce privilège aux Célestins du royaume, 26 septembre 1413, et Charles VII le 15 février 1461 (*Rec. des Ordonnances*, XV, p. 325). François Ier les confirme à nouveau, 8 janvier 1517, *Catalog. des actes de François Ier*, I, p. 133.

C'étaient :

La Chartreuse du Val de Bénédiction, à Villeneuve-lès-Avignon ;
Le Chapitre de Notre-Dame des Doms, à Avignon ;
La Collégiale de Notre-Dame de Villeneuve ;
La Collégiale de Saint-Didier, à Avignon ;
La Collégiale de Saint-Pierre, à Avignon ;
La Collégiale de Saint-Agricol, à Avignon ;
Les Couvents des Célestins d'Avignon et de Gentilly ;
La Chartreuse de Bonpas ;
La Commanderie de Saint-Jean-de-Jérusalem, à Avignon ;
Le Couvent des Jacobins d'Avignon ;
Les Couvents de Sainte-Catherine, Saint-Laurens et Saint-Véran d'Avignon ;
Le Couvent de Sainte-Madeleine, à Carpentras ;
Les Administrateurs et les Frères de l'Hôpital Saint-Benoît d'Avignon ;
Les Orphelins de l'Aumône, à Avignon ;
Les Orphelins de la petite Fusterie ;
Les Seigneurs de Montfort et d'Aiguières ;
Pierre de Sade, Thomas Busaffi et Tronchin, escuyer.
Arch. municip., B. 69, n° 16.

officiers royaux[1]. Ces derniers ayant frappé lesdits particuliers d'une amende de 50 marcs et fait saisir leurs biens, Louis XI, par lettres patentes annule lesdites amendes et maintient les particuliers et ordres religieux dans leurs prérogatives et privilèges. « Et pour ce qui
« est en leur tres grand grief, prejudice et dommaige et
« pourroit estre cause de faire cesser le divin service en
« aucune des dites Esglises parce que le dit droit de péage
« est le principal revenu qu'ils aient pour leur vivre et
« entretenement... Voulons et debvons les faiz et affai-
« res des dictes Esglises tant de nostre royaume que hors
« icelluy estre favorablement traictez afin que les susditz
« religieux et autres ecclesiastiques soient tousjours plus
« enclinz a prier Dieu pour nouz, nostre postérité et
« lignée.... »

Dans la question des limites du Rhône et de la navigation, Louis XI, qui avait déjà donné à Lyon des preuves non équivoques de ses bonnes dispositions à l'encontre des Avignonnais, accorde, au mois d'avril 1480, à la sollicitation de Jules de la Rovère, une faveur exceptionnelle aux sujets du pape contre laquelle protestaient les officiers royaux comme une renonciation des droits du roi sur la rive droite du fleuve[2]. Le maître des ports de Villeneuve-lès-Avignon ayant fait accoter un moulin à l'une des arches du pont, ce qui constituait pour la navigation un danger permanent « parce que les ditz molinz qui

---

[1] Les rois de France avaient de tout temps à Avignon des agents pour la gabelle du sel.
[2] Donné à Tours le ..... jour d'avril 1480, avant Pâques. Arch. municip., B. 63, n° 19, Cott. T., Origin. — Cf. Pilot, *Catalog.*, II, 1754 *bis*, p. 295.

« ainsi y seroient édiffiez et mis retiendroient et empes-
« cheroient le cours de l'eau de la dite rivière en manière
« que la dite eau pourroit estre cause pour la grant habon-
« dance et impetuosite d'icelle, faire desmolir et abastre
« le dit pont », bien que le maître des ports prétendît
que, de par ses fonctions, il avait autorité sur la rive du
Rhône et que le lit où coulait le fleuve faisait partie du
royaume, néanmoins, Louis XI, « considérant que s'il
« estoit permis et souffrir faire tenir et construire les ditz
« moulins ou aultrez près du dit pont et les ataicher à
« la dicte arche, iceulx moulins peussent estre cause de
« faire rompre et desmolir icelle arche et les autres
« arches du dit pont, lesquelles ainsi estoit à granz diffi-
« cultez et sans granz fraiz se pourront rediffier à cause
« de l'impetuosité du dit Rosne qui seroit au grand grief,
« prejudice et dommaige de nostre dict Sainct Père et des
« dits recteurs et gouverneurs du dit pont et des mananz
« et habitanz de la dite ville et cite d'Avignon et de toute
« la chose publique du pays et environ », Louis XI donne
l'ordre de démolir ledit moulin et de le transporter là où
on avait auparavant la coutume de le placer. « Et se les ditz
« moulinz ou aulcuns deux y avoient este miz, affichez
« et ataichez, quils les ostent ou facent oster et mectre
« ailleurs incontinent et sans delay, et remettez ès lieux
« où ils souloient estre le temps passé. »

A la suite des diverses ambassades qui lui furent envoyées par la ville au moment des affaires de Tinteville, en
1481 [1], Louis XI confirma aux Avignonnais le privilège
que leur avaient accordé les rois, ses prédécesseurs, et

Ambassades de Bernard de Codertio, 1er septembre 1481.

que maintinrent ses successeurs, de transporter de leurs terres situées dans le royaume de France tous les produits nécessaires à leur alimentation, blé, vin, légumes, viande, fruits, etc., librement et sans payer aucun droit [1]. On comprend quelle était l'importance de cette liberté de transit pour les Avignonnais qui vivaient exclusivement des produits importés. La mauvaise volonté, l'esprit jaloux et tracassier des officiers royaux pouvaient, au passage du Rhône ou de la Durance, par suite d'exigences fiscales et de droits de douane exorbitants, suspendre l'entrée des produits du sol qui alimentaient les marchés d'Avignon et affamer les habitants, mesures restrictives dont l'application était facile toutes les fois que, par suite des mauvaises récoltes en Bourgogne, Dauphiné ou Languedoc, le transport des céréales était interdit. Louis XI, tenant compte que les vassaux du Saint-Siège avaient coutume de payer régulièrement les aydes et autres impôts pour les terres à eux appartenant enclavées dans les domaines de la couronne, donna toute facilité aux réclamants. Cette revendication légitime des Avignonnais et des Comtadins fut confirmée à nouveau par lettres patentes datées du Plessis du Parc-les-Tours, le 23 mai 1482. Louis XI écrivait à ses officiers, sénéchaux, maîtres des ports ou à leurs lieutenants, pour que « aux dits suppliants
« vous leur souffriez et laissez prendre et faire prendre,
« lever et cuillir, quant bon leur semblera, leurs dits bledz,
« vins et autres fruictz creuz et qui croistront en leurs
« dits heritaiges, terres et possessions, quelque part

---

[1] Cette franchise avait déjà été accordée aux Avignonnais par Charles VII, novembre 1432.

« quils soyent situez et assiz en nostre dit royaume, pays
« et seigneuries et iceulx mener et conduire en la dite
« ville et cité d'Avignon pour leur vivre et substantation
« ainz quils ont accoustumé de faire, sans leur faire mettre
« ou donner ne souffrir estre fait, mis ou donné aucun
« arrest destourbier ou empeschement au contraire [1] ».

Arch. municip., Origin., B. 47, n° 7, Colt. G.

RESUME ET CONCLUSIONS

Au xve siècle, la situation politique des états citramontains de l'Église offre un caractère particulier que nous avons étudié dans ses moindres détails. Cette organisation reste ce qu'elle était, à peu de chose près, jusqu'à la réunion définitive de ces états à la France. Par l'essence même de sa constitution municipale, par l'étendue des pouvoirs de ses magistrats, par l'indépendance et l'autorité de son corps de ville, par la prépondérance des corps de métiers, Avignon, au xve siècle, constitue une sorte de république italienne d'en deçà des monts, avec tous les privilèges et les prérogatives d'une ville libre placée sous la suzeraineté temporelle du Saint-Siège mais en pleine possession de son autonomie communale. Quant au Comtat Venaissin, son indépendance n'en est pas moins réelle et non moins franchement affirmée au sein des états. La vie municipale n'y est pas moins intense qu'à Avignon ; l'esprit de solidarité dans ce qu'il a de plus étroit anime ses représentants, et, comme à Avignon, l'autorité papale y est surtout honorifique et nominale. C'est l'assemblée des élus du pays qui a entre ses mains le gouvernement du pays.

I

Comment les rois de France considéraient-ils, dans leurs rapports avec la couronne, les villes et territoires du domaine de l'Église ?

Depuis Charles VI aucun souverain n'élève de prétentions sur la légitimité de possession du Saint-Siège. Tous proclament Avignon et « la Conté de Venisse » « territoire et patrimoine de l'Église », et, à ce titre, ils considèrent comme un devoir pour la royauté, « fille aînée et bras droit de l'Église », d'assurer aux vassaux du Saint-Siège une protection effective. Il est à constater que dans aucune circonstance ils n'ont failli à cet engagement. Charles VI, qui était d'abord resté neutre dans la lutte entre les cardinaux et les Avignonnais contre Benoît XIII, envoie des secours en hommes en argent et munitions dès que la guerre, par l'arrivée des renforts catalans et aragonais, menace l'existence même de la cité avignonnaise. Charles VII, par lettres patentes de 1423, 1426, 1428, 1451 et autres, déclare que les états de l'Église sont placés sous la protection royale, « et nous vouldrions
« tousjours entretenir et favoriser les faiz de vostre
« cité comme de nos propres subgectz » (1451). Louis XI, qui avait eu à se plaindre des Avignonnais, oublie les injures faites au dauphin, accueille avec la plus grande affabilité leurs ambassadeurs et les appelle « ses confé-
« dérez, aliez et devotz de sa couronne ». Il les protège par des envois de gens d'armes contre les attaques des routiers et les comble de privilèges et de faveurs. Il ne fait que confirmer les actes de générosité de ses prédécesseurs vis-à-vis d'Avignon et du comté. Faut-il conclure de cette politique uniformément suivie qu'il n'avait pas intérieurement conscience de ses droits sur Avignon, par cette raison que dans aucun document public, jusqu'à Henri II, il n'est fait allusion aux revendications de la couronne sur cette partie des domaines de l'Église ? ou bien faut-il admettre que si Louis XI a toujours traité si

favorablement les Avignonnais c'est qu'il voulait, ce faisant, être agréable au Saint-Siège ? Cette seconde raison ne nous semble pas suffisante et nous sommes convaincus que si Charles VII et Louis XI ne se sont jamais prévalus des droits de la couronne sur les états citramontains de l'Église, c'est qu'ils en considéraient l'aliénation comme temporaire et qu'ils ne voyaient là qu'un apanage de la couronne donné en hommage aux souverains pontifes mais dont les rois de France étaient en réalité les souverains naturels. Dans tous leurs actes, comme nous allons l'exposer sommairement, les rois de France ne traitent pas les Avignonnais ou les Comtadins autrement que les vrais regnicoles.

II

Charles VII et son fils interviennent dans l'administration intérieure de la ville et les parlements royaux ne craignent pas de contrecarrer ouvertement l'autorité du légat. Charles VII, le premier, veut avoir un agent royal dans le conseil de ville, qui le tiendra au courant de tout ce qui se dira et se fera au sein de cette assemblée et surveillera le représentant du Saint-Siège. Il propose Pierre Arcet et Martin Héron, son valet de chambre, pour occuper à Avignon les délicates fonctions de viguier. Louis XI, suivant la politique de son père, obtient la même charge pour son maître d'hôtel Raymond de Mombardon. A une époque où Louis XI cherche à transformer, dans toutes les villes du royaume, les magistrats municipaux en agents royaux, cette tentative est à noter, car elle montre chez ce monarque un calcul bien arrêté de faire sentir l'action royale à Avignon comme ailleurs.

Mais le soin jaloux qu'avaient les Avignonnais de maintenir intactes leurs institutions locales, aussi bien vis-à-vis des papes que contre les tentatives des rois de France, devait déjouer toutes les ruses du monarque pour arriver à ses fins.

Louis XI et son père, quand un événement important pour la couronne vient à se produire, ne manquent jamais d'en faire part aux Avignonnais, absolument comme aux villes du royaume, pensant bien que rien de ce qui intéresse la patrie française ne leur est étranger. En même temps qu'il annonce aux Lyonnais la victoire de Castillon et la conquête de la Guyenne (1453), Charles VII avise les syndics d'Avignon et les conseillers du succès de ses armes et de la déroute des Anglais. A-t-il à se plaindre des agissements de son fils, le dauphin Louis, et de ses projets ténébreux sur les états de l'Église, vite il les met en garde et leur envoie plusieurs ambassadeurs pour leur donner à entendre leurs véritables intérêts. Louis XI multiplie les missions diplomatiques à Avignon et les agents secrets. Il emploie le crédit des Avignonnais en Cour de Rome pour forcer la main au pape, quand il désire faire donner la légation à un candidat de son choix. Ses ambassadeurs sont reçus avec un appareil princier. Le bailli des montagnes du Dauphiné, le maréchal de Comminges, Petit-Jean, Jean de Loqueto, agents du roi, sont traités avec toutes sortes d'égards. Les sénéchaux royaux sont comblés de cadeaux et de « pots de vin ». Le sénéchal de Languedoc, qui avait défendu auprès de Louis XI les intérêts de la ville, reçoit pour sa dame une magnifique pièce de velours cramoisi tissée à Avignon. Quand le roi de France meurt, ses obsèques solennelles sont célébrées à la Métropole, aux frais de la ville.

III

Il n'est pas de ville du domaine royal qui ait été dotée plus qu'Avignon de beaux privilèges et l'objet des plus grandes faveurs royales. Charles V et Charles VI donnent aux Avignonnais le droit de faire transporter par eau, dans leur ville, tous les matériaux nécessaires à la construction et aux réparations de leurs maisons. Louis XI confirme ce droit (1477) et permet en outre aux habitants de construire un radeau et de tirer deux cents quintaux de fer du royaume, sans payer de droit pour réparer le pont démoli en partie par une inondation (1479). Il les autorise à élever des pallières pour protéger leur terroir et décide que le produit du pontonage sera appliqué à l'entretien du pont (1476). Bien mieux, le maître du port de Villeneuve ayant fait établir un moulin accoté à une arche du pont, de façon à gêner la navigation, Louis XI, sur la réclamation des Avignonnais, ordonne la démolition immédiate dudit moulin (1480).

Au moment où ce roi accordait aux habitants de Verdun, ville étrangère, le droit de transporter dans leur ville le blé qu'ils auront acheté dans le royaume, Louis XI octroie la même faveur aux Avignonnais (mars 1461). Il confirme dans leurs prérogatives les vingt-cinq particuliers ou couvents d'Avignon qui avaient le droit de prélever leur provision sur les bateaux employés au tirage du sel sur le Rhône, et cela sans payer de droits (1478).

En matière de commerce et d'échanges les Avignonnais sont traités sur le pied des regnicoles et leurs affaires sont placées sous la protection du roi de France. Ils conduisent par barque, sur le Rhône, leurs marchandises jusqu'à Arles et à la mer, et du côté de Lyon ; ils envoient à dos de mulet en Languedoc et en Dauphiné leurs soieries, étoffes brodées, si recherchées pour les bannières et tentures, sans payer d'autres droits ou péages que ceux accoutumés, et qu'acquittent les sujets du roi. Ce n'est point chez Louis XI un calcul, au moment où il cherchait par tous les moyens à attirer les étrangers pour accroître la prospérité du commerce français. Cette attitude de la couronne vis-à-vis des sujets du pape, en matière de relations mercantiles, est une tradition. Un sieur de Grignan ayant arrêté en Dauphiné un marchand avignonnais, et lui ayant volé plusieurs balles de drap, Charles VII donne des ordres pour que le sieur de Grignan soit mis en demeure de restituer le produit de son vol, et le roi fait des excuses aux consuls d'Avignon (1428).

Charles VII, Louis XI (1476, 1479, 1481), défendent à quiconque de « laxer » des lettres de marques ou de représailles contre les Avignonnais et les Comtadins, à l'occasion de revendications en matière commerciale sans expresse licence et permission de Leur Majesté. Charles VII enjoint aux sénéchaux et maîtres des ports de permettre aux habitants du Languedoc de se rendre aux foires d'Avignon (1424). Louis XI veut que les sujets du pape puissent « commerser et fréquenter ensemble comme ils « souloient faire le temps passé » (1461). Bien plus, il casse et annule les lettres de représailles « laxées » contre les Avignonnais. L'évêque de Gap ayant laxé des représailles contre Avignon, les habitants s'adressent au roi, lequel écrit au gouverneur du Dauphiné pour que snspension soit faite de l'exécution desdites lettres jusqu'à « Pâques prochains venanz ».

Dans les questions qui le regardaient personnellement et lorsqu'il avait à se plaindre des Avignonnais ou des Comtadins dans les affaires d'extradition, d'incarcération, de dettes, etc., Louis XI recourait, il est vrai, aux lettres de représailles, mais ce n'étaient là que des mesures de rigueur passagères, conséquence d'un moment de mauvaise humeur ou d'emportement, et jamais elles ne recevaient d'exécution. Généralement, ce procédé d'intimidation amenait les Avignonnais à solliciter leur pardon, et la bonne harmonie dans les relations était aussitôt rétablie.

Telle est à grands traits la politique de Louis XI dans ses rapports avec les sujets de l'Église ; son père et lui prennent à tâche de gagner à leur cause les Avignonnais et les Comtadins ; ils les comblent de bienfaits ; ils les associent à tous les événements de la couronne ; ils favorisent et protègent leur commerce. Ils se font juges et arbitres de leurs différends ; ils traitent directement avec eux par ambassades ou par dépêches les affaires les plus importantes en dehors du légat. Ils ne contestent pas ouvertement la suzeraineté temporelle du Saint-Siège sur le pays, mais par leur tutelle effective, par leur intervention constante, ils tendent à la transformer en une simple formule. Voyons maintenant ce qu'en échange de leurs bons procédés ils exigent des habitants.

IV

Charles VII et son fils prétendent exercer, à Avignon et dans toute l'étendue des états pontificaux d'en deçà des monts, le droit de réquisition et ils le pratiquent en réalité ni plus ni moins que s'il s'agissait des villes de leur propre royaume. Le dauphin Charles emprunte à la ville son artillerie pour forcer la garnison de Pont-Saint-Esprit (1420). Comme pour Reims, Amiens, Orléans, villes royales, Louis XI réquisitionne les chevaux nécessaires pour le transport de son artillerie à Lyon, et c'est la ville d'Avignon qui en solde la dépense (1476).

L'armée royale envoyée en Roussillon en 1473 manque de blé ; c'est aux Avignonnais que les officiers de Louis XI s'adressent pour en avoir, et leur complaisance sauve l'armée en détresse.

En matière de finances, Charles VII et Louis XI ne se montrent pas plus scrupuleux avec les sujets du pape qu'avec les leurs propres ; Charles VII contracte avec la ville d'Avignon plusieurs emprunts. Le dauphin Louis demande 1,000 livres une première fois ; il en reçoit 5,000 comme indemnité de règlement de compte pour l'héritage de Boucicaut. Il exige (1476) que les Avignonnais servent de caution à Charles de Bourbon, archevêque de Lyon et légat d'Avignon, pour une somme de 3,200 livres dont ce dernier fait l'avance au souverain.

V

Charles VII et son successeur s'attribuent sur les états du Saint-Siège enclavés dans leur royaume un droit de haute police, et ils considèrent que les rapports fréquents de voisinage rendent ce contrôle indispensable. Dans le cas où la cour de France a à se plaindre du pape, les Avignonnais et les Comtadins supportent les conséquences du conflit, et aucun des deux souverains n'hésite à user des voies de fait vis-à-vis des sujets de Sa Sainteté pour amener le souverain pontife à de meilleurs sentiments à l'égard de la France.

La situation topographique d'Avignon « assise ès extrémités du royaume » et confinant à la fois au Languedoc, à la Provence et au Dauphiné, en faisait un lieu de refuge pour les bannis, malfaiteurs, réfugiés politiques, faux-monnayeurs, criminels de droit commun ou de lèse-majesté, contumaces et autres vagabonds qui échappaient à la justice royale. Les faux-saulniers trouvaient dans la cité papale un asile assuré, et la qualité de ville étrangère faisait aussi d'Avignon un centre de contrebande douanière destiné à dissimuler les certificats d'origine des marchandises importées et exportées. Louis XI, dans ces conditions, ne considère pas que la violation des frontières puisse être opposée à la raison d'état. Charles VII n'hésite pas à laxer des représailles contre les Avignonnais qui différaient de livrer les compagnons de Jacques Cœur couverts par l'immunité du couvent des Célestins. Louis XI use du même moyen quand il découvre la trahison de Jules de la Rovère. En 1481, un certain clerc non marié, Jean de Vaux, coupable de lèse-majesté, s'étant réfugié dans une église d'Avignon, les agents du roi pénètrent dans la ville pour s'emparer de sa personne. Sixte IV intervient ; il adresse un bref à Jean Rose, notaire, pour être lu en conseil de ville, déclarant qu'on attente ouvertement aux privilèges de l'Église qu'en sa qualité de pasteur il est obligé de sauvegarder. Il engage vivement les habitants à résister aux ordres du roi et leur ordonne de faire réintégrer dans l'église ledit Jean de Vaux, dans le cas où il en aurait été arraché. Louis XI, furieux contre le pape et les Avignonnais met la ville en interdit (1481). Même quand ils ne sont pas coupables, les habitants d'Avignon demeurent toujours responsables en cas d'atteinte portée aux droits du roi, et on leur demande compte des abus et des excès de pouvoir des officiers pontificaux.

VI

Après avoir nettement établi les rapports de la cour de France avec les vassaux du Saint-Siège dans cette seconde partie du xve siècle, il nous reste maintenant, comme terme de cette conclusion, à fixer le caractère de la politique de Louis XI dans ses rapports avec Rome pour la solution des questions qui se rattachent aux affaires intérieures et extérieures des états pontificaux de France. En un mot, il s'agit pour nous de déterminer dans quelles limites le monarque permettait au Saint-Siège de désigner le représentant de son autorité temporelle dans les villes et territoires dont il avait charge ; et aussi quelles garanties il exigeait, en retour, pour s'assurer de la fidélité politique des hommes qu'il considérait comme ses sujets propres mais qui étaient placés, en fait, sous une domination étrangère ?

Lorsqu'un conflit, et cela arrivait fréquemment, s'élevait entre l'autorité pontificale et ses administrés, Charles VII et Louis XI s'étaient fait une règle de ne jamais intervenir, même lorsque le mécontentement de la population avignonnaise prenait le caractère d'un soulèvement grave. Quand la nomination, comme légat du Saint-Siège à Avignon, de Marc Condulmaro (1431-1432) provoque une prise d'armes contre la décision du pape, Charles VII défend, sous les peines les plus sévères, à ses sujets de se mêler à l'émeute. Il ne veut prendre parti pour personne, bien qu'il ait un candidat ; il se montre souverain respectueux et fils soumis de l'Église. C'est un fait historique sans conteste que, jusqu'à Louis XIV, jamais les rois de France ne veulent intervenir dans les querelles intérieures du pape avec ses propres sujets.

Charles VII, le premier, pose comme un principe que le pape doit tenir compte de l'agrément de la cour de France dans la désignation du légat placé à la tête de l'administration des états pontificaux de France. Il insiste pour le choix de Carillo, cardinal de Saint-Eustache, mais sans succès. Louis XI reprend la même politique, mais il se montre exigeant, importun et autoritaire avec le Saint-Siège. Il propose, l'un après l'autre, plusieurs évêques ou archevêques que le pape écarte systématiquement. Le roi se fâche, et suivant cette politique occulte qui est le plus grand ressort de sa diplomatie, il pousse en secret les Avignonnais à la révolte contre leur évêque, Alain de Coëtivy, et il les engage à refuser de le recevoir, au cas où le pape voudrait le leur imposer. Mais, malgré ses efforts, il n'obtient qu'un demi-succès, le Saint-Siège ayant l'habileté de confier la légation à un légat intérimaire pour ne pas pousser plus loin le conflit et en venir aux voies de fait. C'est que Louis XI voyait là une raison d'état à faire prévaloir. Il voulait avoir la haute main sur le légat, lui donner des ordres, comme au cardinal de Foix en 1463, au moment du siège de Barcelone, en faire un serviteur dévoué des intérêts français. Il comprenait le danger d'avoir une portion de territoire enclavée en son royaume ouverte à l'influence étrangère, aux ordres de Rome, et où un gouverneur brouillon et remuant pouvait compromettre le succès de la politique royale. La nomination de Charles de Bourbon (1470) est un triomphe pour la diplomatie de Louis XI ; la substitution de Jules de la Rovère une cause de conflit (1476). La suzeraineté temporelle des papes sur Avignon est même un moment menacée.

VII

Dans toute la correspondance qu'ils entretiennent avec la cour, les consuls assurent Charles VII et Louis XI de leur absolu dévouement à la couronne. Les ambassadeurs que la ville envoie auprès de chacun d'eux, à son avènement, se confondent en protestations d'hommage et de respect pour sa personne. Ils se disent eux-mêmes, dans toutes les occasions, les dévots et loyaux sujets de Sa Majesté et jamais ils ne laissent échapper une occasion de rappeler les services qu'ils ont rendus à la couronne.

Ces rappels réitérés des services rendus finissent même par paraître importuns et en rabaissent singulièrement le mérite. Il n'y a pas, toutefois, à mettre sur ce point leur bonne foi en doute. Leur attachement à la couronne, s'il est quelque peu intéressé, est sincère ; mais, pour la forme, la ville en s'adressant au roi n'oublie pas, ou plutôt affecte de ne pas oublier qu'elle est placée sous la suzeraineté temporelle du souverain pontife. C'est l'idée qui préside à toutes les négociations avec la cour de France. Charles VI, Charles VII ne mettent pas en doute les déclarations amicales de la ville. Louis XI, plus politique, et qui savait que la défiance est la première condition d'une bonne diplomatie, exige des gages qu'il demandait parfois aux villes du domaine. Après ce qui s'était passé à Avignon en avril 1476, il ne se contente plus d'assurances et de formules de soumission. Il exige un serment de fidélité à la couronne et à la personne du roi, en bonne et due forme au bas duquel les consuls et les conseillers apposeront leur signature. Il veut que les Avignonnais s'engagent à ne pas recevoir les ennemis du roi, qu'il prend soin d'énumérer. En revanche, le roi promet de respecter les privilèges de la ville et de la protéger contre ses ennemis et ceux de l'Église, mais avec réserve des droits des papes sur la ville, *salvo jure papali*.

Louis XI, par cet engagement, liait la ville à sa politique et l'obligeait à n'avoir pas d'autres intérêts que ceux de la couronne, sous peine de se parjurer, ce qui, dans les moments de colère du roi, pouvait avoir les plus graves conséquences. Le roi de France était donc reconnu comme le protecteur officiel de la ville et du pays. Il avait le contrôle et la haute direction de ses affaires ; sa vie commerciale et industrielle était entre ses mains. Son prestige et sa force étaient la sauvegarde des vassaux du pape, trop faibles pour se défendre, et qui ne pouvaient attendre de Rome que des armes spirituelles. Le protectorat du Saint-Siège sur ses états citramontains tend donc de plus en plus à ne devenir, au XVe siècle, qu'une formule sans portée, que l'on maintient par déférence pour le chef de l'Église, qui ne cesse pas de figurer dans tous les actes de chancellerie, mais la haute bourgeoisie avignonnaise comprend qu'elle a tout intérêt à redevenir française : elle favorise la politique du roi.

PIÈCES JUSTIFICATIVES

No I

Instructions du pape Eugène IV à Tristan d'Aure.

Février 1444.

Eugenius, episcopus, servus servorum Dei, dilecto filio Tristando, electo Conseranensi, salutem et apostolicam benedictionem. Cum contra nonnullos iniquitatis filios, qui dudum civitatem nostram Avinionensem et comitatum Venaysinum per insultum et tumultum, manu armata, nomine perditionis alumni Amedei, olim ducis Sabaudie, qui se Felicem V ausu sacrilego nominare praesumit, occupare et a nobis ac Romana Ecclesia inferre conati sunt ac eos etiam, qui illis dederunt auxilium, consilium vel favorem, nec non contra omnes et singulos scismaticos, qui prefato Amedeo adhererent aut consentirent vel obedirent, procedendi ac illos debita pena mulctandi et puniendi concessimus facultatem, Nos, volentes statui tuo salubriter providere, tenore presentium volumus et tibi concedimus quod per quamcumque procurationem per te aut de mandato tuo de praedictis fiendam, etiam si membrorum multitudo vel personalis pena sequeretur, nullam irregularitatis aut infamie maculam sive notam incurras, neque in aliquam penam a jure vel ab homine statutam incidas, occasione praefata; nos enim omnes et singulas leges et canonicas sanctiones in personas ecclesiasticas perpetrantes talia promulgatas quocum personam tuam in exequendis tibi per nos commissis duntaxat suspendimus per praesentes, volentes ut illis ullatenus sis astrictus. Nulli ergo omnino hominum liceat hanc paginam nostre concessionis suspensionis et voluntatis infringere vel ei ausu temerario contrà ire. Si quis autem hoc attemptare praesumpserit, indignationem Omnipotentis Dei et beatorum Petri et Pauli apostolorum ejus se noverit incursurum. Datum Rome apud Sanctum Petrum, anno incarnationis dominice millesimo quadringentesimo quadragesimo quarto, quinto kalendas februarii, pontificatus nostri anno quartodecimo.

De curia

Jo Synodi.

(Arch. vat., Eugenii IV. Regest. 20, 9. vol., 368, fol. 77.)

N° II

Instructions du pape Eugène IV à Tristan d'Aure.

Février 1444.

Eugenius episcopus, servus servorum Dei, dilecto filio Tristando, electo Conseranensi, salutem et apostolicam benedictionem. De tua probitate, fide et devotione gerentes in domino fiduciam, speramus indubie quod ea que tibi committenda duxerimus ad nostrum et Romane Ecclesie statum et honorem laudabiliter exequeris. Cum igitur dudum nonnulli iniquitatis filii quodam Ugolino Alamani duce per insultus et proditionem facto tumultu manu armata civitatem nostram Avinionensem et comitatum Venaysini adversus nos et Romanam Ecclesiam insurgentes, cum suis fautoribus complicibus et sequacibus ac cum vexillis perditionis alumni Amedei olim ducis Sabaudie, qui se Felicem V ausu sacrilego nominari praesumit, conati fuerint occupare, nos volentes, prout suadet justitia, ut illi, qui talia ausi sunt attemptare, animadversione debita puniantur, tibi contra omnes et singulas personas civitates et comitatus praedictorum, qui dicto insultui et tumultui contra nos et ipsam ecclesiam interfuerunt aut dederunt ad ea publice vel oculte auxilium consilium vel favorem vel scientes non revelaverunt, cujuscumque status, gradus, ordinis vel conditionis fuerint, nec non contra omnes scismaticos tam laicos quam clericos adherentes prefato Amedeo aut ejus et Basilien. fautores et sequaces ubilibet constitutos auctoritate nostra procedendi ac ipsos et ipsorum quemlibet per arrestationem bonorum et personarum captionem et cohertionem ac officiorum, beneficiorum et dignitatum suorum quorumlibet privationem et ab eisdem amotionem nec non bonorum temporalium confiscationem tam civiliter et criminaliter puniendi. condemnandi et mulctandi, prout delictorum qualitas exegerit et justitia suadebit; invocato ad hoc, cum opus fuerit, auxilio brachii secularis. nec non beneficia ipsa que per hujusmodi privationem vaccare contigerit, quecumque, quotiescumque et qualiacumque fuerint, etiamsi dispositioni apostolice fuerint reservata, aliis idoneis personis, prout tibi visum fuerit, eadem auctoritate conferendi et de illis etiam providendi; insuper quoque illis qui ad sanam mentem redierint a quibuscumque processibus sententiis per te aut quomodolibet illatis et inflictis absolvendi et in pristinum statum restituendi et reponendi ac cum eis super irregularitate quacumque per eos praemissorum occasione contracta dispensandi et habilitandi ad sua et alia beneficia ecclesiastica quelibet imposterum obtinendi plenam et liberam eadem auctoritate concedimus tenore praesentium facultatem Datum Rome, apud Sanctum Petrum anno Incarnationis millesimo quadringentesimo quadragesimo quarto, quinto kal. februarii pontificatus nostri anno quartodecimo.

De curia
Jo. Synodi.

(Arch. vat., Eugenii IV. Regest. 20, 9. vol. 368, f. 79.)

No III

Bref d'Eugène IV aux Syndics d'Avignon.

Dilectis filiis Tribus Statibus comitatûs nostri Venayssini, Eugenius Papa IIII.

20 novembre 1444.

Dilecti filii, salutem et apostolicam benedictionem.

Intelleximus, dilecti filii, nonnullam suspicionem esse inter multos exortam et verba quedam dissipata nos velle alienare comitatum nostrum Venayssinum et a potestate nostra abdicare; que fama admodum displicuit nobis, cum nil sit eorum que multi forsan arbitrantur. Nunquam enim fuit nobis animus neque est etiam neque erit alienandi terras et jura Ecclesie Romane sed potius augendi. Et notum vobis debet esse nos non solum non alienasse bona Ecclesie nobis desuper credita sed pro eorum recuperatione bella adversûs eorum occupatores suscepisse. Itaque bono animo vos esse volumus et securos vivere quod nunquam intendimus separare vos ab obedientia et subjectione Sancte Romane Ecclesie, sed conservare vos in vocacione qua vocati estis. Velitis igitur perseverare in obediencia et devocione vestra solita erga nos et prefatam Ecclesiam ac parere legato vestro, Vicario nostro, ut tanquam boni filii nostri, vivatis semper a nobis et Sede apostolica merito commendandi.

Datum Rome, apud Sanctum Petrum, sub annulo nostro secreto, die vicesima mensis novembris, pontificatûs nostri anno quartodecimo.

Poggius.

(Reg. des Etats, C. 14, fol. 96, copie.)

N° IV

Bref d'Eugène IV aux Trois États de la Conté de Venayssin.

Décembre 1444.

Dilectis filiis Tribus Statibus comitatûs nostri Venayssini.

Eugenius, episcopus, servus servorum Dei, dilectis filiis Tribus Statibus comitatûs nostri Venayssini salutem et apostolicam benedictionem. Scripsimus vobis nuper propter certam famam tunc nuper exortam nostre intentionis esse et velle tenere vos sub nostro et Ecclesie romane regimine ac devotione et obedientia ac nolle vos alienare ab Ecclesia, quia intelleximus disseminatos sermones de certis capitulis cum dilecto filio nobili viro Ludovico, delphino Viennensi nostro non pactis iterùm facimus vos certiores nos nullomodo intendere aut velle alienare aut separare vos a nobis et prefata Ecclesia aut alicui alteri subjicere, sed intendimus conservare vos sub nostro et Ecclesiæ regimine et gubernacione prout actenùs fuistis quod vobis futurum ad certitudinem et consolacionem vestram volemus quod venerabili fratri nostro Petro, episcopo Albanensi, legato nostro, in omnibus sicut antea, pareatis.

Datum Rome. apud Sanctum Petrum, anno Incarnationis dominice millesimo quadringentesimo quadragesimo quarto pridie calendas decembris, pontificatûs nostri anno quartodecimo.

(Reg. des États, C. 14, fol. 96, copie.)

N° V

Charles VII aux Syndics d'Avignon.

26 janvier 1448 (?)

Tres chers et bien amez, nous avons receu les lectres que nous avez escriptes par maistre Jacques Guillot d'Orléans et Jehan Tronchin, que avez envoiez devers nous et oy ce que ilz nous ont dict de vostre part, aux quels nous avons faict response ainsy que en la manière que par eulx pourrez scavoir plus a plain, par quoy ne vous escripvons plus avant fors que tousjours aurons vous et vos affaires pour bien recommandez.

Donné à Rouen le 26 janvier.

CHARLES,

Bude.

(Arch. municip., Origin., B. 33, n° 41, Cott. R.R.)

N° VI

Lettre du dauphin Louis aux élus de Carpentras.

14 mai 1451.

Le Dauphin de Viennoys,

Tres chiers et grans amys, presentement envoyons par delà noz amez et feaulx conseilliers maistre Ferraudiz, maistre des requestes de nostre hostel et Anthoyne d'Alauzon escuier de nostre escuerie, ausquelz avons chargé vous dire aucunes choses de par nous que veillez adjoster plaine foy et créance a tout ce que de nostre part ilz vous diront. Tres chiers et grans amys, Nostre Seigneur soit garde de vos.

Escript à Romans le XVe jour de may.

LOYS.

Et ibidem prefati domini ambaxiatores exposuerunt eorum creanciam super facto Buccicaudorum et nihil fuit conclusum.

(Arch. municip. de Carpentras, B.B. 70, fol. 63, copie.)

N° VII

Charles VII aux Syndics d'Avignon.

5 mars 1452.

Tres chiers et bons amis, nous avons receu vos lectres par maistre Garcias de Lamothe porteur de cestes et oy ce quil nous a dit de par vous, sur quoy lui avons faict response tele que par luy pourrez scavoir et povez estre certainz que tousjours vouldrions garder et deffendre vous et autres subgectz de l'Eglise et les aider et favoriser comme les nostres propres. Ainsi que plus à plain l'avons dit au dit Garcias de Lamothe pour le vous rapporter.

Donné à la Roche-Saint-Quentin le 5 mars.

CHARLES.

Régis.

A nos chiers et bons amis les Sindicz et Conseil de la Cité d'Avignon.

(Arch. municip., Origin., B. 32, n° 42, Cott. S.S.)

Au mois de mars *1452* Charles VII était au château des Roches-Saint-Quentin, chez Jean de Puy, l'un de ses plus anciens maîtres des Comptes (De Beaucourt, V, p. 78.)

N° VIII

Charles VII aux Syndics d'Avignon.

A noz tres chiers et espéciaulx amis les Sindicz
et Conseil de la cité d'Avignon.

Tres chiers et especiaulx amis, nous avons recues les lectres que escriptes nous avez par maistre Guillaume Mesnier, licencié ès lois et ouy ce qu'il nous a dit de par vous et depuis l'avons fait ouyr bien au long par les genz de nostre conseil sur tout ce qu'il a remonstré et requiz de par vous ; ainz avez pu congnoistre le grant et bon vouloir que avons tousjours eu au bien et conservacion de libertez, droiz et terres de nostre Saint Père et de l'Église de Romme. Et mesmement en ce qu'il vous touche et pour la grande amour que avez tousjours eue et monstrée à nous et à nostre seigneurie et à la prospérité d'icelle, vous avons tousjours euz et avons en singulière recommandacion et remembrance et vous vouldrions aider et favoriser en touz vos affaires ains que naguères vous avons fait savoir. Et sur les choses par le dit maistre Guillaume Mesnier a nous proposées lui avons fait faire response comme il vous pourra plus a plain dire.

Donné aux Montilz lès Tours le xv° jour de mars.

CHARLES.

Rolant.

(Arch. municip., Origin., B. 32, n° 40, Cott. q.q.)

N° IX

Charles VII aux Syndics d'Avignon.

Chierz et bien amys, nous avons escript puis naguères à nostre Sainct Père le Pape en faveur et recommandacion de nostre bien amé Pierre Arcet, escuier, touchant la Viguerie d'Avignon, laquelle viguerie iceluy, nostre Sainct Père, à nostre requeste et prière, a donnée au dit Arcet, comme il vous pourra plus a plain apparoir par les bulles d'icelluy nostre Sainct Père. Et pour ce vous prions tres acertes que pour amour et contemplacion de nouz vueilliez recevoir et mectre en possession et saisine du dit office de viguier le dit Arcet. Et vous nouz ferez ung tres agréable plaisir et en auronz vos affaires enverz nous en plus espécial recommandacion.

Donné à Chinon le xvii° jour de mars.

CHARLES.

Giraudeau.

(Arch. municip., Origin., B. 7, n° 36, Cott. N.N.)

N° X

Charles VII aux Syndics d'Avignon.

19 mars 1452 (?)

Chiers et bien amez, nous escripvons présentement par devers vous en faveur de nostre bien amé varlet de chambre Martin Héron, dont avez cognoissance touchant l'office de viguier de la ville d'Avignon. Si vous prions bien acertez que pour contemplacion de nous, vous vueillez tenir la main envers nostre Saint Père le Pape pour le dit Martin. A ce quil lui plaise donner au dit Martin icelluy office de viguier pour ceste année présente et vous nous ferez tres agréable et grant plaisir.

Donné aux Montilz les Tours le XIX° jour de mars.

CHARLES.

Rolant.

A nos chers et bien amez les Sindicz de la ville et cité d'Avignon.

(Arch. municip., Origin., B. 8, n° 72, Cott. A.A.A.A.)

N° XI

Charles VII aux Syndics d'Avignon.

15 mai 1452 (?)

Chiers et bons amis, autres foiz vous avons escript en faveur de nostre bien amé varlet de chambre Martin Héron, dont vous avez assez cognoissance, touchant l'office de viguier de la ville d'Avignon, à ce que voulssissiez tenir la main envers nostre tres Saint Père le Pape pour le dit Martin et que en contemplacion de nous il lui pleust donner au dit Martin le dit office de viguier pour ceste année présente. Si vous prions que le vueillez faire, et telement vous y employer que la chose sortisse effect, comme povez appercevoir que singulièrement le desirons. Et vous nous ferez tres agréable plaisir.

Donné aux Roches-Saint-Quentin le xve jour de may.

CHARLES.

Badouilier.

(Arch. municip., Origin., B. 8, n° 72, Cott. A.A.A.A.)

N° XII

Charles VII, roi de France, à la Ville d'Avignon.

22 juillet 1453.

A Nos tres chers et grans amis les bourgois et habitans de la ville et cité d'Avignon.

Charles, par la grace de Dieu roy de France. Tres chiers et grans amis, pour ce que scavons que prenez grant plaisir a oir en bien de la prospérité de nous et de nostre seigneurie, nous vous signiffions que mardi, xviie jour de ce mois de juillet, le sire de Talbot, accompaigné du sire de Lisle son filz, du sire de Candalle, filz de Gaston de Foix, jadiz captal de Buch, du sire des Molins et de plusieurs autres anglois et gascons, jusques au nombre de six à sept mille, vindrent samedi précédent. Et tantost après l'armée des ditz angloiz vindrent en grant ordonnance à bannières et estendars desploiez donner l'assault à nos dictes gens, qui estoient en leur champ devant la dicte place Et dura icellui assault plus d'une heure, combatans main a main ; mais graces à Notre Seigneur, les ditz angloiz trouvèrent tele résistence que les bannières de Saint-George et du Roy d'Angleterre avec l'estendart du dit Talbot et autres furent gaignées par nos dictes gens. Et furent ilec les dits sire de Talbot, son filz et autres en grant nombre mors sur la place, le dit sire de Molins et le neveu du dit Talbot et autres prins. Et le seurpleus des ditz angloiz se mirent en fuyte et se retrairent les ungs dedans la dicte place, les autres en leurs navires et autre part, où ilz peurent prendre chemin et furent suiviz et chacez par nos dictes genz, telement que après la chose faicte en ont été plusieurs mors et noyez et beaucoup de prisonniers des quelz on n'a encores peu bonnement savoir le nombre. Des quelles choses avons rendu et rendons graces a Nostre Seigneur. Et ung fois avant que les dictes nouvelles nous feussent venues beau cousin de Clermont notre lieutenant en Guienne, qui est d'autre costé au pais de Medoc près de la ville de Bourdeaulx, accompaigné de beaux cousins de Foix, Delebret, Dornal, Poton et d'autres nos genz de guerre en bien grant nombre nous a escript quilz exploictent fort au dit pais sur nos ditz ennemis et quil n'y a encores eu jusques cy personne que leur ait porté nuysance. Et si avons grant nombre de bon navire bien équippé en la rivière de Gironde et telement que nos diz ennemis sont a présent en grant subjection. Et avons espérance en Dieu que le seurplus du recouvrement de notre pais de Guienne se portera bien.

Donné à la Rochefoucault le XXIIe jour de juillet.

Depuis noz lectres escriptes, nous sont venues nouvelles certaines que nos dits gens de guerre ont mise la dicte place de Castillon en composicion, en la quelle estoient le dit sire de Candale, le sire de Montferrand et autres jusques au nombre de deux mille combatans tant angloiz que gascons qui se sont tous renduz prisonniers à nostre mercy Et plus tost vous eussions escript de nos dites nouvelles se neust este pour actendre la conclusion du dit Castillon.

Donné comme dessus.

CHARLES.

Delaloëre.

(Arch. municip., Origin., série A.A.)

Voy. de Beaucourt, V, p. 276 et note 3. — La même lettre est adressée aux habitants de Lyon, et donnée comme pièce justificative, n° XVI, p. 463 (de Beaucourt, V, p. 463.)

N° XII *(bis)*

Prestation d'hommage de Romieu de Morimont.

In nomine Domini amen. Noverint universi et singuli presentes pariterque futuri per hoc verum et publicum instrumentum quod anno a nativitate Domini millesimo CCCCLVI indictione quarta, die quinta mensis augusti, Pontificatus vero Sanctissimi in Christo patris et domini nostri domini Calisti divina providentia pape tertii anno secundo, nobilis vir *Romeus de Miremont* scutifer et procurator illustrissimi principis domini Ludovici, Regis Francorum primogeniti, delphini Viennensis comitisque Valentinensis et Diensis constitutus, genuflexus ante pedes Sanctissimi domini nostri Calisti pape tertii prefati cum summa reverentia, exposuit se procuratorem dicti domini Delphini et ab eo destinatum ad Suam Sanctitatem faciendamque debitam reverentiam et recognoscendum feudum homagium ligium et fidelitatem nonnullorum castrorum et locorum infrascriptorum instrumentorum nominatorum et designatorum, que castra et loca sui quondam predecessores a Romana ecclesia tenuerunt in feudum ac petendum et obtinendum remissionem liberationem et quictationem censuum occasione predicta camere debitorum aliquibus temporibus hactenus forsitan non solutorum et primo ibidem mandatum suum procurationis sigillo magno rotundo ipsius domini Dalphini impendenti in pergameno scriptum Sue Sanctitati ibidem exhibuit ac produxit cujus quidem tenor de verbo ad verbum sequitur et est talis. Ludovicus Regis Francorum primogenitus, Dalphinus Viennensis comesque Valentinensis et Diensis, universis presentibus et futuris notum fieri volumus quod nos animadvertentes nil salubrius esse quam que sunt Dei Deo Cesarisque Cesari reddere, volentes igitur Sancte Sedi Apostolice et ecclesie Dei sancte de hiis que sub dominio eorundem in feudum tenemus homagium reddere fidele, de nobilitate, moribus et providentia dilecti et fidelis domestici nostri Romei de Miremont, scutiferie nostre scutiferum, ab experto plene confisi, eundem Miremont presentem coram nobis et onus suscipientem auctorem et negotii hujus gestorem specialiter ordinavimus et ordinamus, ipsi expresse injungentes ut ad Sanctam Sedem Apostolicam, quamcitius poterit, se transferat et Sanctitati domini nostri pape Calisti tertii aut illi vel illis quibus jure et consuetudine similia pertinent vel per Sanctitatem suam ad hoc commitentur universaliter et generaliter de omnibus que sub feudo nobili dicte sedis et ecclesie sancte *in Delphinatu et comitatibus nostris predictis moventur* homagium et recognitionem cum solemnitatibus et aliis in talibus fieri usitatis realiter, nomine et vice nostri, reddat et faciat denominationem et decertationem predictorum omnium sub dicto feudo moventium, si opus fuerit, tradendo literas publicas de hiis que egerit bul'asque protectionis in forma militantis ecclesie aut alias in similibus dari solitas obtinendo, aliaque agendo, petendo pro tractando et obtinendo que nos agere postulare pertractare et obtinere possemus, si presentes et personaliter interessemus, et que negotiorum predictorum merita postulant et requirunt, etiamsi essent talia que mandatum exigerent magis speciale, vices nostras quoad predicta per presentes sibi totaliter committentes et plenam in hiis ex certa scientia et deliberatione prehabita attribuentes potestatem, promittentes in verbo principis et sub juramento corporali dictum homagium, et quicquid per dictum scutiferum actum, dictum, pertractatum, petitum et juratum fuerit perpetuo ratum et gratum habere tenereque et observare inconcussum. In quorum testimonium sigillum nostrum, in absentia magni ordinatum, presentibus duximus apponendum. Datum in Sancto Antonio Viennensi, die prima mensis junii, anno domini millesimo CCCCLVI iuramento fidelitatis in animam et sub honore nostris prout in similibus homagiis solitum est prestare nec non. Datum ut supra Astaris per Dominum Delphinum, domino Montis Albani, gubernatore et marescallo Delphinatus et aliis presentibus Astaris. Exinde vero duorum transumptorum duo publica instrumenta per reverendum in Christo patrem dominum Siboudum Alamandi, episcopum Gratianopolitanum, factorum et auctenticorum super feudis homagiis et ligiis et fidelitatibus castrorum et locorum predictorum exhibuit quibus quidem transumptis auctenticis sigilla propria ipsius domini Episcopi erant appensa, quorum quidem transumptorum tenor de verbo ad verbum sequitur et est talis.

(Arch. vat., t. XXXIII, p. 66, Armor. 35.)

N° XIII

Lettre d'Allemand de Pazzis et de François Malespine aux Consuls d'Avignon.

(Traduction).

A respectables et nobles Mes seigneurs les Consuls de la Cité d'Avignon.

Tres respectables seigneurs, nous nous recommandons à votre bonne grâce en vous avisant comme nous arrivâmes ici samedi dernier, en grand peine de trouver logis, à cause de la grande multitude de gens venus pour faire leurs adieux. Grâce soit rendue à Monseigneur le Maréchal lequel nous a fait très bon accueil en considération de Monseigneur le Cardinal (Pierre de Foix) et de la ville, et le lendemain matin nous fit avoir audience du Roi Celui-ci nous vit volontiers et nous fit aussi un très grand accueil. Après avoir vu nos lettres et avant que nous eussions rien autrement pu lui dire, il nous appela près de lui, mais si près que nous nous touchions l'un l'autre, et cela afin que personne ne pût entendre ce qu'il nous disait. Il nous dit que nous étions les bienvenus, mais que lui ne pouvait entendre à cette heure ni, par aventure, de tout le jour, mais qu'avant de nous entendre, il voulait savoir de nous ce que nous savions bien, qu'étant en son pays du Dauphiné, quelqu'un nous avait dit et avisé la ville d'Avignon qu'il y avait quelques gascons qui devaient faire en sorte que la ville passât, pour son compte, au pouvoir de son maréchal d'Armagnac et que eux l'avaient notifié et fait dire au Roi son père (dont Dieu ait l'âme) et qu'il voulait que nous lui disions quel était cet inventeur qui nous avait dit et dénoncé un pareil projet, car jamais il n'avait eu une telle intention et que si la chose avait été vraie il n'aurait pas été assez téméraire pour de sa vie mettre les pieds dans Avignon ni pour en passer aussi proche qu'il l'a fait. Qu'il commet à Monseigneur le Maréchal et à Messire Jean Bureu le soin de nous entendre à cet égard et que nous eussions à leur dire qui sont ceux qui nous ont donné cet avis et qui sont les inventeurs d'une pareille chose. Là-dessus le Roi nous a laissés pour aller à la messe, puis dîner, puis après dîner, aller aux joutes que Monseigneur de Bourgogne faisait faire ; et le soir, à un banquet. Le tout a été un grand triomphe, et dans le même jour nous dînâmes avec Monseigneur le Maréchal, nous lui affirmâmes en lui disant que nous ne savions en vérité qui était l'auteur de l'avis dont le Roi nous avait parlé, que jamais la Ville n'avait écrit au Roi son père qu'elle le soupçonnât en aucune manière du monde, et que par conséquent nous ne savions pas davantage qui était l'inventeur de la chose. Nous fûmes également chez Maître Jean Bureu pour l'informer de la même manière. Il nous répliqua qu'il lui semblait se souvenir d'avoir vu quelque lettre et entendu parler de quelque chose de semblable à l'hôtel du Roi, mais qu'il ne s'en rappelait pas nettement. Que toutefois il rapporterait au Roi ce que nous lui disions. Depuis, nous trouvant ensemble en présence de Monseigneur Boucicaut qui veut le bien et l'honneur de Monseigneur (le Cardinal de Foix) et de la ville et de maître Pierre Robin, pour aviser à cela et chercher si personne ne se rappelait rien à ce sujet. Monseigneur Boucicaut et quelque autre d'entre eux rappela que le Roi mort envoya à Avignon avertir et aviser Monseigneur (le Légat) et la ville qu'il avait vent qu'on devait nous faire déplaisir et qu'il nous en donnait avis et que si nous avions besoin de quelque chose il nous viendrait en aide par gens et par tout ce que nous lui demanderions. Il nous est aussi revenu en mémoire que la ville répondit au Roi en le remerciant et que nous n'avions besoin ni de gens ni de rien autre et il nous semble que jamais la ville n'a écrit autre chose au feu Roi. En sorte que, s'ils ne sont pas contents de la réponse, que nous avons déjà faite, nous leur dirons ce qui nous est revenu à la mémoire comme il vient d'être dit. S'il paraît à Monseigneur (le Cardinal de Foix) et à vous autres que nous ne devons dire autre chose ou faire d'autres justifications soit par lettres, soit autrement, mandez-nous le et nous fairons ainsi que vous commanderez. Adressez les lettres à la Cour, car le Roi doit partir demain ou le jour d'après pour se diriger sur Melun, de Melun à Amboise où sont les Reines en tirant à Tours ; nous suivrons pour être dépêchés le plus tôt possible. Monseigneur le Légat répond également à Monseigneur le Cardinal (de Foix) et l'avise de tout avec encore plus de détails, car lui a aujourd'hui parlé au Roi en tête à tête et, comme je vous l'ai dit, avise Monseigneur de tout ce que le Roi lui a dit vous pourrez le savoir par lui, ainsi que par le porteur de la présente qui est au service de Monseigneur, lequel sait tout et par lui vous serez pleinement informés de tout (!) Monseigneur le Sénéchal de Provence n'est pas encore arrivé ici ; je crois qu'il attend le Roi sur la route parce que le bruit avait couru que le Roi était parti huit jours avant. Nous ne voyons pas autre chose à vous dire, que Notre Seigneur vous garde. Recommandez-nous très humblement à la bonne grâce de Monseigneur (le Cardinal) et à mes seigneurs les Conseillers.

Vos humbles serviteurs.

Allemand de Pazzis : Fr. Malespine,
Ecrit à Paris, le 15 de septembre (1462).

N° XIV

Lettre de Louis XI au Cardinal de Foix.

21 janvier 1464.

Cardinal de Foix, Tres cher et féal cousin, nous avons entant que aucuns des habitans de la ville d'Avignon et autres tant des nacions d'Alemaigne, Florence, Venise, Gennes, que autres, demourans et habitans en la dicte ville d'Avignon, ont donné et donnent chacun jour de grans pors et faveurs a ceulx de la ville de Barselonne et leur ont envoyé et envoyent des vivres, artillerie et autres choses à eux nécessaires. Et pour ce que nous tenons et repputons les dits de Barselonne et leur aliez et adhérans et aussi tous ceulx qui les avitaillent ne favorisent en aucune manière noz ennemis et adversaires, nous vous prions bien affectueusement que vous vueilliés ces choses remonstrer ou faire remonstrer aus dits habitans de la dicte ville d'Avignon et autres des nacions dessus dites demourans en icelle, en leur nottiffiant ou faisant notiffier que se ilz font le contraire nous les réputons dès à present noz ennemis et entendons de procéder ou faire procéder à lencontre d'eulx ainsi quil appartient en tel cas. Et affin quilz n'aient cause d'en prétendre aucune ignorance, vous prions de rechief que les choses dessus dites faictes crier et publier par cry publique et à son de trompe en nous faisant savoir tout ce que aurez fait Et vous nous ferés tres singulier et agréable plaisir.

Doné à Castelno de Médoc le XXIᵉ jour de janvier.

LOYS.

Binon.

(Origin., Arch. de la ville d'Avignon, série A.A.)

N° XV

Louis XI aux Consuls d'Avignon.

A nos tres chers et grans amys les Consulz, bourgoys, manans et habitans de la ville et cité d'Avignon et de la Conté de Venisy.

Tres chers et grans amis, nostre très cher et très amé cousin le *duc de Bourbon* et d'Auvergne, nostre lieutenant et gouverneur en nostre pais de Languedoc, nous a dit et remonstré que à vostre pourchaz, instigacion et requeste le Recteur d'Avignon a puis naguères prins à force et port d'armes les places d'Albignan et Auriol que paravant tenoit nostre bien amé le sieur de Vergères, escuier d'escuerie de nostre dit frère et cousin. Et pour ce que désirons les besongnes et affères du dit sieur de Vergeres estre favorablement traictées tant en faveur de ce qu'il est nostre serviteur et subgect du bon droit que entendons quil a ès dites places que en contemplacion de nostre frère et cousin qui sur ce nous a requiz, nous vous prions tres acertes et sur touz les plaisirs que fère nous désirez que vous tenez la main envers le dit Recteur auquel escripvons présentement de ceste matière en manière quil soyt content de bailler et delivrer au dit escuyer la joyssance des dictes places au moins jusques à ce que par justice ses droitz et tiltres sur tout veuz et visitez aultrement en soit ordonné. Et tellement faictes que le dit escuier cognoisse par effect noz prières luy avoir prouffité envers vous. Et en ce faisant vous nouz ferez tres singulier et agréable plaisir lequel recognoistrons envers vous en pareil cas ou greigneur quant d'aucunes choses nous requerrez.

Donné à Chartres, le xxe jour de juing.

Loys.
Toustain.

(Arch. municip., Origin., Boîte des Catalans.)

No XVI

Lettre de Louis XI aux Consuls d'Avignon.

26 août 1464.

Loys par la grace de Dieu, roy de France. Tres chiers et grans amis, nous avons sceu la maladie de nostre chier et féal cousin le Cardinal de Foix dont avons esté et sommes tres desplaisans ; et pour ce qu'il est à doubter que de la dicte maladie il voise de vie à trespas, nous vous advertissons que se avez d'aucune chose afaire, en quoy nous puissions pour vous employer, nous le ferons de très bon cueur, ainsi que plus amplement nous avons chargié vous dire à nostre amé et féal conseiller et maistre de nostre hostel Mombardon, porteur de ces présentes. Si le vueillez croire de ce qu'il vous dira sur ce de nostre part.

Donné à Nouyon le xxvi° jour d'aoust.

Loys.

A noz tres chiers et grans amis les Consulz et gouverneurs de la ville et cite d'Avignon.

(Arch. municip., Origin., B. 77, n° 87, Cott. P.P.P.P.)

N° XVII

Lettre de Jean d'Armagnac, maréchal de Comminges, aux Consuls d'Avignon.

22 décembre 1464.

A mes tres chiers et grans amys les viguier, consulz et autres bourgeoiz, manans et habitans de la ville et cité d'Avignon.

Tres chiers et grans amys, je me recommande à vous tant comme je puis et vous plaise savoir que aujourdhuy xxii° jour du moys de décembre sont venues nouvelles au Roy, que Dieu a fait son commandement de feu Monseigneur le Cardinal de Foix, auquel Dieu par sa grâce face mercy et pour vous advertir de son vouloir et intention, il envoye devers vous le bailli des Montaignes du Daulphiné, son conseiller et serviteur, pour vous dire et remonstrer aucunes choses de par luy et si vous escript bien au long en vous priant que vueilliez avoir mon frère l'arcevesque d'Auch pour recommandé au fait de la legation de la ville et cité d'Avignon et gouvernement de la Conté de Venissy en la forme, et manière que mon dict seigneur le Cardinal la tenoit. Et pour ce, très chiers et grans amys, je vous prie et requiert que, pour l'honneur du Roy et amour de mon dict frère et de moy, vous y vueilliez aider et tenir la main en tout ce qu'il vous sera possible tant envers Nostre Sainct Père que autrepart et en temps et lieu mon dict frère et moy le recognoistrons envers vous tellement que par raison en devrez estre contens. Car je vous certifie que je le faiz plus pour le bien du Pays que pour le prouffit que j'en espère en avoyr. Et pour vous donner le cas à entendre, le Roy a escript d'autrefois au Pape en faveur dépré Monseigneur de Foix, en luy priant qu'il luy voulsist bailler le gouvernement après le trespas de mon dict seigneur le Cardinal, mais il lui feist responce que pour riens il ne luy bailleroit pour ce qu'il estoit mineur d'aage; et après quant le Roy a veu la responce de nostre dict Sainct Père, il y a escript en faveur de l'évesque de Genève, frère de la Royne, pour lequel il luy a faict semblable responce et que pour riens n'y commettroit l'un ne l'autre, mais il lui a bien fait savoir qu'il advise quelque évesque ou arcevesque en son royaulme qui soit à son gré et qu'il pourvoira cestuy là sans autre. Et pour celle cause le Roy a envoyé, passé a six sepmaines, messire Jehan de Reillat, son secretaire devers Nostre dict Sainct Père pour le supplier et requérir qu'il luy plaist que à sa requeste, vueille pourveoir mon dict frère de la dicte légation et gouvernement sans autre; et me semble que c'est l'homme au monde que vous devriez mieulx vouloyr, veu que vous cognoissez ses conditions et qu'il n'est pas homme malicieux pour pourchasser aucun dommage au pays, ainsi que plus après pourrez estre informez par le dict bailli des Montaignes, de l'entente du Roy avey ensemble de la mienne. Si vous prie, tres chiers et grans amys, que le vueilliez croire de tout ce qu'il vous dira, comme feriez à moy mesme si je y estoye en personne. Et tousjours, si aucune chose vous plaist que pour vous fere puisse, faictes le moy scavoir et je l'acompliray de tres bon cuer. Au plaisir de Dieu qui, très chers et grans amys, vous doint ce que désirez.

Escript à Tours le xxii⁰ jour de décembre.

Le tout vostre,

Le Conte de Commenge, mareschal de France, conseiller et premier chambellan du Roy, lieutenant-général et gouverneur de par luy en ses pays du Daulphiné et duchié de Guienne.

JEHAN.

(Origin., Arch. municip. d'Avignon, boîte 95, n° 73.)

N° XVIII

Lettres patentes de Louis XI en faveur de Jules de la Rovère.

Lyon, 21 juin 1476.

Loys par la grace de Dieu roy de France à tous noz justiciers ou à leurs lieutenants salut. Nostre tres chier et grant amy le cardinal de Saint Pierre *ad Vincula*, nous a fait dire qu'il a esté adverty que pour ce qu'il n'est natif de notre royaume, il ne peut bonnement tenir selon les ordonnances royaulx sur ce faites, aucuns beneffices de nostre royaume s'il n'est, quant à ce, de nous habilité; et pour ceste cause il nous a humblement fait requerir noz grace et provision convenables lui estre sur ce imparties. Savoir vous faisons que nous inclinant libéralement et voulontiers à sa requeste pour la grant et singulière amour et amitié que avons à lui et en faveur de plusieurs grans, louables et notables services dignes de recommandation qu'il nous a faiz et espérons qu'il nous face au temps advenir, et afin qu'il ait désormais mieulx les faiz et affaires de nous et des subgetz de nostre royaume pour espécialement et singulierement recommandez et qu'il ait beneffices en icellui, dont il se puisse plus honorablement entretenir icellui cardinal, pour ces causes et autres à ce nous mouvans. avons octroyé et octroyons, voulons et nous plaist de grace espécial par ces présentes quil puisse et lui loise avoir, tenir et posséder en notre dit royaume tous les beneffices dont il a esté et sera justement et canoniquement pourveu en icellui, soient archeveschez. éveschez, abbayes et autres dignitez et beneffices quelzconques, quelz quilz soient et à quelque valeur et extimation quilz puissent valoir et monter. Et quant à ce l'avons habilité et habilitons de nostre dite grace espécial par ces dites presentes, non obstant qu'il ne soit natif de nostre dit royaume et lesdites ordonnances royaulx, et sans préjudice dicelles en autres choses et quelz conques autres ordonnances, mandement ou deffences à ce contraires, que ne voulons quant a ce lui nuyre ne préjudicier en aucune manière. Et vous mandons et enjoignons et à chacun de vous sur ce requis et comme à lui appartiendra que de nos présentz. grace, habilitation et octroy vous le faites souffrez et laissez joyr et user pleinement et paisiblement, sans lui mettre ou donner ne souffrir estre fait mis ou donné aucun destourbier ou empeschement au contraire, lequel se fait mis ou donné lui avoit esté ou estoit si l'ostez et mettez ou faites oster et mettre incontinent et sans délay à plaine délivrance et au premier estat et deu. Car ainsi nous plaist il et voulons estre fait. Donné à Lyon sur le Rosne, le XXIe jour de juing l'an de grace mil CCCC soixante seze et de nostre regne le quinziesme. Par le Roy.

NICOT.

(Copie extraite des minutes de Jean Robini, notaire à Avignon.)

N° XIX

Lettre de Louis XI au bâtard de Comminges.

A notre amé et féal cousin le maistre des ports (..........) Bastard de Comminges.

Notre aimé et feal, nous avons sceu, par noz chiers et biens aimes aliez, les Consuls et habitans de la cité d'Avignon que ung nommé Bernard de Guerlandz avecques XV hommes de guerre tant à pied que à cheval soy disant estre en notre service et sous umbre de nous comme se à iceluy en eussions donné congié ou exprès mandement, que desavouons expressement par ces présentes, de fait, par force et violence cest mis avecques les dits gens dedans le Conté de Venycy, prins places, tuez gens, violez femmes et filles pucelles, bruler maisons, desrober marchans et faitz autres infinitz maulx, dont sommes fort mal contens de luy et de ses dits complices. Et pour ce que n'entendons aucunement la dite cité ne les habitans d'icelle et dud. Conté, comme noz confédérés, aliez et devotz de notre couronne, soient vexés ne opprimés en quelque maniere que ce soit, meismement comme de terre de Saincte mère Esglise a cuy nostre desir ne sache que servir, obéyr et complaire, et que aussi en justice tous excès, violences, forces et autres maulx et roberies ne se doibvent souffrir, vous mandons que veues ces présentes sur tant que désirés nous complaire, que incontinent et sans délay faictes vuyder le dit Bernard avecques ses dits complices hors la dicte conté. A quoy vous donnons plain povoir et mandement espécial par ces présentes, en réintégrant ou faisant réintégrer ung chacung à votre povoir, selon debvoir et justice et ce par toutes voyes deues et raisonnables, et se ilz ne vous obéyssent incontinent se y procédez par main armée jusques ad ce que la dicte Conté du tout en soit à pleine delivrance, et tellement qu'ilz n'ayent plus cause den revenir plaintifs à nous. Mandons et commandons a tous noz justiciers et officiers que en ce faisant vous obéyssent et entendent. Et faictes, cessantz toutes exqusations. quil n'y ait point de faulte, et que plus n'en oyons parler — Donné au Plesseys du parc les Tours, le 7ᵉ jour de février.

Loys.
Courtin.

(Arch. municip., Origin., série A.A.)

N° XX

Lettre de Baptyste de Béségat aux Consuls d'Avignon.

9 février 1479.

A Messieurs les Consuls d'Avignon.

Messieurs les Conseuls, de tout mon cuer à vous me recommande. Par Guillaume présent porteur ay receu voz lettres, lequel ariva jeudi au soir icy et pourceque le Roy estoit parti des Forges pour venir au Plesseis du parc, la où il arriva vendredi au soir bien tart, ne fut possible présenter vos lettres jusques à samedi à sa messe. Et receu quil eut vos lettres m'apella et me demanda quelx gens sont ce qui sont entres en la Conté de Venise. Je luy respondi : Sire ce sont les Angloys qui ont passé par votre royaume qui disoient aller au service des Florentins. — Lors me respondit que c'estoient des trez (traits) de son compère Lyonnet de Medicy et qu'il avoit fait faire tout cecy sans son sceu, dont il monstra n'estre pas contant et me dist quil vouldroit garder ceulx d'Avignon et du conté de Venisse comme ses propres subgets et mieulx, se mieulx povoit. Et en effect dist quil vouloit que tous ses officiers tant du Royaume que de Dalphiné vous donnassent tout l'ayde et faveur que leur vouldriez demander pour leur faire réparer les domaiges faitz, et faire vuyder hors de la terre de l'Eglise, car il n'entendit oncques quils y entrassent ne feissent nul dommaige et qu'il ne les vouloit soustenir en façon quelconque et sur ce me dist quil avoit commandé à Monsieur Dubochaige et à Monsieur le conte de Castres que toutes telles lettres que vous seroient nécessaires vous fussent faictes et commanda au secrétaire ainsi le faire. Et sur ce a esté poursuivy et fait la response telle que vous verrez et comme il escrit au Séneschal de Beaucaire et maistre des ports, lequel il fait commissaire pour faire saillir le cappitaine hors de la terre de l'Eglise et en faire telle raison comme en cas appartiendra, comme verrez par les lettres qu'il luy escript.

L'expedition na pas esté si briesve comme je eusse bien voulu et n'a pas tenu à solliciter, comme vous pourra dire le dit porteur, qui a veu tout le demene et part ce matin ixe jour. Et si chose voulez que pour vous faire puisse, mandez le moy pour l'acomplir à layde Nostre Seigneur, qui vous donne ce que desirez.

Escript à Tours le dit ixe jour de février.

Le tout plus que votre
Signé : Batyte de BESEGAT?

Antoine Vela baille IIII écus à Guillaume et ung autre écu au secrétaire pour vos lettres.

Je vous envoye les lettres du Roy sans cire affin que les lisiez car il n'a point de coustume de y mettre cire.

(Arch. municip., Original, série A.A.)

N° XXI

Lettre de Louis XI aux consuls et habitans d'Avignon.

7 septembre 1481 ?

A noz chers et bons amys les consolz, mannans et habitans de la cité d'Avignon.

Tres chers et bons amis, nous avons sceu les grans excez faiz en la personne de Tinteville par la cruelle et mauvaise torture que on luy a donnée à diverses foiz par delà. Sans avoir regart quil feust notre vassal et subgect et qui pis est vostre légat a fait pendre et noyer plusieurs ses gens et autres gitter de la Roche au Rosne tres deshonnestement sans avoir considéracion quilz feussent de notre royaulme, dont sommes tres mal contens, délibérez de ne laisser pas la chose ainsi. Et pour ce que ledit Tinteville est notre serviteur désirons l'avoir. Et à ceste cause vous prions nous le envoyer. Et quil ny ait point de faulte. Car si faulte y a. nous nous en prandrons à vous par faczon que ny prendrez point de plaisir. Tres chers et bons amis Notre Seigneur vous ait en sa sainte garde.

Donné au Plessis du parc le viie jour de septembre.

Loys.

Gilberti.

(Origin., Arch. de la ville d'Avignon, série A.A.)

N° XXII

Lettre de Louis XI aux Consuls d'Avignon.

19 septembre 1481.

A noz chers et bons amys les consols gens de conseil manans et habitans d'Avignon.

Tres chers et bons amys, nous avons receu vos lettres par lesquelles vous excusez du fait de Tinteville, lequel, comme par autres vous avons escript, veu quil est notre subgect et serviteur, voulons avoir, vous advisant que si faulte y a nous en prendrons à vous de ceulx que votre légat a fait pendre et noyer sans avoir regart qu'ils fussent de notre reaulme. Nous savons bien ou nous en devons prendre.

Donné au Plessys du parc lez Tours le XIX° de septembre.

Loys.
Gilberti.

(Arch. municip. de la ville d'Avignon, Origin., série A.A.)

TABLE DES MATIÈRES

                                                                               PAGES.

PRÉFACE... 1 à x

CHAPITRE PREMIER. — *Coup d'œil rétrospectif sur les relations de la Cour de France avec Avignon et le Comté Venaissin pendant la première moitié du xve siècle. — Charles VI. Benoît XIII. Le schisme.* — Caractère général des relations de la Cour de France avec le Venaissin et l'État d'Avignon pendant le règne de Charles VI et de Charles VII. Comment les rois de France entendaient la juridiction temporelle des papes sur ces États. Voyages princiers à Avignon. Fondation du royal monastère des Célestins (1395) ; privilèges accordés. Inviolabilité. — Premières assises de l'autorité royale à Avignon. — Le schisme et Benoît XIII. Situation des Avignonnais vis-à-vis du pape et des cardinaux. Louis d'Orléans et les oncles du roi à Avignon. Attitude et intervention de Charles VI : premier siège du Palais (1398). GEOFFROY LE MEINGRE, dit BOUCICAUT. Son rôle dans les événements militaires dont Avignon est le théâtre (1398-1399). — Charles VI prend Benoît XIII sous sa protection. Sa lettre aux consuls d'Avignon (22 avril 1401). Il se fait le défenseur des cardinaux et des terres de l'Église. Sa lettre au sire de Grignan (juin 1401). Captivité et évasion de Benoît XIII (1400, mars 1403). Traité de paix entre les cardinaux et le pape. Hommage des Avignonnais à Benoît XIII (10 avril 1403). Retrait de la soustraction d'obédience (30 juillet 1403). — Suite des événements provoqués par les agissements de Benoît XIII. — L'anti-pape et le maréchal de Boucicaut. — Inféodation des villes du Comtat et prise de possession (mars 1408). — Le second siège du Palais. — Rodrigues de Luna et les Catalans (1410-1411). — Intervention de l'Université de Paris. — Charles VI envoie des secours aux Avignonnais. — Capitulation de la garnison catalane (27 novembre 1411). 1 à 41

PAGES.

CHAPITRE II. — *Charles VII. — Les Boucicaut. — Le Cardinal de Foix.* — Le dauphin Charles en 1419-1420. — Devenu roi il ne cesse d'assurer de sa protection les États citramontains du Saint-Siège. — Nouveaux agissements de Geoffroy le Meingre (1426-1428). — La succession du maréchal. — Les routiers dans le Venaissin et dans la vallée du Rhône. — Démêlés entre les sujets du pape et Boucicaut. — Attitude de Charles VII (janvier 1426). — Il protège les Avignonnais, tout en appuyant les revendications de Champerons, seigneur de la Porte (1428). — Situation des États de l'Église au moment de l'ouverture du concile de Bâle. — Charles VII appuie ouvertement Alphonse Carillo, cardinal de Saint-Eustache, qui est le candidat du concile. Sa lettre aux Avignonnais (1431). — Conflit entre le pape Eugène IV et les Avignonnais à propos de la nomination de Marc Condulmaro. — Neutralité de Charles VII (1432). — Le cardinal Pierre de Foix, légat du Saint-Siège (avril 1432). — Triomphe de la politique française. — Efforts de Charles VII pour amener la cessation du schisme et la convocation d'un concile à Avignon pour l'union des Grecs (1437).. 42 à 71

CHAPITRE III. — *Le Dauphin Louis et le projet de traité secret avec le Saint-Siège (novembre 1444).* — Le dauphin Louis. — Première tentative pour s'emparer d'Avignon et du comté Venaissin. — Négociations entre le Dauphin et le pape Eugène IV. — Rôle du cardinal de Foix. — Protestation des États. — Le projet échoue (novembre-décembre 1444)........................ 72 à 83

CHAPITRE IV. — *Le dauphin Louis et ses agissements vis-à-vis des États citramontains de l'Église (1444-1461).* — L'héritage des Boucicaut. — Invasion à main armée du Venaissin par les agents du Dauphin. — L'expédition de Troyhons (1450). — Intervention de Charles VII. — Ambassade de Jehan de Lizac à Avignon (mars 1451). — Mission du cardinal d'Estouteville (1452). — Les dernières intrigues du Dauphin.......... 84 à 118

CHAPITRE V. — *Louis XI et la succession du Cardinal de Foix à la légation d'Avignon (1464-1470).* — Caractère des relations des Comtadins et des Avignonnais à l'avènement de Louis XI. — L'ambassade de Malespine et de Pazzis à Tours (1461). — La succession du cardinal de Foix. — Rôle du maréchal Jean d'Armagnac. — Opposition de Louis XI à la nomination du cardinal d'Avignon, Alain de Coëtivy, comme légat. — Conflit entre Louis XI et Paul II pour la désignation d'un légat. — Ambassade de d'Ortigues à Rome (janvier 1465). — Échec de la politique de Louis XI auprès du Saint-Siège.. 119 à 142

CHAPITRE VI. — *Louis XI et le conflit avec Jules de la Rovère.* — *L'entrevue de Lyon (juin 1476) et ses conséquences.* — Vacance de la légation (1464-1470). — Agissements de Louis XI pour faire nommer à la légation d'Avignon l'archevêque de Lyon, Charles de Bourbon. — Satisfaction accordée au roi de France. — Conditions dans lesquelles Charles de Bourbon est pourvu de la légation (1470). — Engagements du roi et du légat vis-à-vis du Saint-Siège. — Révocation des pouvoirs du cardinal de Bourbon (13 mars 1476). — La légation est donnée à Jules de la Rovère, neveu de Sixte IV. — Mécontentement de Louis XI. — Origines du conflit. — Occupation du palais apostolique. — Les représentants du légat assiégés. — Intervention militaire de Louis XI (avril-mai 1476). — Entrevue de Lyon (juin 1476). — Les Avignonnais prêtent serment de fidélité au roi de France (26 juin 1476). — Succès de la politique royale. — Conséquences de l'entrevue de Lyon pour les sujets du Saint-Siège et pour le cardinal de Saint Pierre ad Vincula. — Son retour à Rome (octobre 1476).. 143 à 190

CHAPITRE VII. — *Les dernières années de Louis XI (1476-1483).* — *Caractère général de la politique à l'égard d'Avignon.* — *Bernard de Guerlands et Jehan de Tinteville.* — *Faveurs royales.* — Les dernières années de Louis XI. — Les tentatives des Routiers et des Florentins sur Avignon et le Comté. — Le sacrilège Bernard de Guerlands (1478-1479). — Les consuls s'adressent à Monseigneur du Bouchage. — Intervention de Louis XI qui protège les sujets du Saint-Siège (février-mars 1479). — Nouvelle attaque de Jehan de Tinteville ou Dinteville (1480-1481). — Petitjean maître d'hôtel du roi à Avignon (1481). — Politique équivoque de Louis XI. — Il désavoue Tinteville (janvier 1483).— Mort de Louis XI. — Sentiments des Avignonnais. — Funérailles du roi célébrées à Avignon (24 septembre 1483). — Privilèges divers accordés par Louis XI aux Avignonnais. — Il protège le commerce et la navigation. — Lettres des 24 mai 1482 et avril 1480. — Il confirme les privilèges du péage à sel (26 janvier 1479). — 27 janvier 1481.................. 191 à 210

Résumé et Conclusion........................... 211 à 223

TABLE DES PIÈCES JUSTIFICATIVES

                                                                                                        PAGES.

I. Instructions du pape Eugène IV à Tristan d'Aure, évêque de Conserans et gouverneur d'Avignon (février 1444) 224

II. Id., du même au même........................... 225

III. Bref d'Eugène IV aux Sindics d'Avignon (20 novembre 1444)... 227

IV. Bref d'Eugène IV aux Trois États de la Conté de Venayssin (décembre 1444)....................... 228

V. Charles VII aux Sindics d'Avignon (26 janvier 1448 ?). 229

VI. Lettre du dauphin Louis aux États de Carpentras (15 mai 1451)..................................... 229

VII. Charles VII aux Sindics d'Avignon (5 mars 1452)... 230

VIII. Charles VII aux Sindics d'Avignon (12 mars ?)...... 230

IX. Charles VII aux Sindics d'Avignon (22 mars ?)...... 231

X. Charles VII aux Sindics d'Avignon (19 mars 1452 ?). 232

XI. Charles VII aux Sindics d'Avignon (15 mai 1452 ?).. 232

XII. Charles VII à la ville d'Avignon (22 juillet 1453)..... 233

XII bis. Prestation d'hommage de Romieu de Morimont au pape Nicolas V (1er juin 1456)..................... 235

XIII. Lettre d'Allemand de Pazzi et de François Malespine aux Consuls d'Avignon (15 septembre 1462)......... 237

XIV. Lettre de Louis XI au Cardinal de Foix (21 janvier 1464)... 239

		PAGES.
XV.	Lettre de Louis XI aux Consuls d'Avignon (21 juin ?).	240
XVI.	Lettre de Louis XI aux Consuls d'Avignon (26 août 1464)..	241
XVII.	Lettre de Jean d'Armagnac, maréchal de Comminges, aux Consuls d'Avignon (22 septembre 1464)........	242
XVIII.	Lettres patentes de Louis XI en faveur de Jules de la Rovère (21 juin 1476)..............................	244
XIX.	Lettre de Louis XI au bâtard de Comminges........	246
XX.	Lettre de Baptiste Béségat aux Consuls d'Avignon (9 février 1479)..	247
XXI.	Lettre de Louis XI aux Consuls et habitants d'Avignon (7 septembre 1481 ?).................................	249
XXII.	Lettre de Louis XI aux Consuls d'Avignon (19 septembre 1481)...	250

www.ingramcontent.com/pod-product-compliance
Lightning Source LLC
Chambersburg PA
CBHW050339170426
43200CB00009BA/1652